社会心理服务体系建设人才培训教材

社会心理指导师

（初 级）

张青之 主 编

·北京·

国家行政管理出版社

图书在版编目(CIP)数据

社会心理指导师:初级·中级 / 张青之主编. --

北京 : 国家行政管理出版社，2020.10

ISBN 978-7-5150-2434-9

Ⅰ．①社… Ⅱ．①张… Ⅲ．①社会心理学 Ⅳ.

①C912.6

中国版本图书馆CIP数据核字(2020)第167054号

书　　名	社会心理指导师(初级·中级)	
	SHEHUI XINLI ZHIDAOSHI(CHUJI·ZHONGJI)	
作　　者	张青之	
责任编辑	王　莹　沈桂晴	
出版发行	国家行政管理出版社	
	(北京市海淀区长春桥路6号　　100089)	
综 合 办	(010)68928903	
发 行 部	(010)68922366 68928870	
经　　销	新华书店	
印　　刷	中煤(北京)印务有限公司	
版　　次	2020年10月北京第1版	
印　　次	2020年10月北京第1次印刷	
开　　本	170毫米×240毫米　1/16	
印　　张	28.25	
字　　数	430千字	
定　　价	148.00元	

本书如有质量问题，可联系调换，联系电话：(010)68929022

《社会心理指导师》专家委员会

《社会心理指导师》编委会

适应新时代发展需要
加快培养高素质社会心理专业人才

(代序)

在中国特色社会主义进入新时代的历史时期，社会主要矛盾已经转化为人民日益增长的美好生活需要和不平衡不充分的发展之间的矛盾。因此，党的十九大做出了"加强社会心理服务体系建设"的战略部署，把满足人民群众对美好生活的向往，不断增强人民群众的获得感、幸福感，作为党和政府一切工作的出发点和落脚点。

北京市委社会工作委员会、市民政局贯彻落实习近平总书记"加强社会心理服务体系建设，培育自尊自信、理性平和、积极向上的社会心态"要求，按照市委、市政府的总体部署，依据中央和国家机关等多个部门印发的《关于加强心理健康服务的指导意见》《全国社会心理服务体系建设试点工作方案》，积极推进建立"市、区、街道、居村"四级社会心理服务体系，出台实施街道社区开展社会心理服务站点建设工作方案，编制社会心理服务站点建设规范，有序开展社会心态监测与分析，完成"回天"地区居民幸福感指数报告。在实际工作中，我们深刻认识到社会心理服务不仅要从微观层面促进公民的心理健康，而且要从社会情绪、社会认知、社会行为等方面做好教育引导，在各领域、各群体、各阶层的群众中，以共同的价值追求为基础，塑造良好的社会心态。同时，要准确把握社会心理服务体系的方向，构建党委领导、政府主导、社会参与、全民行动相结合的共建共享体制。坚持预防为主、突出重点、普惠实施、注重实效的原则，做好重点人群心理关怀、特殊人群危机干预、不同群体心理疏导工作，努力构建宣传教育更加广泛、服务管理更加规范、政策法规更加完善、支撑保障更加有力的服务机制。与此同时，我们更加深刻认识到人才是第一资源，是做好社会心理服务体系建设最重要的举措。千秋基业，人才为本。做好新时代人才培养工作是习近平新时代中国特色社会主义思想重要内容。提高基层社会心理服务能力，必须培养一支优秀的心理人才队伍。

2017 年以来，为满足基层需求，北京市委社会工作委员会在人力资源和社会保障部劳动科学研究所支持下，与中国社会工作联合会共同组织开展了以"岗位定训、在岗尽责"为主题的社区心理指导师能力试点系列培训。在近三年培训的基础上，专门组建了专家委员会，以社会心理学为理论基础，结合社会心理服务实践和培训中学员的具体需求，组织编写了《社会心理指导师》，初步构建了以社会心理学、专业社会工作理论与技术、心理专业技术为基本内容的培训系统。

《社会心理指导师》分为初级、中级两册，既有理论指导、外部借鉴，也特别强调立足国内实际，紧扣北京社会心理服务的生动实践，力求体现针对性、可操作性，适合北京市各区开展社会领域的心理服务工作者培训使用，将为缓解北京市社会心理服务人才短缺的局面发挥有益的作用。

社会心理服务体系建设是一项具有开创性的系统工程，对于提升人民群众心理素质，树立社会主义核心价值观，增强人民群众的获得感、幸福感和安全感，营造社会和谐稳定意义重大。让我们以此书的出版为新的起点，百尺竿头更进一步，努力开创首都社会心理服务体系建设新局面，也为我国社会心理服务事业发展贡献北京智慧和北京力量！

张青之

2020 年 5 月

前　言

　　天下纲纪：春生夏长，秋收冬藏，万物应运而成。

　　在国家推进社会治理改革和发展的新时期，党的十九大提出"加强社会心理服务体系建设"，社会心理工作迎来了快速发展时期。

　　2002年，我国建立心理咨询师职业认证制度。经过十几年的艰苦探索，其培育了百万种子，储备了强大能量，但同时也存在专业化不足、职业化不够、管理不完善等问题。2015年版《中华人民共和国职业分类大典》中取消了心理咨询师名录，全国停止了心理咨询师职业资格认定工作。

　　2016年12月30日，国家卫生计生委、中共中央宣传部等22个部委联合印发《关于加强心理健康服务的指导意见》，明确提出："各有关部门要积极设立心理健康服务岗位，完善人才激励机制，逐步将心理健康服务人才纳入专业技术岗位设置与管理体系，畅通职业发展渠道，根据行业特点分类制定人才激励和保障政策。""要通过培训专兼职社会工作者和心理工作者"，推动心理健康工作进入社区、走入农村。依据本项政策，中国社会工作联合会按照行业管理要求，推动社会心理指导师职业能力培训，着力培养一支立足社区、服务居民的心理专业社会工作者，以解决社区心理服务发展困境，建立社区与农村心理服务工作行业管理制度。

　　2017年6月，《社会心理指导师》项目专家组成立。专家组成员既有来自院校心理与社工理论研究教学的专家，又有科研机构负责人，临床心理治疗权威人士，还吸纳了政府机关、社会心理服务机构和社区人员。这种创新型专家组设计，既保证了理论构建的科学性与权威性，也保证了项目内容具有指导性、可操作性，使这项工作从根本上奠定了理论和实践相结合的基础。

2017年12月，社会心理指导师试点培训班在北京市丰台区启动，参加教学的有来自在京高校、科研院所和社会各界的专家30余人，学员包括社区工作者、社会组织人员、政府机关干部、学校心理教师等120多名，首批学员有56人通过专业考核，获得岗位能力证书。

该岗位能力培训设立初级、中级两个级别，从师资、教材，到教学管理和考试等各个环节，都充分体现了"双师"要求，把国务院善于"加快培养国家发展急需的各类技术技能专业人才，让更多有志青年在创造社会财富中实现人生价值"的要求，落实到心理专业人才培训中，以期在社会治理的最前沿建功立业。

社会心理服务体系建设站到历史新起点，肩负新使命。各级政府和社会组织不负重托，把心理专业人才培养好、管理好，为推进社会治理和社区建设，增强民生福祉，创造出一条具有中国特色的社区服务新思路，为社会心理服务体系奠定人才基础。

社会心理指导师专家委员会

2020年5月

目　录

第一章 社会心理服务体系建设

■培训目标

掌握社会心理指导师概念，了解我国社会心理服务探索与发展历程，认清社区心理服务站标准化建设要求，明确岗位职责、道德规范和职业文化，增强为社会心理服务体系做贡献的责任感和使命感。

■培训内容

社会心理服务体系导论

社会心理服务站建设

社会心理指导师

■培训时间

8学时

■考核重点

社会心理服务概念

心理健康服务概念

社会心理服务体系

社会心理服务站标准化

社会心理指导师培养体系

第一节　社会心理服务体系导论

社会心理服务体系包括社会心理服务工作体系与管理体系，功能是提升人的心理健康水平，培育自尊自信、理性平和、积极向上的社会心态。社会心理服务体系是社会治理的创新举措，服务并促进社会和谐发展。其基本构成有三大模块：心理健康服务、社会心态培育、共同体认同建构。基本组成有四个部分：社会心理服务站、专业人才队伍、管理督导队伍和组织领导体制。

一、社会心理服务的基本概念

（一）人的心理和谐

1. 心理和谐

心理和谐是指人的认知、情绪、情感、意志、行为及人格等方面内部完整、外部自在的状态，且较少发生内外部冲突或社会环境冲突。心理和谐状态下，认知和情绪情感的协调一致，了解自我、信任自我、接纳自我，在情绪情感上较少有消极感受。

2. 意志与行为协调一致

意志与行为协调一致即人与环境有效沟通，知行合一，言行一致，认知和行为较少冲突，各部分与整体之间保持动态均衡、完整。

3. 自我关系和谐

自我关系和谐是指心理过程和内容协调一致，自我理解、满足，并发展自我，具有相对稳定的心理特征。人的心理和谐主要是协调自我的关系，其核心是自我认同。

（二）社会的心理和谐

社会的心理和谐是指以人的心理和谐为基础，指导与影响个体心态与行为。社会心理主体构成为社会各阶层、各组织、各类人群。和谐是指内部与外部关系和谐，人与自然和社会环境友好相适应。

1. 个体心理良好

个体心理良好即个人具有自尊、自信、自强、自立的心态及良好的自我修养。

2. 人际关系和谐

人际关系和谐是指尊重他人作为独立个体的存在，能与他人建立良好人际关系，具有良好的归属感、安全感和幸福感。

3. 社会内部和谐

社会内部和谐是指人与集体、社团、政党、民族、国家和世界等之间的关系平等、友善，尤其是个人能正确面对自己与各种群体或团体、民族或国家之间的关系，把自己视为社会的一分子，承担社会责任与义务，具有良好的使命感。

4. 人类与自然和谐

人类与自然和谐是指人类对自然的影响有一个心理认知和交互作用的发展过程。认识自然环境本身的特点和规律，学会从尊重自然角度，与自然发生物质、能量和情感交换。接受人与自然的关系，达到人与自然的和谐相处、和睦共存和协调发展。个人层面的环境保护意识、可持续发展意识，社会层面的政策、法规都会对人与自然的和谐产生影响。

（三）社会心理服务

1. 定义

社会心理服务是为满足人的心理与生活需要，以促进社会和谐发展为目标，提供心理指导及服务模式。

2. 形式

社会心理服务是综合应用各种心理学理论及方法，对个人、家庭、团体或组织提供服务。促进个体心理健康和自我发展，建立健全自尊自信人格；促进家庭和社会幸福，培养形成理性平和情绪；营造亲密友爱的社会关系和积极向上的社会心态。

3. 目标

社会心理服务的目标是满足人们对美好生活的向往，塑造人与社会和谐的世界观、人生观、价值观，提升获得感、幸福感、安全感，促进形成积极的社会心态。

社会心理服务是一种新型的公共服务，由政府承担社会心理服务的总供给和总筹划者职责。

（四）心理健康服务

1. 定义

心理健康服务是运用心理学及医学的理论和方法，预防或减少各类心理行为问题，促进心理健康，提高生活质量。

2. 形式

心理健康服务内容包括心理健康宣传教育、心理咨询、心理治疗、心理危机干预四个方面。

3. 目标

心理健康服务旨在建立健全心理健康服务体系，主要是指建立各部门、各行业心理健康服务网络；搭建基层心理健康服务平台，鼓励培育社会化的心理健康服务机构，加强医疗机构心理健康服务能力。

（五）社会心理服务体系

社会心理服务体系是公共心理服务体系，主要包括心理健康服务、社会心态培育、共同体认同建构三大模块。其主要功能分别为预防和治疗心理疾病、提升全民族的心理健康水平，培育自尊自信、理性平和、积极向上的社会心态，以及塑造中华民族的统一文化认同和人类命运共同体认同。

社会心理服务必须紧紧围绕"加强和创新社会治理"这一根本出发点，来理解社会心理服务体系建设的功能定位，而不能仅仅将社会心理服务等同于心理健康服务。要突破个体心理的小视角而从社会心理的综合性视角，突破狭义的社会心理学单一学科视角而从社会治理的协同视角，重点围绕疏解妨碍社会治理的负性社会心态和建构促进社会治理的良性社会心态。

二、社会心理服务体系建设

2017年10月，党的十九大提出，"加强社会心理服务体系建设，培育自尊自信、理性平和、积极向上的社会心态"。2018年11月，国家十部委联合印发了《全国社会心理服务体系建设试点工作方案》（以下简称《试点方案》）。为响应国家政策要求，建设社会心理服务体系应从以下工作展开。

（一）建立领导机构

1. 成立工作领导机构

工作领导机构由党委、政府领导负责，政法、民政、卫生、宣传、教育、公安、司法、财政、信访、残联等部门参与，研究制定政策措施，协调解决重点难点问题，组织落实日常管理、工作计划、实施方案。

2. 明确建设任务

部署全国社会心理服务体系建设试点单位，明确试点主要任务与责任，安排经费保障和完成时限。

3. 成立专家组

成立由心理健康、精神卫生、教育、社会工作、公共管理等领域的专家组成的试点专家组，为试点工作提供技术支持与指导，开展技术培训并进行质量控制。

（二）建立社会心理服务网络

1. 搭建基层社会心理服务平台

依托基层综治中心或城乡社区综合服务设施等，在村（社区）建立心理咨询室或社会工作室。

2. 完善学生心理健康服务网络

所有高等院校按照师生不低于1∶4 000的比例，配备心理健康教育专职教师，中小学校建立心理辅导室。

3. 建立员工心理健康服务网络

党政机关、企事业单位为员工提供心理健康服务，提升本单位员工的心理健康水平。

4. 强化医疗机构心理健康服务

精神专科医院开设心理治疗门诊，为有心理疾病的患者提供心理治疗服务。

（三）开展社会心理服务

1. 开展多种形式的科普宣传

将心理宣传工作纳入党和政府工作议事日程，通过广播、电视、网站等形式开展科普宣传。每年至少开展6次关于心理健康基本知识、常见心理行为问题预防干预等内容的科普宣传，并告知公众心理服务获取途径（包括服务地点、服务时间等信息）。

2. 建立心理援助热线和危机干预队伍

开通为公众提供公益服务的心理援助热线。建立心理危机干预队伍，并组织培训和应急演练。

3. 举办人员培训

每年至少举办1次多部门负责人员参与的培训，讲解工作任务和具体要求，指导其开展工作。开展针对基层多部门工作人员的社会心理服务知识和技能培训，提高基层社会心理服务能力。

4. 加强各部门、各行业心理服务

公安、司法、信访、残联等部门结合行业特点，每年至少为系统内人员或工作对象举办1次心理健康知识讲座，并根据需求提供心理健康服务。

5. 完善严重精神障碍患者服务工作机制

在各乡镇（街道）建立健全由综治中心、卫生健康、公安、民政、残联等单位组成的精神卫生综合管理小组，多渠道开展严重精神障碍患者日常发现、登记报告、随访管理、危险性评估、服药指导、心理支持和疏导、康复指导等服务，依法对肇事肇祸者予以处置。

6. 实施重点救助

试点地区针对当地亟待解决的问题，或针对社会救助对象、农村留守人员、老人、儿童、残疾人等特殊困难群众和心理行为问题较为突出的人群，组织实施重点心理救助任务。

三、社会心理服务体系与心理健康服务体系

辨析社会心理服务与心理健康服务的关系，必须突破行业与部门限制，从社会治理角度形成新的认识，创新并引领社会心理工作发展。

（一）社会心理与心理健康辨析

1. 主体和客体不同

心理健康是指人格健全、智力正常、认知正确、情感适当、意志合理、态

度积极、行为恰当、适应良好的状态。其主体为个人，客体为人的心理内容和过程。社会心理是指在一个特定时期内弥漫在社会及其群体中的整个社会心理状态，由社会共识、社会情绪和价值取向组成。主体包括整个社会化，含政府、机关、学校、企事业单位和社会组织。社会心理不是简单的个体心理叠加。从个体心理到社会心态，二者关系不属于"主体和客体"扩展，必须避免把社会心理与心理健康概念混淆。

2. 心理健康为"大健康"组成部分

"十三五"规划和《"健康中国2030"规划纲要》分别提出了健康中国建设、提高人民健康水平的概念，把心理健康与社会和谐、人的全面发展相关联，形成了"大健康"概念。心理健康是"大健康"的一个组成部分，由健康到"大健康"，服务于社会心态建设，而不能把心理健康与"大健康"相一致。

3. 心理健康行业管理与社会心理工作区别

从心理健康角度，从事服务人员包括：心理咨询师、心理治疗师、精神科医师、心理健康教师、心理社工、心理辅导员等。其中，前三者为心理健康专业人员，属于心理健康行业管理；心理教育工作者，社会工作中的心理指导师，以及各行业中的心理辅导员，在社会领域中从事与心理相关工作，属于社会心理工作范畴。社会心理工作是从社会治理角度，由党政领导、社会参与，以建立和谐心态为目标，既有广泛的服务内容，也需要专业的人才队伍。社会心理指导师是社会心理服务体系建设中的主体力量。

（二）心理健康服务于社会治理

1. 突破心理健康的临床心理学语境

心理健康服务一般是从心理疾病预防开始，到对发生心理问题的干预，属于"治病"视角。社会心理服务基于党的十九大提出的"加强社会心理服务体系建设"概念，属于社会治理视角。因此，心理服务不能局限于卫生健康部门，需要多部门、多渠道共管共治。

2. "治病救人"转化为"由心而治"服务

社会心理服务体系是对心理健康服务体系的升华与扩展，其内涵是"运用心理学方法和技术解决社会治理难题"。社会心理服务体系建设不是心理健康服务体系建设，社会心理服务不等同于"治病救人"，而是"由心而治"的社会治理，因此要防止社会心理服务体系建设滑入心理健康服务的思维。在实际工作和政策设计中，要将心理健康服务作为社会心理服务的重要内容，在理论上应该清晰区分开来。

（三）社会心理服务与心理健康服务"双体系合并"

1. 心理健康服务具有完整体系

心理健康服务体系具有完整的组织体系、具体的任务目标和专业的人才队伍构成，定义清晰、目标明确。加强心理健康服务体系建设和规范化管理，鼓励培育社会化的心理健康服务机构。依托城乡社区综合服务设施，广泛宣传心理健康知识，要积极引入社会工作者、心理专业人员等力量开展心理健康服务。

2. 社会心理服务体系属于重新构建的体系

要从国家层面完善政策制度，从各级政府职能上加强组织领导，从服务网络上拓宽领域。开展社会心理服务的体系建设，要体现对人的尊重、理解，依循心理行为规律开展社会治理，通过社会心理服务水平提升，促进社会和谐稳定发展。社会心理服务人才队伍，要从咨询、治疗和精神医科视角，转移到培育社会心理指导师力量上，为社会心理服务站提供适岗对位专业人才。

（四）社会心理服务体系建设

社会心理服务要从社会治理角度，确定社会心理服务的重要内容。社会治理的主体包括人以及政府和社会组织，社会治理的对象是个体、家庭、社区和社会群体。社会心态应该是社会治理的重要内容。

1. 社会心态建设角度

社会心态建设包括疏导社会负性情绪、引导社会正确认知、促进社会积极行为、监测预警群体心理动力等重要内容。

2. 社会公共服务角度

满足社会大多数甚至全体成员幸福感和获得感的需要，对不同社会群体的心理需求进行调研、检测、分析，为党委政府部门提供政策决策依据是社会心理服务的重要内容。

3. 社会服务对象角度

社会服务对象包括帮助党委政府科学决策、平衡各方利益诉求；为共青团、妇联、工会等社会群体提供服务，特别是关注妇女的心理健康、儿童的心理发展、企业员工绩效、心理健康等。

社会心理建设已经上升成为国家战略，心理服务应系统性地、有计划地解决社会治理主体、客体以及治理过程中各种心理方面的问题，国家和社会的各个层面都要开展必要的心理建设。

第二节　社会心理服务站建设

社会心理服务站是依托村（社区）、街道和各单位或社会组织等设立的心理服务场所，为群众提供心理服务。一般社区心理服务站有四项基本要求：基本保障、基本力量、基本模式和基本方法。四个标准化模式：标准化硬件设施、标准化工作程序、标准化服务形式、标准化管理和督导。

一、社会心理服务站建设任务

根据《关于加强心理健康服务的指导意见》等政策、法规要求，坚持预防为主、突出重点、问题导向、注重实效的原则，强化党委、政府领导和部门协作，建立健全服务网络，加强重点人群心理健康服务，探索社会心理服务疏导和危机干预规范管理措施。

《试点方案》要求，到2021年年底，试点地区逐步建立健全社会心理服务体系，将心理健康服务融入社会治理体系、精神文明建设，融入平安中国、健康中国建设。建立健全党政领导、部门协同、社会参与的工作机制，搭建社会心理服务平台，将心理健康服务纳入健康城市评价指标体系，作为健康细胞工程（健康社区、健康学校、健康企业、健康家庭）和基层平安建设的重要内容，基本形成自尊自信、理性平和、积极向上的社会心态，因矛盾突出、生活失意、心态失衡、行为失常等导致的极端案（事）件明显下降。

(一) 社会心理服务站组织体系和服务机制

1. 建立领导体制

建立由党委领导、政府参与、社会组织协同的领导机制。管理主体主要由市、区（县）、街道作为三级行政负责，并由社区与社会化服务机构相配合，组成管理与服务体系。

2. 建立分级管理平台

建立各心理服务站作为独立运营主体，在规定的区域内，承担心理指导服务。各区心理服务站管理枢纽机构指导和管理各社区、街道心理服务中心（站）。市心理服务管理机构负责协调检查、督导等工作，指导全市心理服务工作和机制规范发展，以社会组织为"底座"，发挥现代信息技术的"支撑"作用，培养社会心理指导师为主力的人才队伍。

3. 建立预警干预机制

为市委、市政府提供政策咨询建议，从源头预防，治理重（特）大案（事）件发生，促进亲善友爱关系的建立与社会和谐发展。建立全市统一、高效、有力的心理预警干预机制，第一层级由心理服务站负责，主要承担建立心理档案，发现潜在问题，汇报基本情况。第二层级由专业社会组织，承担整体调研、前瞻分析、提出对策、提供解决方案和应急骨干力量。第三层级由市、区两级建立心理应急预案，组织指挥重大社会事件、自然灾害等心理救援。

4. 社会心理服务站点建设任务与规模

改变传统以心理治疗为主的服务模式，以预防和早期干预为重点，开展心理健康宣传、心理知识普及、心理疾病预防、心理障碍疏导、心理应激干预等服务，探索和完善我国特色的社会心理工作模式。按照《试点方案》规定，村（社区）综治中心要设立心理咨询室或社会工作室，建成率达80%以上。高等院校普遍设立心理健康教育与咨询中心（室），中小学设立心理辅导室，各党政机关和厂矿、企事业单位、新经济组织等通过设立心理健康辅导室。要将心理服务站纳入当地社会建设发展规划和年度工作计划，统筹现有经费渠道，为社会提供发展性心理辅导和心理支持。

二、社会心理服务站建设标准

社会心理服务站要求社会心理指导师、督导师和社工在专业服务所通过专业设备开展个体服务、团体活动、宣传教育和应急救援，在此过程中，相关工作者需遵守日常工作制度、值班值勤制度、学习培训制度和职业道德等基本制度。

（一）社会心理服务站基本要求

1. 基本保障

社会心理服务站的基本保障包括服务场所和专业设备。

2. 基本力量

社会心理服务站的基本力量包括社会心理指导师、督导师和社工。

3. 基本任务

社会心理服务站的基本任务包括个体服务、团体活动、宣传教育和应急救助。

4. 基本制度

社会心理服务站的基本制度有日常工作制度、值班值勤制度、学习培训制度和严守职业道德。

（二）社会心理服务站基本设施

社会心理服务站需设立个体咨询室、团体活动室功能区，各功能区配置应符合设备器材、场地面积、环境设计的要求。

1. 个体咨询室

个体咨询室承担一对一的个别咨询功能或者一对多的家庭咨询。个体咨询室需要给来访者一定的安全感，使他们能够在心理咨询师面前真实地表达自己，帮助他们恢复心理健康。咨询师与来访者的座位成L形摆放，这样咨询师和来访者双方既能够互相捕捉到对方的目光，又不至于因为目光的直视导致紧张感，从而使来访者能够在一种相对安全舒适的环境下真实地表露自己。在个体咨询区建议放置无声计时器，这样有利于社会心理指导师掌握和调整咨询时间。同时在来访者的位置附近摆放可以直接抓抱的毛绒玩具，使来访者在和社会心理咨询师进行沟通的过程中更加自然放松。

2. 团体活动室

团体活动室作为开展团体心理咨询、集体活动、心理健康课、拓展训练的场所，面积50~60平方米，配有桌椅、空调和多媒体影像设备，并配备团体心理辅导活动器材。

3. 心理专业器材

（1）沙盘器材。沙盘游戏是针对情感丰富的适应人群设计的行为表达性辅导技术。借助沙盘，以游戏的方式呈现其内心的人际互动，进而了解其内心情感与情绪的真实状况，并通过沙盘设备进行辅导，促进对来访者心理健康的维护、对想象力和创造力的培养、心性的修养和人格的健全发展。

（2）放松训练器材。有心理视听设备、放松椅等。音乐减压治疗系统运用音乐特有的生理、心理效应，使来访者通过各种专门设计的音乐行为，经历音乐体验，达到消除和缓解焦虑、紧张等不良情绪，消除心理障碍，恢复或增进心理健康的目标。

（3）心理测量器材。可以在多媒体电脑室进行个体心理测试、大批量团体测试，避免测评过程受到干扰，影响结果准确度。多媒体电脑室配有的心理测量表、电脑和打印机，安装的专业心理软件系统，便于测评、建立心理档案和结果的统计分析。配有档案柜，以便相关资料的归档管理和保存。

（4）情绪疏导墙等辅助器材。包括合理宣泄人、宣泄小玩具、心理拓展包、团体心理辅导箱、游戏心理辅导包和心理剧成套设备等。

（三）社会心理服务站管理

1. 管理系统

社会心理服务工作由卫生防疫部门管理转变为社区直接管理。心理服务站作为社会心理服务场所，由一个或多个心理服务公益机构使用。

心理专业机构承接社会心理服务项目，开展社会心理指导服务，满足社区居民心理需求；居民自愿求助时提供个性化服务，按标准收取费用。

服务站工作人员由社工或社会心理指导师组成，接受社区专业机构领导和专业督导。心理服务人员必须参加专业培训，取得相应资质，按照规章制度开展各项工作。

2．工作程序

（1）制订计划。进行项目规划，接受政府和居民购买项目；选择实施方案和指导技术；巩固和结束项目。

（2）评估需求。对社会心理需求进行评估，决定为来访者提供的服务。

（3）工作内容。为来访者提供咨询、疏导、调适等服务；帮助来访者认识自我、发掘潜能；为特殊群体提供心理支持；等等。

（4）工作人员。制定心理指导师培训制度和培训课程，建立社区心理指导人员系列化资格认证机制，培养一支社区心理指导专业人员队伍。

3．规章制度

（1）日常工作制度。包括来访者接待测查、工作规范、测评和回访、督导等管理制度。

（2）档案管理制度。建立咨询记录、案例记录、心测材料等档案。

（3）回访测评制度。对已结项目，经过一段时间后，主动深入联系来访者，听取其意见，回访中发现问题可根据不同情况处理。

（4）应激干预制度。包含应激预案、应急器材、值班电话等。社区心理服务站担负委派组织赋予的心理应激干预任务。在遇到或者发生社会事件、重大灾难、环境恶变等问题时，应当坚守岗位，履行职责。

（5）严守职业道德。保持良好职业操守，始终严守法规和社会规范，遵守心理咨询工作制度，切实担负起社会心态稳定和个体心理疏导的任务。

第三节　社会心理指导师

社会心理指导师是指具备心理专业知识与技能的社会心理服务工作者。

社会心理指导师适用岗位能力评价体系，具有专业岗位职责，遵守职业道德规范和行业管理规范，在社会治理中担负社会心理建设任务，以营造良好社会心态为职业特征。

一、社会心理指导师创立依据

（一）党和国家政策法规

2016年12月，国家22个部委联合颁发了《关于加强心理健康服务的指导意见》，明确提出"各有关部门要积极设立心理健康服务岗位，完善人才激励机制，逐步将心理健康服务人才纳入专业技术岗位设置与管理体系，畅通职业发展渠道，根据行业特点分类制定人才激励和保障政策"。2018年11月，《试点方案》提出开展社会心理服务知识和技能培训，提高基层社会心理服务能力，建立心理援助热线和危机干预队伍；规定了社会心理服务站点建设任务，在专业服务力量中提出了行业管理的概念。社会心理指导师专业人才队伍建设是落实《试点方案》的具体措施，以满足社会心理服务站岗位需求。

（二）创新社会心理服务模式

2016年5月，中共中央、国务院印发了《国家创新驱动发展战略纲要》，指出创新驱动是引领发展的第一动力，科技创新与制度创新、管理创新、商业模式创新、业态创新和文化创新相结合，推动发展方式向依靠持续的知识积累、技术进步和劳动力素质提升转变。推进预防、医疗、康复、保健、养老等社会服务网络化、定制化，显著提高人口健康保障能力，有力支撑健康中国建设。

2018年5月28日，中国科学院第十九次院士大会、中国工程院第十四次院士大会上，习近平总书记发表重要讲话，提出"创新决胜未来，改革关乎国运"。要推动人才教育创新。"人才者，求之者愈出，置之则愈匮。"改革人才培养模式，把科学精神、创新思维、创造能力和社会责任感的培养贯穿教育全过程。坚持创新驱动实质是人才驱动。落实以人为本，尊重创新创造的价值，激发各类人才的积极性和创造性，加快会聚一支规模宏大、结构合理、素质优良的创新型人才队伍。

（三）社会心理服务体系建设是客观需求

2017年10月18日，习近平总书记在党的第十九大报告中指出，加强社会治理制度建设，完善党委领导、政府负责、社会协同、公众参与、法治保障的社会治理体制。加强预防和化解社会矛盾机制建设，正确处理人民内部矛盾。

加强社会心理服务体系建设，培育自尊自信、理性平和、积极向上的社会心态。加强社区治理体系建设，推动社会治理重心向基层下移，发挥社会组织作用，实现政府治理和社会调节、居民自治良性互动。

二、社会心理指导师试点培训

从2011年开始，北京市社工委在丰台、石景山等八个区县，开展了为期十年的社会心理服务试点，形成了心理标准化"规定性动作"。从2017年开始，中国社会工作联合会与北京市社工委组织实施了社会心理指导师岗位能力培训试点，以满足全市心理服务站岗位需求。经过科学研究和实践经验，完成了培训纲要和培训管理体系建设。

（一）严密组织培训实施

2016年6月，在人力资源和社会保障部劳动科学研究所指导下，以社会心理学为理论基础，开展了社区心理指导师专业能力科研项目，组建了专家委员会，编写了《社会心理指导师》，构建了社会心理学、社会工作学和心理专业技术为基本内容的培训系统。

2017年10月，中国社会工作联合会与北京市社工委组织召开了社区心理指导师专业能力培训启动新闻发布会。学员来自丰台区、东城区、西城区、海淀区、石景山区、通州区、平谷区、大兴区及河北廊坊市，涉及100多个社区。147名学员中含社区工作者103名，社会组织工作人员33名，机关、学校的工作者11名。参与教学与指导的有正教授5名、副教授8名、讲师和行业专家10名，共计23人。

培训前进行了学员调查，每堂课都安排学员提问与讨论环节。培训内容上注重实操，把基础培训、素质培训、技能培训结合起来，培训方式上综合运用讲授、讨论、参观、观摩、委培等多种方式。尤其是"五项心理学技术"培训，教师手把手地教，学员进行实践，使学习到的技术在实践中得到运用。每一堂培训结束后，要对教学成效进行考评，由教师当场打分，检验学员学习情况、评估培训效果。最后组织理论和专业技术两项考试，87人参加，48人通过结业。

学员反映，由于担任教学的都是各行业领军专家、教授，每一堂课的教学水平都很高，学员掌握了心理技术，提高了心理素质，收获很大。学员学以致用，在社区中发挥心理骨干专业指导作用，利用心理知识服务群众。30多家媒体报道了培训信息。北京市社工委转发了试点培训经验。

（二）总结与反思试点培训经验

在试点工作之前，中共北京市委组织开展了基层社会心理服务工作调研，发现了不了问题：基层投入少、力量薄弱，164个社区中只有46个社区开展了心理健康服务；普遍缺乏专项经费，开展心理健康服务的46个社区中，20多个没有经费投入，5个年投入经费在1 500元以下，只有2个社区表示会有数万元的运作经费；负责基层心理服务的工作人员缺少专业训练，规范化服务程度不高；社区心理服务没有岗位、缺少定位，相关部门缺乏规划协调，心理专业的社会组织机构没有充分发展。

针对发现的问题，社会心理指导师专家委员会明确了社会心理指导师培训方向，对培训教材做了科学化和系统性整合，增加了教学内容的实用性。如根据群众生活中常见的问题，设计了不同的主题，深入讲解压力管理、人际冲突、邻里关系处理等理论和技巧，以提升居民对自身问题解决能力。根据社区居民的心理需求，实施心理成长、关系构建、音乐活动、鼓圈活动等，以不同形式开展心理干预。针对儿童学习压力、老年孤独、家庭矛盾等社区主要心理问题，通过团队辅导形式，让需求人员减轻身心压力，掌握自我调节的方法，保持身心良好状态；对社区居民心理水平进行评估，建立社区心理档案；建设居民与心理专家、居民与居民、居民与社区工作人员之间互动交流的平台，使之成为社区动态、发现潜在危机的信息渠道。

（三）社会心理指导师服务方向

社会心理服务是政府提供的心理普惠性服务，也是社会心理指导师的服务方向。社会心理工作首要服务于居民心理和谐，主要包括认知合理、情绪稳定、行为适当、人际和谐、适应变化。为提高生活质量，开展心理教育、心理疏导，传授情绪管理、压力管理等自我心理调适方法，以促进社区和谐稳定。因此，服务对象应当是一般群体，针对老年人、妇女、儿童和残疾人等，提供心理辅导、情绪疏解、家庭关系调适等心理健康服务，组织开展与健康有益的文体活动。针对空巢、丧偶、失能、失智、留守老年人和计划生育特殊家庭等，及时进行心理状态评估，提供个体心理辅导等服务，预防或减少各类问题发生。

（四）社会心理指导师培训体系

自2011年开始，已经在北京16个区开办了心理咨询师培训班，每个区100人，共1 600名社区骨干参加了心理咨询师系统理论与技术训练。其中有200多人考取了心理咨询师等级证书。但是，心理咨询师职业规定"不求不助"原则，在社会工作中无法帮助没有主动求助的老年人等，与社工"助人自助、主动帮助"有冲突，效能发挥受到局限。

自2014年开始，社工骨干能够管理和协调一般性心理教育与服务工作，但对心理健康方面的知识欠缺，难以应对社区居民出现的心理问题。要改变免费集中培训模式，建立系统化培训制度。针对准备承担心理健康教育与服务的社工人员，把知识学习与能力培训，变"要我学"为"我要学"，变"宾馆贵宾式"培训为社区课堂的"长流水、不断线"培训。但是，由于社工心理骨干不具有职业发展渠道，在系统和专业训练上缺乏持续投入动力，从而无法承担解决心理障碍、营造社区心态方面的责任。

从2017年10月至2018年10月，在人力资源和社会保障部劳动科学研究所指导下，开展了社区心理服务专业人才的试点培训，基本满足了基层心理服务工作需要。社区中存在特殊人群，主要包括艾滋病患者、失独者、孤独症儿童、同性恋人员、精神疾病人员、失眠人员、酒精和药物依赖者、社区矫正人员等，特殊人群占居民总数的0.84%，平均每个社区有7.2人，需要社区心理工作者提供心理救助，走出心理困境。社区还应该开展应急心理干预，对自杀、精神病人肇事肇祸、丧亲等，由社区指导师加强案主及家庭的心理疏导和危机干预，提高其承受挫折、适应环境的能力，预防和减少极端案（事）件的发生，维护社会稳定。开展体验式培训，针对同质和非同质人群，在社会心理指导师带领下，通过参与式讨论、情感分享交流、角色扮演、现场模拟、关系体验等方式，用感受解决心理问题，充分体会内心世界与外界沟通与交流。

社会心理指导师基于社会心理学理论，在社区开展心理知识教育宣传，心理健康工作普及，营造和谐人际环境。社会心理指导师从心理咨询师、社区工作者或社会组织中选拔，经过专业化、系统化教育和训练，获得资格认证，作为社会心理专业人才参与社会治理，是社区心理建设的指导者与引领者。社会心理指导师成为社会工作者职业化发展新方向。

三、社会心理指导师岗位职责

社会心理指导师根据社区工作岗位，以社区居民为工作对象，在行业管理下开展社区心理服务。

（一）坚定预防为主的心理服务

1. 社会心理指导师要扎根社区

因为社会心理指导师是针对居民心理需要做工作，必须始终工作在基层第一线。

2. 心理服务的内容以预防为主

提早预防不仅会大大减少心理疾病和心理障碍的发生率，减少心理疾病患者的治疗痛苦，还可有效缓解医疗压力。

3. 在心理服务的过程中要做到早期干预

许多心理疾病和心理障碍通过广泛的健康教育、社区合作干预等措施，就能达到早期发现、早期干预、保障人人健康的目的。

4. 应尽可能减少来访者负担

事实证明，社区居民尤其是青少年行为问题及老年群体的许多心理困扰与应激，交付医院等机构治疗，花费不菲而收效有限；如果运用社区环境，不但能营造良好效果，还能够减轻来访者心理压力与经济负担。

（二）开展专业性心理活动

1. 开展心理体验活动

组织带领居民通过讨论、分享、体验等方式，开展多种心理成长活动。

2. 进行知识宣传与专题讲座

根据社区群众生活中常见的问题，设计不同的主题，开展知识普及和心理教育。

3. 开展心理能力成长团体活动

运用团体小组活动形式，为不同团体提供心理动力支持。如通过团体辅导让社区基层工作人员减轻身心压力，使其能够在保持身心健康的良好状态中提升工作效能。

4. 对特殊群体提供心理支持

根据社区老年人、妇女、儿童和残疾人等人群心理需要提供心理辅导、情绪疏解、悲伤抚慰、家庭关系调适等心理服务，使他们能够提升心理能量，培养自尊、自信、自强、自立的心理品质和积极向上的行为习惯。

5. 评估居民心理状态

对社区居民的心理进行评估，建立社区心理健康档案；建设互动交流的平台，发现潜在危机。

（三）加强社区环境营造

以整个社区为工作对象，既有居民整体心理健康指导，也关注各类人群心理发展，促进人际和谐。

增强人与环境互动性。社区心态建设不需要将责任归结于个人身上。社会心理工作需要调整个人，也需要调整环境。调整环境、适应环境与塑造环境，让一个人的能力发挥到最大，是社区心理指导工作最重要的内容和途径。

（四）促进资源整合与利用

社区组织是在社区内组织、协调和促进个人合作，进而充分利用社区内的各种资源的工作过程。

社区生活是一种共有、共治、共享的生活。个人的生活方式及人格发展，受社区组织的影响，从而激发社区三种意识：归属意识、认同意识、角色意识。每个人在社区内休戚相关，有"一家人"的感觉，对社区的接受如同接受自己的家庭一样。

社区内居民生活上的基本需要，经由社区内主要团体间交互关系的模式而获得满足。

第二章 社会心理指导理论

■培训目标

掌握社会心理指导概念与基本理论，了解我国社会心理工作探索与发展历程，熟悉社会心理指导基本特征与基本原则，掌握社会心理指导工作发展机制，增强社会心理指导工作的责任感和使命感。

■培训内容

社会心理指导理论来源

社会心理指导理论内涵

■培训时间

8学时

■考核重点

社会心理指导概念及理论基础

社会心理指导理论研究与主要体系

社会心理指导基本特征与基本原则

社会心理指导理论发展

第一节　社会心理指导理论来源

社会心理指导以社会心理为工作范畴，应用心理专业知识与技能，开展社会心理工作引导与规范。

一、精神卫生事业的开端

我国的精神卫生工作是在中华人民共和国成立后才逐渐发展起来的。新中国成立前，全国精神病医疗机构不到10所，神经精神科专科医师总数仅50~60人，精神科床位不超过1 000张。

中华人民共和国成立后，特别是改革开放以来，精神卫生事业才得以迅速发展。

改革开放后，我国经济社会高速发展，社会压力也越来越大，人们对精神卫生的需求日益增多。1980年，我国在北京建立了第一所精神卫生研究机构，即北京医学院精神卫生研究所。1985年中国心理卫生协会重建。1986年10月，由卫生部、民政部和公安部联合召开了全国第二次精神卫生工作会议。

自1991年开始，中残联、卫生部和民政部等部委在全国60个市（县），有计划地推广社区开放性的精神病防治康复工作，1996年扩大到全国200个市和县。通过对精神病症状残疾评分，根据不同等级，组织精神病人参加防治机构活动，发现参加社区康复的精神病人，其复发率、残疾评分和肇事率均有明显下降，对我国社区精神病防治和减少精神残疾均起到了重要的推动作用，从而使精神卫生进入社会大众视线。

二、心理健康与咨询兴起

2000年，卫生部组织开展了主题为"健康体魄＋健康心理＝美好人生"的大规模活动，普及宣传心理健康知识，心理健康主题被国家和社会广泛关注。部分精神病院、综合性医院、学校和社会团体，开展心理障碍和行为问题治疗，心理健康工作得到较快发展。

2001年8月，国家劳动和社会保障部公布了《心理咨询师国家职业标准（试行）》。

2002年7月，全国心理咨询师职业资格培训鉴定工作指导委员会成立，负责职业培训和资格鉴定，心理咨询师国家职业资格培训鉴定正式启动。

2006年开始，国家职业新标准颁布，在原来的五个等级考试中，取消了心理咨询员和高级心理咨询师。心理咨询师国家职业资格分为三级、二级、一级共三个等级。其中，心理咨询师一级没有组织培训与考试。

2008年汶川地震后，全国军地院校、医院、社会机构的心理专家和志愿者奔赴灾区一线为受灾民众和救援人员开展心理服务，国家和媒体推动"心理危机干预"和"心理救援"宣传，形成了一波"心理热潮"，极大地推动了心理咨询工作的开展。

心理咨询指运用心理学的方法，对心理适应方面出现问题的来访者提供心理援助的过程。

心理咨询师是运用心理学以及相关知识，遵循心理学原则，通过心理咨询的技术与方法，帮助求助者解除心理问题的专业人员。

需要解决问题并前来求助者称为来访者，提供咨询帮助者称为咨询师。来访者就自身存在的心理不适或心理障碍，向咨询师进行述说、询问与商讨。咨询师支持和帮助来访者共同讨论心理问题成因，使来访者摆脱困境、解决问题，从而恢复心理平衡、提高对环境的适应能力、增进身心健康。

心理咨询师的任务主要在于促进成长，强调发展模式，帮助来访者发挥最大的潜能，为其正常发展消除路障。心理咨询工作的重点在于预防。心理治疗主要是弥补病人过去已经形成的损害，解决和改变发展的结构障碍。心理咨询一般在学校、单位、心理咨询机构等场所中开展工作；心理治疗针对心理异常的病人，在临床和医疗情景中开展工作。

2012年10月26日，第十一届全国人民代表大会常务委员会发布了《中华人民共和国精神卫生法》，自2013年5月1日起施行。

《中华人民共和国精神卫生法》明确规定了心理治疗活动应当在医疗机构内开展，心理咨询人员从事心理治疗或者精神障碍的诊断、治疗，属于违法行为。其为规范精神卫生服务，维护精神障碍患者的合法权益做出了重要贡献。

三、社会心理服务政策法规

2016年12月30日，国家卫生计生委、中宣部等22个国家部委联合发布《关于加强心理健康服务的指导意见》（以下简称《意见》），这是我国首个针对社会心理制定的宏观指导性文件。

《意见》明确了社会工作参与心理健康服务的路径和方法。强调了专业社会工作在提供心理健康服务、完善心理健康服务体系中的重要作用，要求积极配备心理辅导人员或社会工作者；通过培训专兼职社会心理工作者，引入社会力量等多种途径，为空巢、丧偶、失能、失智、留守老年人，以及妇女、儿童、残疾人和计划生育特殊家庭等提供心理辅导、情绪疏解、悲伤抚慰、家庭关系调适等心理服务。护理院、养老机构、残疾人福利机构、康复机构等，要积极引入社会工作者和心理咨询师等力量开展心理健康服务。

《意见》提出搭建基层心理健康服务平台。要求发挥社会工作服务平台作用，构建协调顺畅的服务机制。依托城乡社区综合服务设施或基层综治中心，建立心理咨询（辅导）室或社会工作室（站），配备心理辅导人员或社会工作者，协调组织志愿者，对社区居民开展心理健康宣传教育和心理疏导。

《意见》提出社会心态建设目标。要求各级政府及有关部门要发挥社会组织和社会工作者在婚姻家庭、邻里关系、矫治帮扶、心理疏导等服务方面的优势，进一步完善社区、社会组织、社会工作者三社联动机制，通过购买服务等形式引导社会组织、社会工作者、志愿者积极参与心理健康服务，为贫困弱势群体和经历重大生活变故群体提供心理健康服务。心理健康目标是构建和谐社会心态。

党的十九大提出加强社会心理服务体系建设概念，社会心理服务从属心理卫生系统管理，进入到社会治理领域，由党和政府在加强社会心态建设的大背景下，以提高人民幸福感，提升居民生活质量的大格局下，开展多部门、多行业结合，加强社会领域心理专业人才队伍建设，对于推动心理工作发展具有重要意义。

北京开展了社区心理服务标准化建设试点。自2010年开始，在16个区县设立了7个不同类型社区，探索开展适合社区特征和人群需求的心理服务工作，形成了具有地方特色的社区心理服务站建设标准和服务规范。在培训社会心理服务专业人才方面，先后探索了"社会心理咨询师""心理社工"等模式，因为其缺乏适应性和职业管理特征，经过6年实践后，停止了培训。

第二节　社会心理指导理论内涵

社会心理指导理论研究是指对社会心理指导工作对象、社会心理指导的内在联系及其规律的研究。研究内容包括社会心理指导理论基础、社会心理指导研究原则、社会心理工作理论体系、社会心理基本特征和基本原则。理论研究是经验研究的前提和向导；丰富生动的实践活动为理论研究提供新鲜适时素材，促进社会心理指导理论发展。

一、社会心理指导理论基础

（一）心理学

基础心理学是研究人类心理现象及心理效应的科学，它是理论的和实践的，主要解释个体行为与心理机能，包括知觉、认知、情绪、思维等。

应用心理学解释个体心理机能在社会行为与社会动力中的角色，研究人格、行为习惯、人际关系、社会关系等领域，也涉及家庭、教育、健康、社会等。

心理学理论和研究方法，指导社会心理指导理论发展。

（二）社区心理学

社区心理学始于20世纪60年代美国的社区心理卫生运动，是由临床心理学和社会心理学交叉而成的一门新学科，它的目的是协调人与外部环境之间的关系。它的特征如下：

1. **团体影响**

人和社会是一个不可分割的整体，因此社区心理学强调应该把人置于社区背景和社会系统之中来理解，用团体的力量来促进个人的进步。

2. **预防重于治疗**

对居民的心理健康以主动干预方式"治未病"，预防可能发生的心理问题。

3. 生态环境

环境对人的心理具有重要性。以生态学观点，通过调整环境以影响人的心理，改善人的心态，增强人的适应性，促进能力发挥。

4. 公正参与

居民以平等的权利和义务，积极参与决策，讨论解决矛盾与冲突，使资源和机会得到充分运用。

5. 尊重差异

每一个人有权利和其他人表现得不同，这并不意味着异常或是较为次等。少数群体要受到应得的尊重。

6. 促进能力

利用社会共识和共同价值观，运用社区组织资源，促进个体与环境联结，实现社区居民人际交流和心态和谐。

7. 社区感

个体对社区和集体的归属感、认同感和依赖感，是社会支持和社区行动的基础。

（三）社会心理学

社会心理学研究个体和群体在交往中的心理和行为的发生及变化。社会心理学在个体水平和社会群体水平上对人际关系进行探讨。个体层面上进行研究的内容有：个体社会化过程、交流、言语发展、伙伴、家庭和居住环境及学校对个人的影响等。社会群体层面上进行研究的内容有：群体交往结构、群体规范、态度种族偏见攻击行为、风俗习惯和文化等。

（四）社会工作学

社会工作学以利他主义价值观为指导，以科学知识为基础，运用专业方法助人自助，帮助困难群体和个体，预防和解决部分因经济困难或不良生活方式而造成的社会问题。

通过多年实践总结，社会工作学发展出具有中国特色的社会工作理论，充分体现并促进了社会稳定与发展功能。包括社会救助、社会福利、社会服务、社会治理等方面。

二、社会心理指导研究原则

（一）实践性原则

社会心理指导理论研究是指对社会心理指导工作对象、社会心理指导的内在联系及其规律的研究。研究对象包括社会生活中的个体与群体。个人与社会心理具有丰富生动的实践特征，社会心理指导理论研究必须遵行实践性原则，通过参与实践，促进思维能力的进一步发展，并在实践中检验思维成果的正确性。没有实践，社会心理指导理论研究的发展就失去了动力，所以，实践性原则是创造性思维中的根本原则，直接关系到其他原则的贯彻落实。

（二）价值中立原则

心理工作的基本原则就是价值中立。社会心理服务必须采取实事求是的科学态度，对客观事实不能歪曲和臆测。要客观地描述社会心理现象与现实行为问题的全面资料，经过进行分析后所得出的结论，而不管这些资料和结论是否与研究主体、他人或者社会的价值观念相冲突、相对立。

社会心理指导理论研究者个人好恶以及自身的价值取向均可能对研究产生影响，因此，社会心理指导理论的研究要秉承价值中立的立场，尽量减少主观因素的负面影响，使研究客观公正。

（三）系统性原则

社会心理指导行为与社会心理存在于一个系统之中，其产生与变化均有原因。不仅要把所研究的对象纳入社会心理系统进行考察，而且要用系统的方法研究。社会心理指导研究要求遵循动态原则、整体原则、有序原则以及反馈原则等，社会心理服务体系建设为研究提供了政策与方向指导。

（四）伦理原则

社会心理指导理论的建立，对于社会心理指导师职业发展具有基础性和价值观意义。因此，对研究对象及服务客体，特别需要遵循心理工作基本伦理原则，避免对服务客体造成损害。

三、社会心理工作理论体系

（一）社会心理指导理论体系的基本特征

社会心理指导理论体系表现为社会心理指导知识的客观性、社会心理指导方法的科学性、社会心理指导过程的逻辑性。

（二）社会心理指导理论的规范性

社会心理指导有明确的理论、严密而科学的行为规则、受过专业训练的人员和管理机构。

（三）社会心理指导理论的专业性

社会心理指导理论系统体系，形成了行之有效的科学方法。社会心理指导必须掌握专业知识，提供有效服务，解决复杂性问题，获得社会所认可的报酬。

（四）社会心理指导理论的实践性

社会心理指导是一门实践性很强的理论，是社会心理建设与社会治理的一项重要内容，是构建和谐社会的一个重要手段。总结我国对社会心理工作认识的发展历程、实践成果，创新并形成"本土化"理论，有着重要的意义。

四、社会心理指导基本特征

社会心理指导以满足社会心理服务体系建设为需求、以提供社会治理供给为原动力。

社会心理指导目标是解决三个难题：针对社会大众对心理健康的重要性认识不足，开展普及性、普惠性工作；针对一般人群对心理问题关注不够、服务接受度低，开展支持性、促进性工作；针对心理专业服务供给不足问题，开展广泛性、便捷性工作。

（一）以社会心态建设为目标

中国特色社会主义进入新时代，我国社会主要矛盾已经转化为人民日益增长的美好生活需要和不平衡不充分的发展之间的矛盾。人民的美好生活需要，由物质需要与心理需要共同构成。当前，我国经济发展已经成为世界第二大经济体，人民对衣食住行的丰富满足程度已经有了很大提升。如北京等大城市已经步入了中等发达国家的水平，温饱问题早已解决，小康水平也基本达到。居民的物质消费水平达到了中国现代历史上最高水平，排到了当前世界的前列。但是，社会心态并没有得到提升，各种心理问题却越来越严重。

北京市社会心理研究所2013年社会调查结果发现："城市病"对人体的危害处处可见，有一半以上的居民以车代步、迷恋手机、睡眠不足、压力过度；

不良生活方式造成居民亚健康的比例占87%；人们无法自己调适心理惰性和不良习惯，以致造成心理障碍的占18%。"心"病高企，形成恶性循环，生活质量受到严重影响，社会发展面临严峻挑战。

没有健康心态就没有全面小康。习近平同志在2016年全国卫生与健康大会上指出，"要加大心理健康问题基础性研究，做好心理健康知识和心理疾病科普工作，规范发展心理治疗、心理咨询等心理健康服务"。《关于加强心理健康服务的指导意见》要求，开展社会心态建设，做好心理健康服务，提升人民对幸福的感知力、对美好生活的满意度，既是时代发展的要求，也是中央赋予全党的重要任务，更是社会心理工作的责任和使命。

（二）以普惠性服务为理念

社会心理工作属于社会公共服务领域，以满足社会大多数甚至全体成员的需要和利益为目标，对社会一般人群的心理需求，进行普遍性和普惠性服务。

个体心理咨询是以心理困境、心理障碍、心理病态个体为来访者，讲求对人格缺陷的弥补和心理病态的校正，以行为、认知等疗法为手段，促进人的心理康复，因此多是一对一的治疗。

社会心理工作主要受众是构成社区的所有居民，与个体心理咨询相区别，具有服务区域面积广，人员构成多样，年龄跨度大等特点。

社会心理工作也关注个体的心理健康，但是更注重群体和个体心理与行为问题预防，增强社会关系和谐。因此，工作方式和方法由治疗模式转移到社区促进和支持性服务背景下，以广泛开展基层心理教育及知识普及、团体活动与环境改造、积极干预和主动救助上来，以提升居民心理能力和关系和谐为主要目标，引导社区不同群体与人员，人人参与、共享共治。

（三）以积极干预为模式

社会心理工作突破国外舶来观念，打破"不求不助"职业理念，使用社会心理指导视角，变"不求不助"为助人自助，这是心理服务中国化的必由之路。开展社会心理服务，要全面加强青少年心理教育，关注老年人、妇女、儿童和残疾人心理问题，重视特殊人群心理服务，推动常态化预防与动态化管理相结合。

社会心理工作从业者要主动从"咨询室"转移到居民中，主动开展基层心理健康知识普及、树立心理健康观念的工作，帮助居民确定正确的价值观，提升居民对生活的理解力、对幸福的感受力，对家庭关系、子女教育的现代思维，使人民群众接受心理健康常识，重视自身及家庭和社会心理健康的维护和发展，营造社会和谐。

五、社会心理指导基本原则

（一）立足基层，预防为主

全面普及和传播心理健康知识，强化心理健康自我管理意识，加强人文关怀和生命教育，消除对心理问题的偏见与歧视，预防和减少个人极端案（事）件发生。

（二）搭建平台，形成体系

培养社会心理指导人才，建立党委、政府领导下的心理指导师队伍，健全社会心理服务体系，促进单位、家庭、个人尽力尽责，广泛参与。

（三）严格制度，完善规范

从我国基本国情和居民实际需要出发，将满足群众心理需求与心理指导师长远发展相结合，逐步建立健全社区心理健康服务制度，形成心理指导师职业管理规范，促进心理健康服务科学、规范、有序发展。

（四）坚定方向，明确目标

坚持全民心理素养提高和个体心理疏导相结合，满足不同群体心理服务需求为方向，最大限度提供人民群众需要的心理支持和关怀，营造亲爱友善的社区关系，培育自尊自信、理性平和、积极向上的社会心态。

第三章 社会工作基础知识

■培训目标

通过讲授社会工作基础知识，使学员了解社会工作的基本理论与主要内容。增强社会心理指导师的助人意识，注重社区心理环境营造，提升社会心理工作指导的效能与质量。

■培训内容

社会工作者

社会工作理论

社会心理工作理论

■培训时间

8学时

■考核重点

社会工作的科学性和实用性

社会工作的功能

社会工作的实践理论

社会心理工作理论

第一节　社会工作者

社会工作是以利他主义为指导，以科学的知识为基础，运用科学的方法进行的职业化助人服务活动。

一、社会工作

社会工作以关于社会和人的科学理论为指导，在一定的制度和社会政策框架下，运用科学的、多样化的方法，帮助有困难、有需要的人，并在此过程中发展理论和方法，进一步推进社会服务。无论是从出发点、过程，还是从结果来看，社会工作的本质都是在帮助人。

（一）社会工作的科学性

社会工作的科学性包括工作态度的科学性；工作方法的科学性；工作程序的合理性与严密性。

（二）社会工作的实用性

社会工作是社会科学中以解决现实社会问题为宗旨的，或可称为"社会工程学"的一门。社会工作虽然也要告诉人们如何看待和分析各种现实的社会问题，但它所更看重的是教导人们如何去解决这些问题。社会工作学科提供的各种理论、方法和技术、技巧，都是为解决社会问题服务的。

（三）社会工作的综合性

社会工作对象及社会问题的复杂性，决定了它必须善于运用多种社会科学甚至自然科学提供的理论、方法及技术为他人服务。

二、弱势群体与领域

（一）弱势群体

社会弱势群体是指那些由于某些障碍或缺乏经济、政治和社会机会而在社会上处于不利地位的人群。

社会弱势群体的特征：第一，社会弱势群体一般来说是其个人及家庭生活达不到社会认可的最基本标准的有困难的群体；第二，社会弱势群体依赖自己的力量无法改变目前的弱势地位；第三，要改变弱势群体的生存状况，需要国家和社会力量给予帮助或支持。弱势群体是一些需要他人帮助、支持甚至是救助的群体。

（二）服务领域

社会工作领域也称社会工作范围，是指社会工作在社会生活中实施并起作用的范围。主要服务领域包括：儿童及青少年服务、老年人社会服务、妇女社会服务、康复服务、社会救助、就业服务、心理健康服务、家庭服务、医疗社会工作、学校社会工作、矫治服务、城乡社区发展、军队社会工作、企业社会工作。

服务领域按生理和社会特征分为儿童社会工作、少年社会工作、青年社会工作、老年社会工作、妇女社会工作、残疾人社会工作等。

按遇到的困难分为日常生活方面的问题、就业方面的问题、个人方面的问题等。

按社会工作的特点分为救助、帮助、发展等。

按社会工作领域的扩展包括从困难人群到有需要人群；从关注社会问题到关注社会和谐发展。

三、服务功能

功能是一个与系统相联系的概念，它指的是在系统内部各部分之间的联系中，部分对整体的贡献。

（一）个体服务功能

个体服务功能包括为个体提供物质帮助、给予心理支持、促进能力发展、维护合法权益，促进来访者的正常生活，促进人与社会环境的相互适应。

（二）社会促进功能

社会促进功能包括维持社会秩序、促进社会稳定与社会和谐，促进制度建设与社会进步，增加社会资本与促进社会和谐发展。

（三）专业帮助功能

专业帮助功能包括给来访者提供支持与指导、进行社会救助、建立资源网络、化解社会纷争、提供信息与机会、给予意见和建议、参与政策的制定与调整、提供政策依据。

四、社会工作者价值体系

（一）核心价值

社会工作者核心价值理念是助人自助，即通过帮助有困难、有需要的人，使其在克服眼前困难的同时，增强面对和解决困难的能力。社会工作者在服务过程中持守平等、尊重、接纳、使能等基本信条，一切为了来访者。这种助人自助的专业特征可概括为：授人以鱼，不如授之以渔。

（二）伦理

要注意行为举止。这就要求社会工作者做到行为举止适当、专业、诚实，以一定的能力去服务来访者。

要注意对来访者的伦理责任。要以来访者的利益为首，尊重来访者的权利、隐私和费用等。

要注意对同事的伦理责任。对待同事要尊重、公平、有礼貌，有责任地处理是同事身份的来访者。

要注意对雇主和雇用组织的伦理责任。遵守对雇用组织的承诺。

要注意对社会工作专业的伦理责任。

对社会的伦理责任。促进社会福利的发展。

（三）我国社会工作者伦理

我国社会工作者的伦理包括以下几个方面：

以人为本，服务社会；协助政府，为民排忧解难；依法行政，公正无私；坚持普遍与个别相结合的原则；坚持倾听沟通，有效解决矛盾，促进社会和谐；工作中同事之间密切配合，相互支持；坚持政策与管理的理性原则，注意服务中的人情味；平衡个人利益满足与社会发展要求之间的差异。

第二节 社会工作理论

社会工作理论是由一系列逻辑上相互联系的概念和判断组成的知识体系。它从较高知识层次上来描述和解释某类现象的存在和变化。

一、社会工作理论的功能和作用

社会工作理论的功能：解释人的行为与社会过程，确定社会工作者将要协助解决的问题的性质与原因；根据其对行为与社会问题的性质与成因所做的解释，设定社会工作过程的工作目标；提出一套达到上述目标的实务工作方法、技巧和模式。

社会工作理论的作用：解释问题，预测、确定干预的方法和模式，指导服务实践的发展、发展新的理论。

二、社会工作的实践理论

社会工作的实践理论是有关助人过程、方法的理论模式或实务模型。其目标是帮助社会工作者完成诊断、计划、干预、评估的任务。

预估理论也可称为诊断理论，它在助人过程中主要起到帮助社会工作者了解人、情境与问题等，以选择合适的目标、目的和任务，并在此基础上建构一套具体的实施原则。

预估理论包含社会研究、问题分析、人格与情境的诊断，以及根据研究成果形成治疗计划或处理方法的程序。

干预理论就是用来影响人格变迁、社会体系和生态体系的改良以达成社会工作目标的方法和模型。干预理论具体包含治疗原则、方案运作、变迁过程及效益评估等各个细目。

三、社会工作基本模式

（一）心理社会治疗模式

心理社会治疗模式的特点是将心理学应用于个案工作中，揭示求助者的心理状况和社会环境之间的关联。强调"人在情境中"的观点，强调个人的行为是由心理和外在的社会因素共同造成的。

（二）功能个案工作

人们认为个体的行为是其冲动、理智、感受而后意志平衡作用的结果，意志是主要原动力。功能性社会工作强调"能动性功能"，其理论包括心理、社会和过程三个方面。

（三）问题解决模式个案工作

专业工作者的职责是帮助受助者消除心理焦虑，进而增强自我功能；针对受助者过去和现在的状况对未来生活的影响，为其提供适当的服务。

（四）行为修正模式

人或动物都期望特定的令人满意的行为，而反对造成不适的行为。因此，行为会经常改变，行为在这里被假设成习得的经验。

其他的还包括任务中心治疗模式、危机干预模式、一般系统模式、存在主义模式、完型治疗模式、生命模式、交流互动分析模式等。

第三节　社会心理工作理论

社会心理是指在一段特定的时期内，弥漫在社会及其群体中的整个心理状态，是整个社会的情绪基调、共识和价值取向的总和。社会心理并不是人的个体心理与行为简单叠加，而是由社会发展阶段中各社会要素共同影响的结果，如政治、经济、文化和环境等基本因素。

社会心理工作理论是社会心理学在社会工作中的实践总结，主要指向为塑造和促进良好社会心态。

一、人的行为与心理干预

（一）人的需求

人的行为是指人类为了满足自身需要、采取某种方式去适应环境，所表现出来的活动或方式。

1. 马斯洛的需求层次论

马斯洛的需求层次论包括生理需求、安全需求、归属与爱的需求、尊重需求、自我实现需求。

2. 人的需求类型

人的需求类型包括生理需求、物质需求、精神需求、间接需求、直接需求。

（二）个体行为

个体行为受到自身与社会多种环境因素的影响。这些因素如生理、心理、经济、社会、道德、法律等，交织在一起而形成的社会系统制约。具有适应性、多样性、动态性、可控性、发展性、整合性等特征。

1. 本能行为

人的本能是指人类与生俱来的、不需教导和训练的、天赋的、在人类进化路上所留下的一些行为和能力。

2. 习得行为

习得行为是指从个体经验中获得的行为改变或特别的行为模式。与"非习得行为"相对。人的许多行为的改变或行为模式均在其后天经验中习得。

3. 亲社会行为

亲社会行为是指一切对社会有积极作用的行为。包括助人、遵守社会规范、友善、公共参与等。

4. 反社会行为

反社会行为是指攻击他人或有消极社会作用的行为。例如暴力行为、侵犯或攻击行为、伤害他人和破坏社会秩序行为等。

5. 正常行为

正常行为是指符合社会规范和正常模式的行为。

6. 偏差行为

偏差行为是指显著异于常态而妨碍个人正常生活适应的行为。

（三）心理干预模式

1. 认知行为治疗模式

认知行为治疗模式是通过改变非适应性的思维和行为来缓解失调情绪，塑造适应良好的行为模式，改善心理问题的一系列心理方法。以短程、结构化、问题导向、聚焦当下为主要特征。

2. 任务中心模式

任务中心模式是把焦点集中在为服务对象提供简要有效的服务上，希望帮助服务对象在有限的时间内实现自己所选定的明确目标。其主要特征为：一是介入时间有限；二是介入目标清晰；三是介入服务简要；四是介入过程精密；五是服务效果明显。

3. 危机干预模式

当人们面临突然或重大应激，无法用通常解决问题的方法来解决所出现的心理失衡状态时，通过积极关注与支持、保证求助者安全与制定应对方法等危机干预方法，帮助他们使用自我、社会、环境等资源，选择替代行为、态度和方法，达到生活的自主控制。主要方式有平衡模式、认知模式、心理转变模式。

二、社会心理工作理论

（一）精神分析学派的社会心理学理论

西格蒙德·弗洛伊德认为，本能的主要根源是人体的需要或冲动，是人体某个组织或器官的兴奋过程，这一过程将使体内积蓄的能量得以释放。本能被区分为自我本能和性本能，人依赖于这两种本能而完成个体生存和种族延续的生命进化过程。

弗洛伊德的人格学说中提出了人由本我、自我和超我三部分构成。本我是最原始的、无意识的结构部分，由本能和欲望组成，本我包含大量不为社会道德规范所接受的原始欲望和冲动，它的活动遵循"快乐原则"。自我是人格的意识部分，它遵循"现实原则"，依现实可以允许的尺度而控制和压抑本我的冲动。超我是人格的又一组成部分，它综合了良心和自我理想，将社会与个体融于一体，它的活动遵循"道德原则"。

精神分析作为一种探寻人类潜意识的理论体系，打破了行为主义困于可直接观察行为的藩篱，将心理学的研究对象延伸至个体行为的内部动机，提出了"社会潜意识"概念。

（二）社会学习理论

1. 米勒和多拉德的模仿理论

尼尔·米勒与约翰·多拉德将模仿看作一种工具性条件作用学习过程。该理论将人的社会行为基本模式归纳为：内部反应—驱力—外部反应—奖赏。

2. 班杜拉的社会学习理论

阿尔伯特·班杜拉提出了"三位一体的交互决定论"的学习观，即以行动、环境、个体（包括认知和动机）三者的交互决定论为基本框架，试图解释人类动机、情绪和行为的起源。

（三）场域理论

场域理论是人类行为的一种概念模式，是指人的每一个行为均被行为所发生的场域所影响。场域不仅指物理环境，也包括他人的行为和与此相连的许多因素。

库尔特·勒温认为心理学理论中有两个最基本的概念，即心理应激系统和生活空间。生活空间就是人类行为发生的心理场域，人与环境是一个共同的动力整体。它包含三层意思：构成生活空间的要素是人和环境，而这个环境只有在同人的心理目标相结合时，才起到环境作用，即生活空间才成立；生活空间具有动力的作用，表现为吸引力和排斥力，这种动力作用驱使一个人克服排斥力，沿着吸引力方向，朝着心理目标前进；生活空间的动力作用是逐级展开的，行为者越过一个个带壁的领域，最后实现目标。把动力观与整体观结合起来，或把紧张系统与生活空间结合起来，就是勒温心理学场域理论的基本形式。

（四）符号互动理论

"符号"是指在一定程度上具有象征意义的事物。符号互动论认为事物对个体社会行为的影响，往往不在于事物本身所包含的世俗化的内容与功用，而是在于事物本身相对于个体的象征意义，而事物的象征意义源于个体与他人的互动。在个体应付他所遇到的事物时，总是会通过自己的解释去运用和修改事物对他的意义。

第四章 心理学基础知识

■培训目标

掌握普通心理学基本理论，学会运用心理学知识和原理，解释人的心理现象和行为。

■培训内容

心理学概论

神经生理机制

信息加工过程

情绪与行为调节

个性心理特征

■培训时间

8学时

■考核重点

心理学的主要研究对象

认知过程中的感觉、知觉、记忆、思维和语言

动机和需要的关系

情绪的分类及特性

能力和人格的概念

人格的基本理论

第一节　心理学概论

心理学是研究心理现象发生和发展的一般规律的学科。

普通心理学以人的心理现象为主要的研究对象，包括心理学的理论原则和方法、心理过程、心理状态和个性心理特征的基本原理。

一、心理现象

（一）心理过程

1. 认知过程

认知过程包含感觉、知觉、分析判断、推理。

2. 情绪情感过程

情绪情感过程是伴随认知过程产生的主观体验。情绪是具有情境性和肤浅性的感情。随着特定情境的产生，某种特定情绪很快产生，随着特定情境的消失，该种情绪也很快消失，并且伴随有比情感更多的冲动性和外部表现。人和其他动物都拥有情绪。情感是具有稳定性和深刻性的感情。形成于多次情绪感受之上，是长期的、跨情境的感情，如尊敬、爱。情感相比情绪更加内隐、隐晦。

3. 意志过程

意志过程是指人在自己的活动中设置一定的目标，按计划不断地克服内部和外部困难并力求实现目标的心理过程。它是人的意识能动性的体现，即人不仅能认识客观事物，而且能根据对客观事物及其规律的认识自觉地改造世界。

（二）个性心理

1. 个性倾向性

个性倾向性主要包括需要与动机、态度价值观。

2. 个性心理特征

个性心理特征主要包括能力、气质、性格。

3. 意识

意识是由人的认知、情绪、情感、欲望等构成的一种丰富而稳定的内在世界，是人们能动的认识世界和改造世界的内部资源。

4. 无意识

无意识是指人们在正常情况下觉察不到，也不能自觉调节和控制的心理现象。如人在梦境中产生的心理现象主要就是无意识的。

二、心理研究

1879年，德国心理学家威廉·冯特在德国莱比锡大学创建了第一个心理学实验室，开始对心理现象进行系统的实验室研究。在心理学史上，人们把这看成是心理学脱离哲学的怀抱、走上独立发展道路的标志。

（一）心理研究基本方法

1. 观察法

观察法是在自然条件下，对表现心理现象的外部活动进行有系统、有计划的观察，从中发现心理现象产生和发展的规律性。

2. 心理测验法

心理测验法是指用一套预先经过标准化的问题（量表），来测量某种心理品质的方法。心理测量要注意两个基本要求：测验的信度和测验的效度。

3. 实验法

实验法是在控制条件下，对某种心理现象进行观察的方法。分实验室实验和自然实验。

4. 个案法

个案法要求对某个人进行深入而详尽的观察与研究，以便发现影响某种行为和心理现象的原因。

（二）现代心理学的主要派别

1. 构造主义心理学

构造主义心理学的奠基人是威廉·冯特，代表人物为爱德华·布雷福德·铁钦纳。构造主义主张心理学应该研究人们的直接经验即意识，并把经验分为感觉、意想和激情状态三种元素；强调意识的构成成分；研究方法强调内省法。

2. 机能主义心理学

机能主义心理学的创始人是威廉·詹姆士，代表人物是约翰·杜威和詹姆士·安吉尔。该学派主张研究意识，把意识看成是一个川流不息的过程；强调意识的作用和功能；推动向实际生活的发展。

3. 行为主义心理学

美国心理学家华生发表的《从一个行为主义者眼光中所看的心理学》标志着行为主义的诞生。行为主义心理学的特点：反对研究意识，主张心理学研究行为；反对内省法，主张用实验法。

4. 格式塔心理学

格式塔心理学的代表人物有德国的马克思·韦特海默、沃尔夫岗·柯勒和库尔特·考夫卡。该学派反对把意识分析为元素，强调将心理作为一个整体，认为整体不能还原为各个部分、各种元素的总和；部分相加不等于全体；整体先于部分而存在，并且制约着部分的性质和意义。格式塔心理学重视心理学实验，在知觉、学习、思维等方面的研究很重要。"格式塔"在德文中的意思是"整体"。

5. 精神分析学派

精神分析学派的创始人是奥地利的维也纳精神病医生西格蒙德·弗洛伊德。该学派重视研究成年人的异常行为分析；强调心理学应该研究无意识现象，重视动机和无意识现象的研究。

6. 人本主义心理学

人本主义心理学的代表人物有亚拉伯罕·马斯洛和卡尔·罗杰斯。该学派认为心理学应研究正常人，认为人有无限的潜能；潜能能否得到发挥或实现完全受到环境与条件的影响。

7. 认知心理学

认知心理学广义指研究人类的高级心理过程，主要是认识过程，如注意、知觉、表象、记忆、创造性、问题解决、言语和思维等。狭义上讲相当于当代的信息加工心理学，即采用信息加工观点研究认知过程。

第二节　神经生理机制

神经元是神经系统结构和功能的单位。

神经系统是指由神经元构成的功能系统，对生理和心理功能活动的调节起主导作用。

一、神经系统

（一）中枢神经系统

1. 脑

脑包括延脑、小脑、中脑和大脑等部分。延脑负责呼吸和姿势的反射；小脑与运动协调有关，也与某些高级认知功能有关；脑干中的上行网状结构控制着机体的觉醒和意识状态，下行网状结构控制着肌肉的紧张度。

2. 脊髓

脊髓位于椎管内，是周围神经的桥梁。脊髓可以完成一些简单的反射活动。

3. 中枢神经系统

中枢神经系统由脑神经节、神经索或脊髓连接组成。中枢神经系统内大量神经细胞聚集在一起，有机地构成网络或回路。其主要功能是传递、储存和加工信息，产生各种心理活动，支配与控制动物的全部行为。

（二）周围神经系统

1. 躯体神经系统

躯体神经系统分布于体表、骨、关节和骨骼肌中，通过意识控制躯体的随意活动，以适应外界环境。

2. 自主神经系统

自主神经系统位于脊椎的末梢，是不受意志支配的自主活动。自主神经系统分为交感神经系统和副交感神经系统。交感神经主要保证人体紧张状态时的生理需要，在情绪反应中兴奋与此有关。副交感神经位于脏器壁内，不受意识的支配，活动加强时，心血管机能减弱，心跳速度减慢，起抑制作用。

二、神经元

神经元是神经系统结构和机能的单位，由细胞体和突起组成。它的基本作用是接收和传送信息。突起有树突和轴突两种。

（一）神经元结构

1. 细胞体

细胞体最外是细胞膜，内含细胞核和细胞质。细胞质有神经原纤维、尼氏体、高尔基体、线粒体等，其中神经原纤维和尼氏体是神经元特有的结构。

2. 树突

树突较短，负责接收刺激，将神经冲动传向细胞体。

3. 轴突

轴突较长，包含平行排列的神经原纤维。轴突的作用是将神经冲动从细胞体传至其他神经元或效应细胞。

（二）神经元分类

1. 按突起的数目分

神经元按突起的数目分为假单极神经元、双极神经元和多极神经元。

2. 按功能分

神经元按功能分为内导神经（感觉神经）、外导神经（运动神经）和中间神经。

（三）神经冲动

1. 神经冲动的传递

当任何一种刺激作用于神经时，神经元就会由比较静息的状态转化为比较活动的状态，这就是神经冲动。

2. 内分泌腺

内分泌腺分泌激素到血液中，通过神经——体液调节，在情绪、动机和人格中起作用。脑垂体称为"主腺体"，是一种最重要的内分泌腺。

3. 内分泌腺影响

内分泌影响内容包括：对人类行为的身体的发育；一般的新陈代谢；心理发展；第二性征的发展；情绪行为；有机体的化学成分。

第三节　信息加工过程

注意是指心理活动对一定对象的指向和集中。

感觉是指人脑对直接作用于感觉器官的客观事物的个别属性的反映。

知觉是指人脑对直接作用于感觉器官的客观事物的各个部分和属性的整体

反映。

记忆是指人脑对过去经历的事物的反映，对过去经验的识记、保持和再现。

思维是借助语言、表象或动作实现的，是人脑对客观事物概括和间接的认识，是认识的高级形式。

一、注意

（一）特征

1. 注意指向性

注意指向性是指心理活动有选择地反映一定的对象而离开其他对象。

2. 注意集中性

注意集中性是指心理活动停留在被选择的对象的强度与紧张度。

3. 注意功能

注意功能包括选择、保持、调节、监督。

（二）分类

1. 无意注意

无意注意是指没有预定目的、不需要意志努力的注意。无意注意不容易疲劳，缺点是消极注意。引起无意注意的原因来源于刺激物的强度、对比、活动与变化、新异性。

2. 有意注意

有意注意是指有预定目的、需要一定意志努力的注意。引起和保持有意注意的条件和方法的内容包括：加深对活动目的、任务的理解；对活动的间接兴趣；活动的合理组织；个人的意志品质、知识经验。

3. 有意后注意

有意后注意是指有预定的目的、不需要任何努力的注意。特征是具有稳定性和持久性。

（三）稳定性

1. 影响因素

（1）注意对象的特点。

（2）人的主体状态。

（3）人的意志水平。

（4）主体对活动的态度。

（5）年龄因素。

（6）神经类型特点。

2. 注意起伏

注意起伏是指注意的原因有：感受性短暂下降；有机体机能起伏。

3. 注意分散

注意分散是指离开了当前指向和集中的对象，而把注意指向其他对象上。其原因有：刺激的干扰；长时间的单调刺激；愤怒等不良情绪。

4. 注意转移

根据任务的要求，主动把注意从一个对象转移到另一个对象或由一种活动转移到另一种活动的对象。

5. 注意的区别

（1）注意转移是有目的性的、主动的、积极的。

（2）注意分散是受干扰的、被动的、消极的。

（3）注意分配是有目的性的、主动的、积极的。

6. 年龄与注意强度

（1）3岁孩子的有意注意为3~5分钟。

（2）4岁孩子的有意注意为10分钟。

（3）5~6岁孩子的有意注意为10~15分钟。

（4）7~8岁孩子的有意注意在15~20分钟。

（5）9~10岁孩子的其有意注意为20~25分钟。

（6）11~12岁孩子的有意注意为25~30分钟。

（7）成年后注意力在30分钟以上。

二、感觉

感觉是人脑对直接作用于感受器官的客观事物的个别属性的反映。

（一）感受性

感受性是指人对刺激物的感觉能力。

1. 绝对感受性

绝对感受性是指对某一刺激物刚刚产生感觉的能力。

2. 差别感受性

差别感受性是指对不同刺激刚刚产生差异感觉的能力。

3. 感受性差异

不同的人对刺激的感受性是不同的，同一个人对不同刺激的感受性也不尽相同。

（二）感觉阈限

感觉阈限是指人感到某个刺激的存在或刺激发生变化所需刺激强度的临界值。

1. 绝对感觉阈限

感觉是由刺激物直接作用于某种感官引起的。刺激物只有达到一定强度才能引起人的感觉。例如，我们平时看不见空气中的灰尘，当灰尘落在我们的皮肤表面时，我们不能觉察到它的存在。但是，当细小的灰尘聚集成较大的尘埃颗粒时，我们不但能看见它，而且能感觉到它对皮肤的压力，这种刚刚能引起感觉的最小刺激量，就是绝对感觉阈限。

2. 差别感觉阈限

刚刚能引起差别感觉的刺激的最小变化量叫差别感觉阈限，或叫差别阈限，又叫最小可觉差。差别阈限表示的是差别感受性，一个人能觉察到的差别越小，他的差别感受性就越强。

（三）感觉种类

感觉分为以下种类：

1. 皮肤感觉

皮肤感觉是指刺激物作用于皮肤所引起的各种感觉。如触压觉、温度觉、痛觉。

2. 嗅觉

嗅觉是指挥发性物质分子作用于嗅觉器官的嗅细胞而引起的感觉。

3. 味觉

味觉是指溶于水的化学物质作用于味觉感受器而产生的感觉。人的最基本的味觉有酸、甜、苦、辣、咸。

4. 听觉

听觉有频率范围和最敏感区域。音调由声波频率决定，音响由强度决定。

5. 动觉

动觉反映身体各部分的位置、运动及肌肉的紧张度，是内部感觉的一种重要形态。

三、知觉

知觉是人脑对直接作用于感觉器官的客观事物的各个部分和属性的整体反映。

（一）种类

按起主导作用的分析器的特性划分，知觉分为视知觉、听知觉、触知觉、嗅知觉、味知觉。

按所反映事物的特性划分，知觉分为空间知觉、时间知觉、运动知觉。

按反映事物的正确性划分，知觉分为正确知觉、错误知觉。

（二）特征

1. 整体性

整体性是指根据自己的知识经验，把直接作用于感觉器官的客观事物的多种属性整合为同一整体的过程。

2. 选择性

选择性是指人根据当前的需要对客观刺激物有选择地作为知觉对象进行加工的过程。

3. 理解性

理解性是指以人的知识经验为基础对感知的事物进行加工处理，用语词加以概括并赋予一定说明的过程。

4. 恒常性

恒常性是指人的知觉映像在一定范围内不随知觉条件的改变而保持相对稳定性的过程。

（三）表现

1. 空间知觉

空间知觉是指人对事物的形状、大小、深度（距离）、方位等空间特性的知觉，是多种分析器协同作用的结果。

2. 方位知觉

方位知觉是指人对物体空间关系的位置以及自身所处空间位置的知觉。

3. 时间知觉

时间知觉是指人对客观物质现象连续性和顺序性的反映。

4. 运动知觉

运动知觉是指人对物体在空间移动的知觉。

5. 错觉

错觉是指在特定条件下，人对客观事物产生某种有固定倾向的、歪曲的知觉。

四、记忆

记忆是人脑对过去经历的事物的反映，是人脑对过去经验的识记、保持和再现。

（一）信息加工

1. 识记

识记是指获得知识经验的过程。个体可以通过获取信息进行编码，达到识记。

2. 保持

保持是指巩固知识经验的过程。个体可以通过获取信息进行存储，达到保持。

3. 再现

再现是指恢复知识经验的过程。个体可以通过获取信息进行提取，达到再现。

（二）种类

1. 记忆内容

按记忆内容划分，包括形象记忆、情景记忆、情绪记忆、逻辑记忆、运动记忆。

2. 意识参与程度

按意识参与程度划分，记忆分为自动的无意识的内隐记忆和有意提取信息的外显记忆。

3. 信息加工处理方式

按信息加工处理方式划分，记忆分为陈述性记忆和程序性记忆。

4. 编码方式与时间

按编码方式与时间划分，记忆分为感觉记忆、短时记忆、长时记忆。

（三）遗忘

遗忘是指识记过的内容不能再认与回忆或错误的再认与回忆，即信息不能提取或提取错误。

1. 艾宾浩斯遗忘曲线

艾宾浩斯遗忘曲线是指学习后的不同时间里的保持量是不同的，即遗忘的发展是不均衡的，在识记后的短时间内遗忘得比较快、比较多，以后保持量渐趋稳定的下降，达到某一时间点后几乎不再遗忘。它揭示了遗忘的规律是"先快后慢"。

2. 遗忘的原因

遗忘的原因有以下几种理论假说：

（1）记忆痕迹消退说：遗忘是由于记忆痕迹得不到强化而逐渐减弱，以致最后消退的结果。

（2）干扰抑制说：遗忘是由于在学习和回忆之间受到其他因素刺激干扰的结果。干扰抑制分为前摄抑制和倒摄抑制。

（3）动机性遗忘说：遗忘是由于某种动机的压抑所致，也称压抑说。

（4）线索依赖性遗忘说：遗忘是由于检索线索困难所致。

（四）保持

1. 减少遗忘

减少遗忘的方法包括即时复习、合理分配复习时间、试图回忆与反复阅读相结合、复习多样化、活动复习。

2. 保持的影响因素

保持的影响因素包括时间、材料的意义、数量、序列位置、学习程度、识记的任务要求、识记后复习。

3. 再认

再认指经历过的事物再次出现时，能够将其识别确认的过程。

4. 回忆

回忆指经历过的事物不在面前时，能在头脑中重新呈现并加以确认的过程。

五、思维

思维是人脑对客观现实间接和概括的反映，是借助言语实现的、能揭示事物本质特征及内部规律的理性认识过程。

（一）特征

1. 间接性

思维的间接性指凭借已有的知识经验或其他事物的媒介，理解或把握那些没有直接感知过的，或根本不可能感知到的事物，以推测事物过去的进程，认识事物实现的本质，推知事物未来的发展。

2. 概括性

思维的概括性指概括同一类事物的共同特征和本质特征,概括事物之间的联系与关系。间接性以概括性为前提。

（二）种类

根据思维过程的凭借物划分，可将思维划分为直观动作思维、具体形象思维、抽象逻辑思维。根据思维探索目标的方向划分，可划分为聚合思维、发散思维。根据思维结果的思考程度与意识清晰度划分，可划分为直觉思维、分析思维。根据思维的创新程度划分，可划分为常规思维、创造思维。根据思维原型划分，可划分为经验思维、理论思维。

（三）过程

思维包括分析与综合、比较与分类、抽象与概括、具体化与抽象化这四个过程。

（四）创造性思维

创造性思维是指以新颖独创的方法解决问题，并产生新的有社会价值的思维过程。

1. 创造性思维的成分

创造性思维的成分包括发散思维与聚合思维的结合、创造性想象的积极参与、处于灵感状态和非智力因素的影响。

2. 创造性思维的培养

创造性思维的培养途径包括激发学习动力，培养学习兴趣；运用各种策略，培养创造性思维能力；更新观念，鼓励创造性行为；培养发散思维与聚合思维能力。积极参与各种创造性活动。思维是对经验的不断更新和改组。

六、概念

概念是人脑对客观事物本质的反映，是具有共同属性的一类事物的总称。每一概念都包括内涵与外延两个方面。

（一）概念形成

概念形成即人们以感觉、知觉和表象为基础，通过分析综合、抽象概括等思维活动，从个别到一般，从具体到抽象，逐步把握一类事物的本质。这个过程实质上是一个学习过程，也是一种重要的思维活动。

（二）形成策略

1. 聚焦策略或整体性策略

这种策略将首次获得的肯定例证中的全部属性作为初始假设，然后经过验证剔除无关的属性，逐步聚焦到关键属性。若每次验证仅选一种属性，则称为保守性聚焦；若每次验证选两种或两种以上属性，则称为博弈性聚焦。

2. 扫描策略或部分策略

这种策略将首次获得的肯定例证中的部分属性作为初始假设，若将所有可能的假设都同时保存在记忆中，并逐一排除错误假设，为同时性扫描；若每次试验中只采取一种假设，并逐一验证，则称为继时性扫描。

3. 胜留败变策略

这种策略选取部分特殊的肯定例证，然后比较这些肯定例证与新例证是否吻合，是则保留，否则放弃，直至发现所有肯定例证的共同属性。

第四节　情绪与行为调节

情绪是以个体的愿望和需要为中介的一种心理活动，是人对客观事物是否符合自己需要的态度体验。由独特的主观体验、外部表现和生理唤醒三种成分组成。

行为是有机体用以适应环境变化的各种身体反应的组合。这些反应不外是肌肉收缩和腺体分泌，它们有的表现在身体外部，有的隐藏在身体内部，强度有大有小。

动机是指行为的动力，即人的行为开始、维持、导向和终止的动力。

需要是有机体内部的一种不平衡状态，是有机体活动的源泉。

一、情绪与情感

（一）特征

首先情绪和情感是一种态度体验，有积极与消极之分，并且两者与生活信念相联系。

（二）两极性

每一种情绪和情感都能找到与之对立的情绪和情感。

在快感度上，情绪和情感分为愉快—不愉快；在紧张度上，情绪和情感分为紧张—轻松；在激动度上，情绪和情感分为激动—平静；在强度上，情绪和情感分为强—弱。

（三）情绪状态

1. 原始状态

情绪的原始状态包括快乐、愤怒、恐惧、悲哀。

2. 表情动作

情绪的表情动作包括面部表情、身段表情、言语表情。

3. 典型状态

情绪的典型状态包括心境，深入的、微弱而持久的情绪状态；激情，强烈、短暂、爆发性的情绪状态；应激，出乎意料的紧张与危机状况下出现的情绪状态，是人对意外的环境刺激做出的适应性反应。

(四) 情感状态分类

1. 道德感

道德感是指依据一定的社会道德标准评价自己或他人的言语行为、思维意图而产生的情绪体验。

2. 理智感

理智感是指在认识或评价事物过程中产生的情绪体验。它是建立在一定的理想与世界观基础上的。

3. 美感

美感是指根据一定的审美标准对客观事物进行评价时产生的情绪体验。它是愉悦性的体验，倾向性的体验。美感的特征包括社会性、民族性、历史性、阶级性。自然景象和人类创造物的特征、人类社会的道德品质与行为特征也能引起美的体验。

二、行为

(一) 经典条件作用理论

一个中性刺激通过与无条件刺激的配对，最后能引起原来只有无条件的刺激才能引起的反应，这就是初级条件反应的形成。中性刺激建立次级条件反射。由于人具有概念和词语能力，可以用概念和语词替代任何具体的刺激物，所以人能够以语词建立极其复杂的条件反射系统。

1. 强化

强化是指伴随条件刺激的呈现给予无条件刺激。强化是形成条件反射的基本条件。

2. 泛化

泛化是指对一个条件刺激形成的条件反应，可以由类似的刺激引起。反过来说，条件反应可以迁移到类似原条件刺激的刺激上。俗话说的"一朝被蛇咬，十年怕井绳"，就是泛化的表现。

3. 分化

分化是指只对特定条件刺激发生反应。分化意味着有机体逐渐能够分辨刺激物之间的性质差异。分化的形成是选择性强化和消退的结果。

4. 消退

已形成的条件反射由于不再受到强化，反应强度趋于减弱乃至该反应不再出现，称为条件反射的消退。消退概念有两个潜在的意义：一是如果一个行为得以维持，个体环境中一定存在使之得以维持的强化条件。因为如果不存在这种条件的话，该行为应该已经自行消退了。二是可以改变环境变量，使之不再包含强化行为的条件，促使行为消退。

（二）操作性条件作用

1. 正强化和负强化两种

正强化指的是当个体做出一个行为后，给予一个积极强化物。负强化指的是当个体做出一个行为后，消除消极强化物。负强化会增加该行为的出现频率。

2. 正惩罚和负惩罚

正惩罚是指当个体做出一个行为后，出现惩罚物。负性惩罚则是当个体做出特定行为后，他所希望的东西就不出现，这也会减少做出该行为的频率。

3. 消退

消退是指一种无强化的过程，其作用在于降低行为反应在将来发生的概率，以达到消除某种行为的目的。

要使反应完全消退，需要进行多次消退训练。如果反应在消退期间不时受到偶然强化，则不仅不会出现消退，反而会使该反应更加牢固。

4. 强化程序

由于消退现象的存在，要使一个行为保持下去，就必须不断进行强化。

但如果每次反应后均须予以强化，不仅实际上难以做到，而且这也不一定是最有效的强化办法。强化程序揭示了不同的强化安排的后效，它为强化方式提供了依据。

（三）社会学习理论

社会学习理论包括以下过程：

1. 注意过程

注意过程也是知觉过程或者观察过程，即集中注意观察所要模仿的行为示范，这是后面过程的基础。

2. 保持过程

保持过程是指把观察得到的信息进行编码并储存在记忆中的活动。

3. 运动再现过程

运动再现过程即通过自己的动作结合再现被模仿的行为。

4. 动机确立过程

这是使一项模仿实际实行与否的制约因素，这一过程会影响前面三种过程。多数有目的的模仿行为都需要某种动机力量的支持。观察、记忆和重现，如果没有动机推动和支持，都有可能不发生。

三、意志行动

意志是指自觉地确定目的，有意识地支配调节自己的行为，通过克服困难以实现预定目的的心理过程。意志行动通过行为表现出来，是由意志支配的行为。

（一）特征

意志行动以随意运动为基础，是有目的的行动，它与克服困难相联系。意志行动中的困难包括内部困难和外部困难。

（二）阶段

1. 准备阶段

（1）斗争。包括原则性动机斗争和非原则性动机斗争。

（2）形式。包括接近型冲突、回避型冲突、多重接近和回避型冲突。

（3）确定行动目的。目的越深刻，越具有社会意义，越能表现出人的意志水平。

2. 执行决定阶段

执行决定阶段内容包括方法与策略的选择；设计合理、方法合乎规律；克服困难实现决定；克服体力与智力不足；克服原经验及内心冲突的干扰；新情况与原计划冲突时的果断决定；突发情况的坚持；个性与情绪的控制；修正或放弃原方案。

（三）品质

1. 自觉性

自觉性指根据自己的认识与信念，独立采取决定并执行决定，不随波逐流。与自觉性相反的意志品质是易受暗示性与独断性。

2. 果断性

果断性是指在深思熟虑的基础上，迅速而合理地采取决定并实现决定。与其相反的意志品质是优柔寡断、草率行事。

3. 顽强性

顽强性是指长时间坚信自己决定的合理性，并坚持不懈地为执行决定而努力。与坚韧性相反的意志品质是动摇、执拗。

4. 自制力

自制力是指自觉灵活地控制自己的情绪、约束自己言行的能力。与自制力相反的意志品质是冲动任性、怯懦。

（四）培养

培养意志的方法包括：加强目的性教育、通过实践活动锻炼、加强意志的自我锻炼、纪律约束。

第五节　个性心理特征

个性是指一个人的整体心理面貌，即具有一定倾向性的各种心理特征的总和。

能力是指顺利实现某种活动的心理条件。

人格是指构成一个人的思想、情感及行为的独特模式，这个模式包含了一个人区别于他人的稳定而统一的心理品质。

一、个性

（一）倾向性

个人活动的动力包括需要、动机、兴趣、理想、信念和世界观。个性心理特征具有经常的、稳定的心理特点，包括能力、气质和性格；受个性倾向性调节，同时也影响着个性倾向性。

（二）基本特征

个性的基本特征包括整体性、稳定性和可塑性、独特性与一般性、生活性与社会性。

二、需要

1. 分类

根据需要的起源分为生理性需要和社会性需要。

根据需要的对象分为物质需要和精神需要。

2. 马斯洛的需要层次理论

该理论分为以下几个层次：

（1）生理需要。（2）安全需要。（3）归属和爱的需要。（4）尊重需要。（5）自我实现需要。需要具有层次性，低级需要满足后才会有高级需要的出现；每一时刻都有最占优势的需要。

三、动机

（一）条件

动机的条件：内在条件——需要和外在条件——诱因。

（二）作用

动机具有引发功能、指引功能和激励功能。

四、兴趣

（一）分类

根据内容，兴趣分为物质兴趣和精神兴趣；根据兴趣所指向的目标，分为直接兴趣和间接兴趣；根据兴趣发展水平，分为有趣、乐趣、志趣。

（二）品质

兴趣的品质包括倾向性、广泛性、持久性和效能。

五、能力

（一）发展水平

能力在发展水平上分为才能和天才。才能是指人顺利完成某种活动所必备的个性心理特征，才能的高度发展称为天才。

（二）种类

按照能力的倾向分为一般能力和特殊能力。一般能力是完成各种活动所需要的。特殊能力是完成某种工作学习所需要的。按照能力的功能分为认知能力、操作能力、社交能力。按照能力参与活动的性质分为模仿能力和创造能力。

（三）卡特尔智力理论

1. 流体智力

童年和少年时期是某些能力发展的最重要时期。人在18~25岁智力发展到了顶峰。人的流体智力到中年之后开始下降，而晶体智力在人的一生中稳步上升。

2. 晶体智力

成年期是能力发展的稳定期。能力发展的趋势存在个体差异。

（四）能力差异

1. 类别差异

一般能力方面有知觉差异、记忆差异、思维言语差异和特殊能力。

2. 水平差异

个人能力上有能力超常、能力中常、能力低常三种水平差异。

3. 早晚差异

个人能力成长类型有早慧、中年成才、大器晚成。

4. 影响因素

影响能力的因素有遗传决定论、环境决定论等。

5. 遗传环境相互作用论

遗传为能力发展提供先天的可能，环境为能力发展提供后天条件。

6. 生活实践活动为能力发展提供锻炼机会

通过参与生活实践活动，能力能够得到锻炼和发展。

7. 个性品质为能力发展提供支持

个体往往具有不同的个性品质，而不同的个性品质能够为其不同能力的发展提供支持。

六、气质

（一）特征

1. 气质

气质是指人心理活动过程中的稳定的动力特征。

2. 动力特征

动力特征是指心理过程的强度、速度、指向性、灵活性。

3. 气质特点

气质特点包括先天性、稳定性、可塑性。

（二）类型

气质体液说由古希腊的希波克拉底和罗马的盖伦提出，该学说的气质类型包括以下几种：

1. 胆汁质

胆汁质类型的人精力旺盛，生气勃勃，热情，开朗，积极，坦率，刚强；但感情用事，任性，脾气暴躁，情绪不够稳定。

2. 多血质

多血质类型的人动作敏捷，灵活好动，热情，活泼，兴趣广泛，善于交际，富有同情心，乐观，适应性强；但意志力薄弱，易屈服于挫折，性情浮躁。

3. 黏液质

黏液质类型的人沉着冷静，稳定踏实，善于克服忍让，坚强而有耐性，生活有规律；但缺乏活力，行动迟缓，为人拘谨，因循守旧。

4. 抑郁质

抑郁质类型的人敏感，善于观察，想象力丰富，情感深刻持久；但多愁善感，情感脆弱，畏缩而孤僻。

（三）实践应用

气质无好坏之分，每一种气质类型都有积极的方面，也有消极的方面。

不同气质类型对智力活动的影响不同。我们需要正确认识并科学调控自己的气质。

七、性格

性格是个性心理特征中的核心部分，是一个人稳定的态度系统和相应习惯了的行为风格的心理特征。人与人的个性差别首先表现在性格上。性格是在社会生活实践过程中逐步形成的。由于各人所处的客观环境不一样，先天的素质不同，形成了各种类型的性格。

（一）特征

性格表现在人对现实的态度和行为方式中；性格是稳定的，但又有一定的可塑性；性格是个性心理特征中的核心因素；性格具有社会历史制约性。

（二）类型

1. 类型依据

（1）根据知、情、意三者在性格中所占的优势，人们的性格划分为理智型、情绪型和意志型。理智型的人，通常以理智来评价、支配和控制自己的行动；情绪型的人，往往不善于思考，其言行举止易受情绪左右;意志型的人一般表现为行动目标明确，主动积极。

（2）根据人的心理活动倾向于外部还是内部，把人们的性格分为外向型和内向型。

（3）根据个体独立性程度，把人们的性格划分为独立型和顺从型。独立型的人善于独立思考，不易受外来因素的干扰，能够独立地发现问题和解决问题；顺从型的人，易受外来因素的干扰，常不加分析地接受他人意见，应变能力较差。

（4）根据人的社会生活方式以及由此而形成的价值观，把人们的性格类型分为理论型、经济型、审美型、社会型、权力型和宗教型。

2. 五型性格

（1）A型性格情绪稳定，社会适应性及向性均衡，但智力表现一般，主观能动性一般，交际能力较弱。

（2）B型性格具有外向性的特点，情绪不稳定，社会适应性较差，遇事急躁，人际关系不融洽。

（3）C型性格具有内向性特点，情绪稳定，社会适应性良好，但在一般情况下表现被动。

（4）D型性格具有外向性特点，社会适应性良好或一般，人际关系较好，有组织能力。

（5）E型性格具有内向性特点，情绪不稳定，社会适应性较差或一般，不善交际，但往往善于独立思考，有钻研性。

（三）结构

1. 态度特征

态度特征是指个体在处理各种社会关系中所表现出来的性格特征，可划分为：对社会、集体、他人的态度特征，对工作和学习的态度特征，对自己的态度特征。

2. 意志特征

意志特征是指个体的自觉调节方式和水平的性格特征。分为对行为目的的明确程度，对行为的自觉控制水平，对长期工作中表现出来的特征。

3. 情绪特征

情绪特征是指在紧急或困难情况下，个体在情绪活动中表现出来的特征。分为情绪的强度特征、情绪的稳定性特征、情绪的持久性特征、主导心境特征。

4. 理智特征

理智特征是指个体在认知活动过程中表现出来的性格特征。表现为感知方面的性格特征、记忆方面的性格特征、想象方面的性格特征、思维方面的性格特征。

5. 动力特性

各种性格之间存在着一定的内在联系。各种性格特征在不同场合有不同的表现。

（四）成因

1. 遗传决定论

遗传决定论认为人的性格完全由先天遗传因素决定。研究内容包括高级神经活动类型、性别因素、体形、发育早晚。

2. 环境决定论

环境决定论认为人的性格完全由后天环境因素决定。影响因素包括亲子关系、家庭教育氛围、家长的示范、家庭结构、出生顺序、是否为独生子女。

3. 学校教育因素

学校教育因素包括学校的教育理念、教师教育方式、同伴群体、校园文化建设。

4. 社会文化因素

社会文化因素包括民族与种族文化、社会制度、历史与阶级文化、地域文化。

5. 遗传、环境、教育、实践活动、个体主观努力综合论

遗传因素是性格形成的前提，环境与教育对性格的形成起决定作用，实践活动与个体的主观努力起着促进作用。

第五章 发展心理学基础知识

■培训目标

了解发展心理学概念和理论，掌握研究方式设计、数据收集方法，理解发展心理学的四个基本问题和代表观点，理解各年龄阶段生理心理发展的规律和影响。

■培训内容

发展心理学概论

发展心理学理论

个体心理发展阶段及特点

■培训时间

8学时

■考核重点

发展心理学研究内容

各种心理派别的心理发展观点

各年龄阶段心理发展特点

影响心理发展因素

第一节　发展心理学概论

发展心理学是研究毕生心理发展特点和规律的一门学科。

人的心理的发生和发展，具有一定的方向性、顺序性、不平衡性，并显现普遍性和差异性、连续性和阶段性等特征，是增长和衰退的辩证统一。

一、发展心理学研究任务

（一）心理发展的性质

1. 心理发展的整体性

心理发展的整体性作为整体的心理活动有其独特的质的规定性，它不等同于各种心理现象特征相加的集合；心理的发展是在各种心理过程紧密联系、相互制约、相互作用的互动关系中进行的。

2. 心理发展的社会性

人类心理发展是受人类社会环境制约、在社会生活条件下及人际交往过程中实现的。

3. 心理发展的活动性

个体心理的发展是主客体之间相互作用的结果。心理发展不能简单地以先天排定的发展程序展开，也不能机械地归结为由后天环境所决定。对心理发展起决定作用的是主体与客体之间的相互作用。

4. 心理发展的规律性

心理发展是普遍性和特殊性的统一，有一定的方向和顺序性，具有不平衡性。第一发展加速期为从出生到幼儿期；第二发展加速期为青春发展期。

（二）发展心理学的研究内容

1. 关于年龄特征的研究

发展心理学提出了人类心理发展年龄阶段的划分标准，揭示了各年龄阶段心理发展的基本特征以及心理和行为是如何随年龄增长而发展变化的。

2. 关于心理发展的内外因研究

该研究在人类心理发展上，既要重视外因，又要重视内因；外因通过内因起作用。

3. 关于心理不断发展和发展阶段的研究

该研究探讨人的心理发展是连续性和阶段性的统一，科学地解释了生命全程的心理持续发展趋势，以及不同年龄阶段心理发展的特征。

4. 关于遗传和环境影响的研究

研究了遗传和环境在心理发展上的作用。人类社会实践中积累形成的知识，一代一代的传递，促进社会的文明和发展。

二、发展心理学研究的设计

1. 横断研究

横断研究是指在短的相同的时间段内，同时考察不同年龄组群被试者的心理发展特点和发展水平，并进行横向比较，以了解随年龄增长被试组间的心理变化。

2. 纵向研究

纵向研究是指在较长的时间系列内对被试个体或同一被试组群进行定期的系统的考察，以了解被试个体或被试组心理随时间进程而发生的连续变化。

3. 交叉设计

交叉设计是横断研究设计和纵向研究设计相结合的一种研究设计。

4. 微观发生学设计

微观发生学设计通过在短时间内重复给被试呈现一个诱发变化的刺激或提供学习的机会，观测个体发生变化的过程。

三、发展心理学研究的功能

发展心理学研究的功能包括描述、解释、预测和控制。

描述是指描述研究对象的特点和发展状况是研究最基本的目的。解释是指对发展心理现象的活动过程与特点的形成原因、发展变化以及相互关系等作出说明。预测是根据研究形成的某一科学理论，通过一系列的逻辑推理，对研究对象以后的发展变化和在特定情境中的反应作用推断。控制是根据科学理论操纵某些变量的决定条件或创设一定的情境，使研究对象产生理论预期的改变或发展，是发展心理学研究的最高目标。

四、发展心理学研究原则

客观性原则：在研究中，必须坚持客观的标准。

特殊性原则：在研究时要考虑心理发展的一般事实和规律，也应当考虑到心理发展的特殊事实和个别差异。

教育性原则：研究不能对被试造成身心损害。

生态化原则：在研究中应将被试放到现实的社会环境中加以考察，从他们和社会的相互作用中，从社会环境的各因素的相互作用中，揭示心理变化的规律。

第二节　发展心理学理论

一、弗洛伊德的发展心理理论

（一）弗洛伊德的人格理论及人格发展观

按照弗洛伊德的观点，人格是一个统一的整体，在这个整体之中包含着彼此关联且相互作用的部分。本能是人格形成和发展的动力。作为一切意识行动基础的是一种潜意识的心理活动。人格结构包括本我、自我和超我三部分。本我位于人格结构的最底层，由本能组成遵循快乐原则。自我位于人格结构的中间层，遵循现实原则。超我位于人格结构的最高层，遵循道德原则。

（二）弗洛伊德的心理发展阶段说

弗洛伊德认为人格发展分为五个阶段：

（1）口唇期（0~1.5岁）。吮吸本能产生快感。

（2）肛门期（1.5~3岁）。性兴趣集中在肛门区域，排泄产生快乐。

（3）性器期（3~6岁）。儿童变得依恋于异性父母。这一早期的亲子依恋被弗洛伊德称为俄狄浦斯情结。

（4）潜伏期（6~11岁）。儿童寻求各种劳动的勤奋感。

（5）青春期（女孩11岁、男孩13岁开始）。摆脱父母的控制，容易产生性的冲动。

二、埃里克森的心理发展观

(一) 环境交互观

在人格发展中，逐渐形成的自我过程在个人及其周围环境的交互作用中起着主导和整合的作用。每个人在生长过程中，都普遍体验着生物的、生理的、社会的事件的发展顺序，按一定的成熟程度分阶段地向前发展。

(二) 八阶段及任务

第一阶段婴儿期，是从出生至2岁，本阶段的主要任务是发展信任感，克服不信任感，体验着希望的实现。

第二阶段儿童早期，是2~4岁，本阶段的主要任务是获得自主感而克服羞怯和疑虑，体验着意志的实现。

第三阶段学前期，是4~7岁，本阶段主要任务是获得主动感和克服内疚感，体验目的的实现。

第四阶段学龄期，是7~12岁，本阶段的任务是获得勤奋感而克服自卑感，体验着能力的实现。

第五阶段青年期，是12~18岁，本阶段的发展任务是建立同一感和防止同一感混乱,体验着重视的实现。

第六阶段成年早期，是18~25岁，发展任务是获得亲密感以避免孤独感，体验着爱情的实现。

第七阶段成年中期，是25~50岁，发展任务是获得繁殖感而避免停滞感，体验着关怀的实现。

第八阶段成年晚期，是50岁至死亡，发展任务是获得完善感和避免失望、厌倦感，体验着智慧的实现。

三、行为主义发展观

(一) 华生的发展心理学理论

1. 环境决定论

约翰·华生在心理发展问题上的突出观点是环境决定论，主要表现为否认遗传的作用，夸大环境和教育的作用。

2．对儿童情绪发展的研究

华生对心理发展的研究主要集中在情绪发展的课题上。

（二）斯金纳的发展心理学理论

1．行为的强化控制原理

该理论认为强化作用是塑造行为的基础；强化在行为发展过程中起着重要的作用，行为不强化就会消退；强调及时强化。

2．儿童行为的实际控制

（1）育婴箱的作用。

（2）行为矫正。

（3）教学机器和教学程序。

（三）班杜拉的发展心理学理论

1．观察学习

观察学习是该理论的一个基本概念，观察学习的过程包括注意过程、保持过程、运动复现过程和动机过程。强化可以是直接强化也可以是替代强化，还可以是自我强化。

2．社会学习在社会化过程中的作用

班杜拉特别重视社会引导成员用社会认可的方法去活动。为此，他专门研究了攻击性、性别化、自我强化和亲社会行为等社会化的目标。

四、维果茨基的心理发展观

该理论认为人类的心理发展规律受社会历史发展的规律所制约。心理的发展指的是一个人的心理在环境与教育影响下，在低级的心理机能的基础上，逐渐向高级的心理机能转化的过程。心理发展的高级机能是人类物质产生过程中发生的人与人之间的关系和社会文化——历史发展的产物。

（一）文化—历史发展理论

用以解释人类心理本质上与动物不同的那些高级心理机能。他认为，工具的使用使人们产生了新的适应方式，即物质生产的间接的方式，在人的工具生产中凝结着人类的间接经验，即社会文化知识经验，这就使人类的心理发展规律不再受生物进化的制约。

（二）发展的实质

心理的发展指的是一个人的心理（从出生到成年）在环境与教育影响下，在低级心理机能的基础上，逐渐向高级心理机能转化的过程。

（三）教学与发展的关系

最近发展区思想、教学应走在发展的前面和关于学习的最佳期限问题是维果茨基在教学与发展的关系上提出的三个问题。

（四）内化学说

学生早年还不能使用语言工具来组织自己的心理活动，其形成是直接的和不随意的，低级的、自然的，只有掌握了语言这个工具之后，才能转换为间接的和随意的、高级的、社会历史的心理机能。新的高级的社会历史的心理活动形式，首先是作为外部形式的活动而形成的，以后才内化为内部活动。

五、皮亚杰的认知发展理论

（一）发展的实质与原因

让·皮亚杰认为认知发展是一种建构的过程，是个体在与环境不断的相互作用中实现的。智力既非起源于先天的成熟，也非起源于后天的经验，而是起源于主体的动作。这种动作的本质是主体对客体的适应。

（二）发展的因素和结构

影响认知发展的因素有成熟、物理环境、社会环境和平衡。认识发展的结构包括：图式、同化、顺应和平衡。

（三）认知发展阶段论

皮亚杰认为，心理发展过程具有连续性、阶段性和顺序性，每个阶段具有其独特的结构。儿童思维发展依次经过四个阶段，分别为：

感知运动阶段（0~2岁）。获得客体永久性观念。

前运算思维阶段（2~7岁）。此阶段儿童的思维特征：象征性思维（延迟模仿，象征性游戏）；自我中心主义；思维的不可塑性。

具体运算思维阶段（7~12岁）。儿童开始理解物理现实的性质，出现守恒、序列化和分类的能力。

形式运算阶段（12~15岁）。能进行假设演绎推理。

第三节 个体心理发展阶段及特点

习惯化是一种由于重复或不断受到某种能导致个体选择性定向反应的刺激，而引起个体对该刺激反应减少的现象。

依恋是婴儿与主要抚养者之间的最初的社会性联结，是情感社会化的重要标志。

延缓偿付期是指由于确立自我同一性需要一定的时间，可以合法地延缓所必须承担的社会责任和义务。

一、婴儿期心理发展

婴儿期为0~3岁，是个体心理发展最迅速的时期。

（一）动作发展

1. 吸吮反射

接触儿童的嘴唇，就引起吸吮动作。吸吮反射是最强的反射之一，当新生儿开始吸吮时，其他活动都会被抑制。

2. 防御反射

儿童出生后的头几天就能对温度刺激或痛觉刺激产生泛化性的反应。

3. 定向反射

定向反射又称探究反射。儿童出生后不久，约在两周，就能对强烈的刺激（如强光或大声）产生定向反射。

以上几种无条件反射具有有关生活适应的生物学意义，大约到第2个月时，这个反射就消失了。

4. 惊跳反射

当新生儿突然失去支持或受到大声刺激时，常常表现为惊恐状态，如双臂伸开，又迅速收回胸前等，这个反射约在出生4个月后消失。

5. 游泳反射

托住新生儿的腹部，他就会做出像游泳样的动作。这种反射可能也是种系发生过程中遗传下来的，与个体在母体内的液态环境有关。

6. 行走反射

新生儿处于清醒状态时，用两手托其腋下使之直立并使上半身稍微前倾，脚触及床面，他就会交替地伸脚，做出要向前走的动作，看上去很像动作协调的步行。

（二）认知的发展

1. 感知学的发生发展

婴儿期是个体感知觉发展的最重要时期，也是感知觉发展最迅速的时期，更是对婴儿感知能力发展的干预和训练的最宝贵时期。

（1）视觉的发生。视觉最初的发生时间是在胎儿中晚期。新生儿已具备一定的视觉能力，获得了基本视觉过程。

（2）立体觉。婴儿至少在6个月以前已确定具有了立体觉。

（3）颜色视觉的发展。2~4个月婴儿的颜色知觉已发展得很好。4个月时已表现出对某种颜色的偏爱，且已具有正确的颜色范畴性知觉。

2. 听觉的发生发展

（1）听觉的发生。许多研究发现，正常健康婴儿一生下来就有听觉，听觉可以说是与生俱来的。

（2）听敏度的发展。1个月婴儿能鉴别200赫兹与500赫兹纯音之间的差异。

（3）视听协调能力的发展。刚出生的婴儿就有最基本的视听协调能力。

3. 味觉、嗅觉和触觉的发生发展

（1）味觉的发生发展。新生儿已明显"偏爱"甜食，且对甜、酸、苦和白开水的面部表情已明显不同。

（2）嗅觉的发生发展。新生儿已能对各种气味做出相应的典型反应。

（3）触觉的发生发展。新生儿已能凭口腔触觉辨别软硬不同的乳头。

4. 注意的发生发展

婴儿一生下来就有注意。这种注意实质上就是先天的定向反射，是无意注意的最初形态。

1~3个月婴儿的注意已明显地偏向曲线、不规则图形和对称的、集中的或复杂的刺激物以及所有轮廓密度大的图形。3~6个月婴儿的视觉注意能力进一步发展。6个月以后婴儿的注意不再表现在视觉方向，而是以更广泛和更复杂的形式表现在日常感知活动中。婴儿的共同注意随年龄增长而提高，在9个月左右有显著变化。1岁以后，婴儿的注意活动进入更高层次的第二信号源。

（三）记忆和学习的发生发展

1. 记忆的发生发展

记忆发生的标志是新生儿的条件反射。婴儿期是记忆发展的第一个高峰时期和关键时期。

2. 学习的发生发展

婴儿的学习可以划分为三个层次：习惯化；经典或工具性条件反射；语言的掌握、概念的学习等各种复杂类型的学习。

（四）思维的发生发展

婴儿期的思维主要是直觉行动思维。采用启发式搜索策略的问题解决行为在婴儿早期就已产生并贯穿于整个婴儿期。6个月时婴儿已能进行模仿，12个月以前已能利用工具解决问题，并获得了手段—目的的分析策略。

（五）语音发展

1. 语音

语音发展阶段：简单发音阶段（0~4个月）；多音节阶段（4~9个月）；有意义的语音阶段（9~12个月）；1~1.5岁获得第一批词汇50个左右；1.5~2.5岁是婴儿获得母语的基本语法的关键期。

2. 言语发展

后天学习理论：分为强化说和社会学习说。强化说以操作条件反射的操作行为和正、负强化等概念来解释言语的获得。社会学习说认为儿童学习言语是通过模仿成人而获得的。

（六）情绪发展

1. 笑

笑的阶段特征：自发的微笑（0~5周）；无选择的社会性微笑（5周~4个月）；有选择的社会性微笑（4个月以后）。

2. 哭

哭的原因：社会性哭泣。

3. 恐惧

恐惧的分类：本能的恐惧，如防御性反射；与知觉和经验相联系的恐惧；怕生，对陌生人焦虑；预测性恐惧。

4. 焦虑

分离焦虑在婴儿6~7个月时产生，随着母、婴依恋的建立而同时发生。依恋的类型分为安全型依恋、回避型依恋和反抗型依恋，后两种又称为不安全性依恋。

（七）气质发展

婴儿的气质类型为分以下几种：

1. 困难型（占10%）

困难型气质的婴儿难以适应环境，生活无节律，情绪紧张不安，交往困难。该类型的婴儿需要热情耐心、有爱心地对待，需要采取适合于其特点、有针对性的措施方式进行教养。

2. 迟缓型（占15%）

迟缓型气质的婴儿适应环境缓慢。对迟缓型气质的婴儿教养的关键是让他们按照自己的速度和特点去适应环境。

3. 容易型（占40%）

容易型气质的婴儿易于适应环境，生活习惯规律，情绪愉快，主动交往。其余35%儿童的气质属于混合型。

二、幼儿期心理发展

幼儿期指从3岁到6岁或7岁这一时期，又称为学前期。

（一）游戏

在这一时期，游戏成为幼儿的主导活动。按照游戏的目的性，幼儿游戏主要有创造性游戏、教学游戏和活动性游戏。精神分析理论、认知动力说、学习理论都对游戏的作用进行了心理学的研究分析。

（二）言语发展

幼儿使用的句子结构的发展趋势是从简单句到复合句，从陈述句到多种形式的句子，从无修饰句到修饰句。连贯言语和独白语发展是儿童口语表达能力发展的重要标志。

（三）认知发展

幼儿的记忆容量增加，对信息的接收和编码方式也在不断改进，记忆的策略和元记忆初步形成。幼儿思维具有具体形象性，抽象逻辑思维开始萌芽。皮亚杰认为幼儿期的思维主要是表象性思维，思维的基本特点是相对具体性、不可逆性、自我中心性和刻板性。思维只能集中于问题的一个维度，未掌握守恒。

（四）个性的初步形成和社会性发展

1. 自我意识的发展

自我评价、自我体验、自我控制发展的总趋势随着年龄的增长而增长。

2. 道德认知的发展

道德认知的发展包括皮亚杰的道德认知发展阶段和科尔伯格的儿童道德发展阶段两个理论。

3. 社会行为的发展

社会行为的发展内容包括侵犯行为和亲社会行为，性别角色认同和性别化，同伴关系和社会技能训练。

三、小学儿童的心理发展

六七岁到十二三岁是儿童开始进入小学学习的时期，这是儿童心理发展的一个重要转折时期。儿童随着生理年龄的变化，逐渐步入青春发育期，因此，小学时期被称为前青春发育期。

（一）学习活动

学习活动成为儿童主要的活动形式，并对儿童的心理产生重大的影响。小学儿童的学习动机中，外部动机始终占据主导地位。学习兴趣不断发展变化，形成了一定的对教师、对集体、对作业、对评分的态度。学会使用有效的学习策略，但策略的使用仍不完善，不稳定和刻板。

（二）思维发展

思维发展逐步过渡到以抽象逻辑思维为主要形式，但仍带有很大的具体性。思维发展的关键年龄在四年级（10~11岁），儿童思维发展的转折点在何时实现，主要取决于教育的效果。思维结构趋于完整，辩证逻辑思维开始萌芽。概括能力、概念的掌握和推理能力进一步发展。

（三）个性和社会性的发展

1. 自我意识的发展

自我意识从具体的、片面的向抽象的、较为全面的认识过程发展。

2. 社会性认知发展的趋势

社会性认知发展的趋势表现为从表面到内部，从简单到复杂，从个人及即时事件的关心到关心他人利益和长远利益。

3. 思维

思维发展从具体思维到抽象思维，从弥散性、音断性的想法到系统的、有组织的综合性的思想。

4. 交往

交往对象主要是父母、教师和同伴。与父母、教师的关系从依赖走向自主，从对权威的完全信服到开始表现富有批判性的怀疑和思考。平等关系的同伴交往日益在儿童生活中占据重要地位，并对儿童的发展产生重大影响。

5. 品德

品德发展的基本特点就是协调性，逐步形成系统的道德认识及相应的道德行为习惯。

四、青少年的心理发展

青少年期十一二岁开始到十七八岁结束，历时6年。十一二岁到十四五岁可称为青春期、少年期，这个阶段身体发展处于加速期，心理的发展速度相对平稳，因此造成青少年身心发展的种种矛盾，使他们面临一系列心理危机。

（一）身体发展

青春期是个体生长发育的第二个高峰期，生理发育的三大巨变为身体外形的变化、体内机能的增加及性的发育和成熟。

（二）心理发展

生理变化对心理活动的冲击，造成心理上成人感与幼稚性的矛盾。

（三）思维发展

让·皮亚杰认为青少年正处于形式运算思维阶段，这个阶段思维的主要特点是思维可以离开具体事物，根据假设来进行逻辑推演，能运用形式运算来解决逻辑课题。形式逻辑思维和辩证逻辑思维是逻辑思想的两大类，这两种思维形式的发展和成熟，是青少年思维发展和成熟的重要标志。

（四）个性和社会性

1. 自我意识的发展

青春期是自我意识发展第二个飞跃期（第一个飞跃期在1~3岁，以儿童可以用代词"我"为标志）。这一时期其自我意识高涨，表现为内心世界丰富，将很多心智用于内省、个性上的主观偏执性。

2. 自我评价

大部分青少年能够进行适当的自我评价，但相对而言，部分青少年易出现自我评价偏高的倾向。

3. 自我概念

青少年期的自我概念更加抽象，更具整合性、组织性，其结构更分化。

4. 自我同一性的四种状态

自我同一性的四种状态：同一性扩散、同一性早期封闭、同一性延缓和同一性完成。20岁左右是建立同一性的关键时间。

5. 情绪的特点

具有半成熟、半幼稚的矛盾性。具有两级性，心境变化加剧，并产生了反抗心理。

6. 道德发展从前习俗水平向习俗水平转变

与同伴和成人的关系发生变化。由于处在发展的特殊时期，使他们面临着一系列的心理社会问题。

五、成年早期心理发展

成年早期从18岁开始到35岁结束。

（一）特征

个体发展进入稳定期、智力发展到达全盛时期，为人父母成为个体最重要的生活角色，创业成为主要目标。良好的生活适应是这个时期的主要发展课题。

（二）思维

从形式逻辑思维为主向以辩证逻辑思维为主过渡，分为三个阶段：第一阶段二元论阶段；第二阶段相对性阶段；第三阶段约定性阶段。

创造性思维的重要时期。创造性思维在成年早期处于上升阶段，30岁末或40岁初达到顶峰，然后逐渐下降。

（三）自我

1. 自我同一性的确立

延缓偿付期一般都在大学期间，因此个体一般在大学时期达到同一性的确立。

2. 自我意识的发展

成年早期的自我概念具备复杂的多维度、多层次的心理结构；自我评价更独立，更独特，也更稳定；自我体验更丰富。

（四）人生观、价值观形成——稳固时期

在父母、教师等的指导、强化和影响下形成，并随着年龄的增长，朋友的影响日趋增大，到了青年晚期，主要依赖于青年的同一性形成的过程，此阶段无意识的学习转变为对榜样有意识的效仿、学习。

（五）爱情及事业

1. 爱情的理论模型

爱情的理论模型有成人依恋理论、爱情风格理论、爱情三元理论等。

2. 理想家庭的六个条件

理想家庭的六个条件是"同一屋檐下"生活、夫妻"力动均衡"、亲子"一线之隔"、"自由与受保护"的空间、"父性原理"与"母性原理"的协调、相同的志向。

3. 职业

职业兴趣、职业价值观和职业技能是职业选择的影响因素。

六、成年中期心理发展

成年中期是指35~60岁，是人最富有生产力的时期。

1. 智力发展

中年人的智力发展模式是晶体智力继续上升，流体智力缓慢下降；智力技能保持相对稳定，实用智力不断增长。

2. 人格发展

个体的人格特点在成年中期表现为在稳定中有所变化，通过控制策略不断发展与成熟，个体可以很好地适应环境。

3. 成年中期的生活

个体在成年中期承担的社会角色也是生命全程中最为丰富的阶段，为人子，为人夫，为人父，为人师，为人徒……社会角色的丰富对成年中期的生活产生重要影响，同时也给中年人带来巨大的压力与挑战。

七、成年晚期的心理发展

成年晚期一般指60岁到衰亡，其身心变化的趋势是出现逐渐退行性变化。

1. 老年心理发展观

老年心理发展观一般分为传统的"丧失期"和毕生发展观这两种观点。

2. 认知变化

认知变化表现为：感知觉发生显著的退行性变化；记忆随增龄而减退，记忆减退的机制主要有加工速度减慢、工作记忆容量变小；老年人思维存在个体差异，有些思维显著衰退，有些却仍能表现出较高的思维水平；老年人智力有所减退，但并非全部是减退。

3. 情绪情感

个体在成年晚期比较容易产生消极的情绪情感，情感体验深刻而持久。各种"丧失"是情绪体验的最重要的激发事件。

4. 个性和社会性变化

（1）个性变得小心、谨慎、固执、刻板。

（2）个性结构和所属的个性类型基本上是稳定不变的，但对待周围环境的态度和方式上，则逐渐表现由主动向被动，由朝向外部世界转而朝向内心世界的明显趋势。

老年人所获得的社会支持与其幸福感、生活质量呈显著性正相关。

5. 三大挑战

（1）三大挑战：适应生理上的变化；重新认识过去、现在和未来；形成新的生活结构。

（2）四项发展任务：接受自己退休后的生活；促进智力发展；将精力投入到新的角色和活动中；形成科学的死亡观。

第六章 心理健康基础知识

■培训目标

使社会心理指导师了解心理健康的概念、内涵与标准，熟悉心理健康维护与发展的方法和内容，增强社区居民心理健康工作主动性。

■培训内容

心理健康

健全的自我意识

自律的情绪调控

人格全面发展

和谐的人际关系

及时的危机干预

■培训时间

8学时

■考核重点

心理健康的维护

自我意识的偏差

调控情绪的主要方法

健康人格的培养

心理危机的干预

第一节   心理健康

心理健康是指在身体、智能以及感情上与他人的心理健康不相矛盾的范围内，将个人的心境发展成最佳的状态。

一、心理健康常识

（一）判断心理健康的基本原则

包括心理与环境的同一性、心理与行为的统一性、人格的相对稳定性。

（二）心理健康的标准

包括智力正常、人际关系和谐、情绪积极稳定、意志品质坚强、自我意识正确、个性结构完整、环境适应良好。

（三）心理健康的相对性

人的心理是动态的发展变化过程，因而人的心理健康也是一个动态的过程，过去的心理健康并不意味着永远的心理健康。不同的国家、不同的民族和不同的社会阶段对心理健康的理解是不同的。在一些人看来是心理健康的行为，在另一些人看来可能就是病态的反应。因此，心理健康是一个相对概念。

（四）心理健康相关概念

1. 心理正常

心理正常指具备正常功能的心理活动，不包括精神病症状的心理活动。

2. 心理不正常

心理不正常指"异常心理"、有精神病症状的心理活动，含变态人格、确诊的神经症和其他各类精神障碍。

3. 心理健康

心理健康指处于动态心理平衡的心理过程，涵盖了一切有利于个体生存发展和稳定生活质量的心理活动。

4. 心理不健康

心理不健康指处于一种动态失衡的心理过程，根据严重程度可以进一步区分为心理问题、严重心理问题和部分可疑神经症。

需要说明的是，无论是心理健康还是心理不健康，都属于心理正常的范围，与心理不正常的"病"态心理要严格区分。

（五）心理健康的实现条件

心理健康的实现条件包括正视和接受现实，积极适应环境的变化；正确认识和评价自己；乐于交往，善于与人接触；努力工作，学会休闲；有意识地控制调整情绪，乐观开朗，积极向上。

二、心理健康的维护

（一）维护心理健康的途径

1. 全面提高素质

要全面提高的素质包括思想道德素质、科学文化素质、心理素质、身体素质。

2. 增强心理能力

要全面增强的心理能力包括适应能力、承受能力、自控能力、社交能力、康复能力。

3. 创设有利于健康成长的环境

有利于健康成长的环境包括树立奋发向上的良好风气、建立和谐友爱的内部关系、提供公平合理的成长环境、保持张弛有度的工作节奏、创造宽严相济的管理环境、营造丰富活跃的文化氛围。

（二）常见心理问题

常见心理问题包括适应障碍问题、自我意识问题、人际关系问题、工作压力问题、个人情感问题。

（三）自我心理调适的方法

进行自我心理调适的方法包括培养健康的生活方式、理性对待并接纳自己、及时宣泄心理压力、积极参加社会交往活动。

三、心理指导、心理咨询与心理治疗的联系与区别

（一）心理指导

心理指导主要是面对一般个人或者群体，推广和传播心理健康知识，增强心理健康自我管理意识，加强人文关怀和生命教育，消除对心理问题的偏见与歧视，预防和减少个人极端案（事）件发生。

（二）心理咨询

心理咨询是指心理工作者在心理方面给予咨询对象帮助、劝告、指导、建议，以便解决咨询对象心理问题的过程。心理咨询的对象包括三类人：一是精神正常，但遇到了与心理有关的现实问题并寻求帮助的人；二是精神正常，但心理健康出现问题并寻求帮助的人；三是特殊对象，即临床治愈的精神病患者。心理咨询的目的在于纠正个人心理上的失衡，使个人对自己与环境有一个清醒的认识、改变态度和行为，以达到对社会生活有良好的适应。

（三）心理治疗

心理治疗是指应用心理学的原则和技术，对病人施加心理影响，进而改变病人心理状态和行为方式的过程。心理治疗的对象主要是具有心理疾病、精神疾病的病人。心理治疗的目的在于改变病人的症状，减轻或消除病人的痛苦，提高病人的社会适应能力，使其尽快恢复或实现身心健康。

（四）心理指导、心理咨询与心理治疗的区别

1. 实施者不同

心理治疗由具有任职资格专业的心理医生实施，心理指导和咨询既可以由心理医生实施，也可以由具有心理知识和经过心理咨询训练的社会工作者（心理咨询师）实施。

2. 工作对象不同

心理治疗面对的是具有心理疾病、精神疾病的病人，心理指导和咨询的主要对象是需要心理指导和帮助的人。

3. 操作上的不同

心理治疗是标准化、规范化的，是带有强制性的"矫正"解决问题；心理指导、心理咨询相对来说不太标准化、不太规范化，是"协助"性质地解决问题。

第二节　健全的自我意识

自我意识指个体对自己的各种身心状态的认识、体验和愿望，以及对自己与周围环境之间关系的认识、体验和愿望。

一、健全的自我认识

（一）标准

包括正确地认识自己、愉快地接纳自己、自觉地控制自己。

（二）影响因素

1. 客观因素

包括时代背景、文化因素、人际环境。

2. 自我因素

包括自我价值取向、理想我与现实我的差距、主体我与现实我的矛盾、失败的认知、体验水平和归因方式、心理与人格特点。

二、自我意识的偏差

1. 自卑

自卑是个体由于自我认知偏差等原因所形成的自我轻视和自我否定的情绪体验。例如，认为自己其貌不扬，担心被人歧视；认为自己家境贫寒，被人看不起；认为自己天资愚笨，对未来缺乏信心；等等。

2. 虚荣

虚荣是自尊心的过分表现，是为了取得荣誉和引起普遍关注而表现出来的一种不正常的心理行为。好虚荣者常常不是通过实实在在的努力，而是通过吹牛、撒谎、作假等非正常手段获得满足感。

3. 从众

从众心理是一种普遍存在的心理现象，是指在群体舆论的压力之下，放弃个人的意见而采取与大多数人一致的自我保护行为。从众心理人皆有之，但是过强的从众心理则导致缺乏主见，丧失自我。

4. 逆反

逆反心理也称对抗心理，是指在特定条件下，某些人的言行跟来访者的主观愿望相反，产生一种与常态性质相反的逆向反应。逆反心理的出现反映了一种不正常的独立意识，若不加以正常的引导则容易导致个人自由主义倾向，使其形成不健康的思维方式和行为习惯，产生脱离集体的后果。

5. 盲目

盲目是一种失去目标，没有目的性进行活动的心理。表现为不假思索地模仿他人，不是从现实和自身实际出发、有目的性地做出规划，而是随意地采取行动等。

6. 自负

自负是一种自以为是、自命不凡的情感体验和情绪表现。具有自负心理特征的人往往过于自信，自我感觉过于良好，凡事认为自己完全正确，听不进他人的合理意见及劝告，一意孤行。

7. 任性

任性是指不顾及他人的想法，一味按照自己的要求行事。具有这种心理特征的人，在人际交往中只从自己的角度思考问题，不顾及他人的感受，容易为自己本能的欲望和偶然的动机以及不良的情绪所左右，片面主张自己的要求，进而发展到以我为中心的境地。

三、健全自我意识的作用

1. 作用

健全的自我意识是人类自身内在的一种成功机制。

（1）方向作用。自我意识为人的发展提供目标导航。

（2）自控作用。自我意识使人发挥能动性根据目标及现实发展要求，调节和控制人的行动。

（3）内省和归因作用。自我意识对人的认知、情感、意志、行为等进行反省和审查，使其在现实发展中不断调整认识。

2. 优化自我意识的途径

（1）全面正确地认识与评价自我。进行自我反省，通过自我比较，与他人比较，接受他人的评价，在综合体系中检验自己的表现。

（2）欣然接受自我。正确对待自己的优势和不足，正确对待自己成功与失败的经历，以积极的态度全面地接纳自我。

（3）科学地塑造自我。确立明确的行动目标并培养坚强的自控能力。

（4）增强自制力。培养良好稳定的心理素质，用好外在氛围的影响作用，养成辩证思维的科学认识方式。

（5）塑造健全人格。加强心理调节，培养良好的行为习惯。

第三节 自律的情绪调控

情绪是客观事物是否符合个体需要所产生的一种态度体验，是人脑对客观事物与人的需要之间关系的反映。

一、情绪

（一）情绪的要素

情绪的要素包括内省的情绪体验、外在的情绪表现、情绪的生理变化。

（二）情绪的功能

情绪的功能包括：自我防御功能，即表现出自我保护倾向；社会适应功能，即对于不同刺激产生不同的社会适应性反应；动力功能，即激励人的活动，提高人的活动效率；强化功能，即有助于内在潜能的充分展示；信号功能，即传达信息、表达思想和愿望。

（三）情绪对人的生理活动的影响

人的情绪通常伴有多种生理上的变化。情绪紧张时，心跳加快、血压升高。情绪抑郁时，心跳减慢、减弱，甚至不规律。情绪发生障碍，不但对人本身有影响，而且导致各系统器官的病理性改变，引起身心疾病。

二、情绪分类与影响

（一）良性情绪

良性情绪是在个体需要得到满足、使人产生肯定状态时产生的。在良性情绪下机体的心理与生理功能处于良好状态，可以充分发挥机体潜在的精力，调动一切生理功能，提高体力劳动和脑力劳动的能力，使机体保持良好的健康状态。

（二）良性情绪的作用

快乐而平稳的情绪，能使人的大脑处于最佳活动状态，保持体内各器官系统的活动协调一致。

快乐的心情能使整个机体的免疫系统和体内化学物质处于平衡状态，从而增强对疾病的免疫力。

积极情绪能使别人更喜欢亲近自己，建立良好的人际关系。

适当的时候焦虑、忧愁、恐惧、愤怒等不愉快的情绪，也是正常的、健康的。

（三）不良情绪

不良情绪是指当个体不能满足自身的需要或者是与自己的意愿相悖的事物出现时，会使人产生否定的态度，产生不愉快或消极的心理感受，包括愤怒、恐惧、焦虑、悲伤、嫉妒等。

发生过于强烈的情绪反应时，心理处于极端状态，导致生理机能紊乱，干扰正常生理功能。

发生持久的情绪反应时，心理长期处于失衡状态，导致机体的抵抗力降低，最终产生不可逆的躯体疾病。

（四）情绪问题

1. 焦虑

焦虑是人预感将要发生不良后果时所产生的一种紧张不安的心理反应和体验，通常被描述为紧张不安、心神不宁、恐惧忧虑等负性情绪体验，是应激时情绪反应的主要表征，其严重程度因刺激本身的性质及个体的耐受程度不同而有所不同。

2. 抑郁

抑郁是指精神受压抑而产生的较持久的、消极的情绪状态。它是一种愁闷、悲观的心境，突出表现为情绪低落、心态悲观、精力下降、自我感觉差、不愿交往、对事物失去兴趣、无快感体验。

3. 愤怒

愤怒是正常人的一种基本情感成分，是当客观事物与我们的主观愿望相悖时，而习惯使用的一种情绪反应。愤怒的积极意义在于在战争状态，能激发人以最大的魄力和力量去打击敌人。但是在和平时期，愤怒除了能表达我们的某种抵抗意向和不满态度外，对于已经发生的事情和出现的问题常常是于事无补。

4. 恐惧

恐惧是指人面对危险或者回忆、想象、预感危险时所产生的一种担惊受怕的情绪。恐惧的产生源于主体自身缺乏处理危险情境的能力，所以恐惧发生时常有逃避的动作，并伴有焦虑情绪和异常激动的表现。

三、调控情绪的主要方法

（一）语义精确法

语义精确法是指运用积极、合理、现实的语言描述我们所面临的处境，进而有效进行心理调节的一种方法。

（二）转移注意法

转移注意法是指暂时转移注意使心理状况得以恢复的方法。

（三）宣泄法

宣泄法是指通过情绪表达、言语倾诉、体育运动释放心理压力舒缓心理压力的方法。

（四）升华法

升华法是指舍弃现实中无法满足的需要，转向追求更能接受的现实目标，改善心理的方法。

第四节　人格全面发展

人格是各种心理特性的总和，也是各种心理特性的一种相对稳定的组织结构，在不同的时间和地点，它都影响着一个人的思想、情感和行为，使其具有区别于他人的、独特的心理品质。

一、人格的特性与结构

（一）人格的特性

人格具有独特性、整体性、稳定性和功能性，是自然性和社会性的统一。

（二）人格的结构

人格是一个复杂的结构系统，有倾向性和人格的心理特征两个方面。其中前者具体包括需要和动机，后者具体包括能力、气质和性格。

1. 需要

需要是有机体内部的一种不平衡状态，表现为有机体对内外环境条件的欲求。

2. 动机

动机是激发个体朝着一定的目标活动，并维持这种活动的一种内在的心理活动或内部动力。

3. 能力

能力是顺利、有效地完成某种活动所必须具备的心理条件。

4. 气质

气质是指心理活动表现在强度、速度、稳定性和灵活性等方面动力性质的心理特征，相当于人们日常所说的脾气、秉性或性情。典型的气质类型主要有四类：胆汁质、多血质、黏液质、抑郁质。

5. 性格

性格是一个人在对现实的稳定的态度和习惯化了的行为方式中表现出来的人格特征。通常在性格类型的划分上人们将人的性格简单地区分为外向型和内向型。

二、人格问题

（一）常见的不良人格表现

1. 偏激

偏激指看待问题绝对化、片面化，根据个人好恶进行判断，缺乏客观标准。

2. 自卑

自卑即经常性的悲观失望，总瞧不起自己，丧失信心，处事消极。

3. 孤僻

孤僻指不合群、不喜欢交往，疑心重，对于周围的人持有戒备心态。

4. 依赖

依赖即对个人的自理能力缺乏信心，不愿意承担责任。

（二）常见的人格障碍

常见的人格障碍包括回避型人格障碍、自恋型人格障碍、表演型人格障碍、偏执型人格障碍、暴发型人格障碍。

（三）健康人格

健康的人格没有公认的定义。综合心理学家的不同观点，健康人格的共有特点是对人性持有乐观的态度，认为人能够而且必须超越生物本性和环境特征，相信人自身有扩展、丰富、发展和完善的潜能，而且这些潜能的实现就成为健康人格。我国学者提出了健康人格的参考标准：

（1）具有远大而稳定的奋斗目标。

（2）具有强烈的道德感责任感。

（3）具有正确的自我意识。

（4）具有良好的情绪调控能力。

（5）具有良好的社会适应能力。

（6）具有和谐的人际关系。

（7）具有乐观向上的生活态度。

（8）具有健康、崇高的审美情绪。

三、健康人格的培养

（一）健康人格的培养任务

（1）突出世界观、理想、信念教育。

（2）强化主体自我意识。

（3）进行心理调适。

（4）积极参与社会实践。

（5）加强道德教育。

（6）开展审美教育。

（二）健康人格的自我修养

（1）自立意识的培养。

（2）自信心的培养。

（3）保持自尊。

（4）有自制力。

（5）培养乐观向上的生活态度。

第五节　和谐的人际关系

人际关系是人与人在沟通和交往过程中建立起来的直接的心理上的联系。这种关系在一定社会角色的人之间产生，人际交往是其产生的基础，感情是其主要内容。良好的人际关系对人的个性形成和发展及心理健康有重要的意义。

一、人际关系的基本问题

（一）人际关系的构成

1. 外部条件

（1）相互关系，它是人际关系构成的基础。

（2）联系媒介，它是人际关系构成的桥梁。

（3）活动，它是人际关系构成的方式。

2. 内部因素

（1）认知因素，包括双方对人际关系的认知状况，它是人际关系构成的内在基础。

（2）情感因素，指双方在情感上的满意程度，它是人际关系建立、维持、发展的纽带。

（3）行为因素，指双方具体的交往行为，是人际关系建立发展的保证。

（二）人际交往中应具备的心理品质

（1）要有较高的文化修养。

（2）要真诚待人。

（3）要有正确的利益观。

（4）要有良好的个性。

（5）要有良好的适应能力。

（三）影响人际交往的心理因素

（1）文化背景和生活习惯差异。

（2）语言理解差异。

（3）个性上的差异。

（4）社会角色差异。

（5）个人认知评价因素。

（四）人际交往的基本原则

（1）互利原则。

（2）诚信原则。

（3）尊重原则。

（4）宽容原则。

（5）适度原则。

（五）人际交往的具体技巧

（1）善意的赞美。

（2）祥和的微笑。

（3）耐心的聆听。

（4）睿智的交谈。

（5）适时的幽默。

二、改善人际关系的方法

（一）避免和消除人际交往中的障碍

注意是否具备了交往的条件，如对方有无交往的心理准备和意愿，交往过程中自己的言行是否能为对方所正确理解。

从促进合作的角度出发，多去理解对方，尊重对方的习惯，善意地与对方交流，沟通思想，增进感情。

掌握必备的交往知识和技巧，人际交往有许多规则需要遵守，掌握交往习俗，掌握礼节知识，提高交往技巧，有利于顺畅地沟通交往。

人际交往中的不良心理，有猜疑、牢骚、盲目攀比、嫉妒、冷漠等。猜疑是指无端的怀疑，对人对事做出的一些想象。牢骚是指由于不满情绪所发泄的言辞，由不愉快的心情所引起，并导致新的不愉快。盲目攀比相对于理性攀比而言，是指个体与那些和自己的目前情况及未来目标没有可比性的对象进行比较，从而产生心理失衡或者对正常的生活造成影响的心理模式。如不加以控制则会给自己及集体造成危害。嫉妒是指与他人比较，发现自己在才能、名誉、地位或境遇等方面不如别人而产生的一种由羞愧、怨恨、恼怒等组成的复杂情绪状态。冷漠是指人对外界刺激缺乏相应的情感反应，对生活中的人和事都无动于衷。表现为凡事漠不关心，冷淡、退让、逃避。

（二）增强自身魅力的方法

（1）保持良好的外部形象。

（2）养成良好的性格特点。

（3）培养良好的个人能力。

（三）处理好人际关系的方法

（1）友善地对待每一个人。

（2）主动地关心他人。

（3）给予理解和宽容。

（4）给予他人鼓励与表扬。

（5）与人分享与相互帮助。

第六节　及时的危机干预

心理危机是指当人们面临突然或重大生活逆境时出现的心理失衡。确定心理危机需具备三个条件：出现较大心理压力的生活事件；出现一些不适感觉，但尚未达到精神病程度，不符合任何精神病诊断；依靠自身能力无法应付困境。

一、心理危机的基本问题

（一）心理危机的反应

1. 生理方面

出现肠胃不适、腹泻、食欲下降、头痛、疲乏、失眠、做噩梦、容易惊吓、感觉呼吸困难或窒息、梗塞感、肌肉紧张等反应。

2. 情绪方面

常出现害怕、焦虑、恐惧、怀疑、不信任、沮丧、忧郁、悲伤、易怒、绝望、无助、麻木、否认、孤独、紧张、不安、愤怒、烦躁、自责、过分敏感或警觉、无法放松、持续担忧、担心家人健康、害怕染病、害怕死去等心理。

3. 认知方面

常出现注意力不集中、缺乏自信、无法做决定、健忘、效能降低、不能把思想从危机事件上转移等现象。

4. 行为方面

出现反复洗手、反复消毒、社交退缩、逃避疏离、不敢出门、害怕见人、暴饮暴食、容易自责或怪罪他人、不易信任他人等表现。

（二）心理危机产生的原因

1. 丧失因素

如财产、职业、躯体、爱情、地位、尊严等的丧失。

2. 适应问题

如新岗位的适应、新环境的适应等。

3. 矛盾冲突

矛盾冲突指面临各种急需解决的矛盾及长期的心理冲突。

4. 人际纠纷

人际纠纷指长期或持续的人际间的纠纷。

（三）心理危机的发展过程

1. 冲击期

冲击期发生在危机事件后不久或当时，感到震惊、恐慌、不知所措。

2. 防御期

防御期人们表现为想恢复心理上的平衡，控制焦虑和情绪紊乱，恢复受到损害的认识功能。但不知如何做，会出现否认、合理化等。

3. 解决期

积极采取各种方法接受现实，寻求各种资源努力设法解决问题。焦虑减轻，自信增加，社会功能恢复。

4. 成长期

经历了危机变得更加成熟，获得应对危机的技巧。然而有些人，由于消极应对也会出现心理不健康的行为。

（四）心理危机的表现

包括创伤后应激障碍、自杀、暴力、物质滥用、攻击性行为。

（五）心理危机的后果

心理危机是一种正常的生活经历，并非疾病或病理过程。每个人在不同的人生阶段都会经历危机，由于处理危机的方式不同，后果也不同，具体来说，有以下几种情况：

（1）顺利渡过危机，并学会了处理危机的方法策略，提高了心理健康水平。

（2）渡过了危机但是留下了心理创伤，影响今后的社会适应。

（3）经不住强烈的刺激而自伤自毁。

（4）未能渡过危机而出现严重心理障碍。

（六）心理危机的影响因素

（1）个性特点。

（2）个人的健康状况。

（3）干预危机的信息获得渠道和可信程度。

（4）危机的可预期性和可控制性。

（5）个人适应能力，所处的环境等。

二、心理危机的干预

（一）心理危机干预的目的

（1）避免自伤或伤及他人。

（2）恢复心理动力平衡。

（二）心理危机干预的工作环节

（1）发现系统。

（2）监控系统。

（3）干预系统。

（4）转介系统。

（5）善后系统。

（三）心理危机干预的程序

主要采取"六步法"：

（1）确定问题。

（2）保证安全。

（3）给予支持。

（4）提出并验证可变通的应对方式。

（5）制订计划。

（6）得到承诺。

（四）心理危机干预的关注对象

发现以及筛查出来的有心理障碍、心理疾病或自杀倾向的人员，具体包括以下人员：

（1）遭遇突发事件，如家庭发生重大变故，受到自然或社会意外刺激者。

（2）工作压力过大、工作困难者。

（3）个人情感受挫者。

（4）人际关系失调者。

（5）性格过于内向、孤僻、社会交往很少，缺少社会支持者。

（6）严重环境适应不良导致心理或行为异常者。

（7）家境贫困、经济负担重、自卑感强烈者。

（8）身体出现严重疾病、个人很痛苦、治疗周期长者。

（9）患有严重心理疾病者，如抑郁症、恐惧症、癔症、焦虑症、精神分裂症、情感性精神病等。

（10）正在服用精神类药物控制病情以及曾患心理疾病休假、病情好转又恢复工作者。

（11）身边同事出现个体危机状况者。

（12）调动、降级或近期遭受处分行为异常者。

第七章 社会心理指导基本技术

■ **培训目标**

掌握社会心理指导三项基本技术；认清与来访者建立良好关系的重要意义；达到彼此尊重、信任、友好，与居民共同创建心理和谐、提升心理健康水平的目的。

■ **培训内容**

心理筛查技术

关系建立技术

倾听反馈技术

个体心理指导技术

小组心理辅导技术

■ **培训时间**

20学时

■ **考核重点**

心理筛查工具、技术与实施

心理筛查的主要内容

建立有效关系的目的和方法

倾听技术要领

个体心理指导的主要技巧

小组辅导实施技术

第一节　心理筛查技术

心理筛查是指运用谈话、观察、测验等方法，对来访者进行综合心理评估的技术，是社会心理指导中最基本的方法。

情绪障碍指正常情感反应的夸张、混乱和减退。断定情感反应是否正常或病态，需根据以下三个条件，即情感反应强烈程度、持续的时间以及是否与所处的环境相符。

人格障碍是指明显偏离正常的心理和行为模式，在人际交往和社会适应方面异常。

一、资料收集

（一）自然情况

包括年龄、性别、籍贯、教育程度、职业、收入状况等。

（二）健康状况

包括既往病史、遗传病、慢性疾病及用药情况。

（三）生理状况

包括营养状况、有无残疾等。

（四）心理状况

包括智力水平、认知能力、个性特点、自我概念、情感及行为方式等。

（五）社会支持系统

包括家庭情况、婚姻状况、组织或单位及日常活动状况。

二、筛查方式

（一）调研

调研是用于进行某一特定主题的研究，包括对某些现象进行描述，发现某些特征的分布状况等。

（二）访谈

访谈是一种有效的调研方法。有效掌握访谈技巧有利于有效地收集资料、发现问题点，对访谈对象进行定性分析。在社区心理评估工作中，访谈是经常使用的一种方法。以访谈对象的人数分类，可分为一对一的深度访谈和一对多的焦点组访谈。

（三）问卷调研

通过设计的问卷，收集需要的资料，用以描述调查对象的状况，或探讨不同变量之间的关系，或者用以描述现象的发展变化及趋势，解释不同现象前后之间的联系。问卷应充分考虑主题、被调查者类型、访问的环境和问卷长度，题目安排依照心理次序，使填答具有逻辑性；指导语或填答说明清楚，用纸和排版美观。

（四）标准化测验

即按照操作程序，通过科学、客观、标准的测量手段，对人的特定素质进行测量、分析、评价，确定心理特性和行为的定性。

三、筛查工具

（一）评定量表

1. 人格测验

客观量表有艾森克人格问卷、明尼苏达多项人格调查表、16种人格因素问卷等。投射测验有主体统觉测验、房树人测验、句子完成法测验。

2. 智力测验

有吴天敏修订的中国比内测验，张厚粲修订的瑞文标准推理测验，林传鼎、张厚粲修订的韦氏儿童智力测验。

3. 健康调查表

包括青少年个性健康调查表、成人心理测试量表。

（二）行为观察记录

按观察目的、观察者的经验来组织观察内容和程序；按照目的采用一套定型的程序进行观察；观察记录清单，根据不同项目，记录相应内容。

（三）个案会谈列表

通过与来访者之间面对面的、有目的的专业谈话，获取相应需求内容清单，评估来访者各个方面心理功能，并进行相关的服务项目。在社区心理服务中，个案会谈占有重要地位，对于获取信息，了解并分析来访者的经历、问题及其成因，建立专业关系非常重要。

四、筛查内容

（一）焦虑

1. 轻度焦虑

表现为皱眉头、烦恼、担心，时时牵挂某事。一般多为生活事件引起，如出发时动身晚了，怕赶不上火车；突然接到上级检查通知，怕自己应付不了。

2. 中度焦虑

表现为坐立不安、焦躁、害怕，如从来没有上台的人忽然被要求当众表演，出现中度精神紧张。

3. 重度焦虑

表现为四肢发凉、心跳加快、出汗、肌肉颤动，频繁坐下站起、整天惶惶不可终日、阵发性极端恐惧等。

4. 病理性焦虑

没有明确或者具体事由，或为未来担忧，或追求完美不允许自己出差错。若持续时间过长，就是焦虑症。危险面前的急性焦虑反应不是病态。

（二）抑郁

抑郁情绪是一种正常的情感反应，一般是基于一定的客观事件而表现出的低落、苦恼等，会随着事件的结束而消失。

轻微抑郁表现为情绪性低落，或者称为不开心，精力不旺盛。

中度抑郁表现为显著而持久的情感低落，抑郁悲观，无愉快感；思维迟缓，联想速度缓慢，反应迟钝；记忆力下降，主动言语减少，语速明显减慢，声音低沉，生活被动、疏懒，不想做事，人际接触交往减少等。

重度抑郁表现为兴趣减退，心境恶劣，认知功能减退，思路闭塞，自觉"脑子好像生了锈的机器""脑子像涂了一层糨糊一样"。如果出现时间较长，并伴有自责自罪、悲观绝望、度日如年、生不如死、妄想和疑病，就是抑郁症。

抑郁症典型的症状：意志活动被显著而持续地抑郁。经常独坐一旁，或整天卧床、闭门独居、疏远亲友、回避社交。严重时连吃喝等生理需要和个人卫生都不顾，甚至发展为不语、不动、不食（称为"抑郁性木僵"），并伴有消极自杀的观念或行为，认为"结束自己的生命是一种解脱"。

（三）恐惧

1. 恐惧反应

生理上表现为呼吸加快、出汗、全身肌肉紧绷、胃肠道不适、头昏、站立不稳等；心理上表现为焦躁不安，想惊叫、呼救、逃跑。恐惧发作时，会出现诸如濒死感、即将失去控制或发疯、非真实感等幻觉。

2. 单一恐惧

对某一具体的物件、动物等有一种不合理的恐惧。比如蜘蛛恐惧、公交恐惧、飞行恐惧等。

3. 场所恐惧

又称广场恐惧、旷野恐惧、聚会恐惧等，是恐惧中最常见的一种，约占60%。多起病于25岁左右，35岁左右为另一发生高峰年龄；女性多于男性。

4. 密集恐惧

对密集排列的相对小物体很敏感，感觉头晕、恶心、头皮发麻。

5. 社交恐惧

害怕、回避社交情境；自我评价低和害怕批评，在集会、公共场合不愿被人注视；社交场合脸红、手抖、恶心或尿急。

6. 学校恐惧

学生害怕上学，公开表示拒绝上学。进入学校后心神不安，或呕吐、腹疼、尿频。如果父母强迫会使其恐惧加重，倘若父母同意暂时不去上学，则马上缓解。多见于7~12岁的小学生。

7. 离别恐惧

害怕分离，遇到亲人离别、同学毕业、朋友分开时，感觉非常痛苦、担心。原因是没有处理好离别关系，儿童需要关爱时父母没有给予支持，或溺爱让孩子形成依赖性格。属于儿童时期心理特征，也可能延续到成年。

（四）人格障碍

人格障碍是指明显偏离正常的心理和行为方式，在人际交往和社会适应方面异常。没有明确的起病时间，不具备疾病发生发展的一般过程。开始于童年、青少年或成年早期，并一直持续到成年甚至终身。

人格障碍有多种，如偏执型人格障碍、分裂型人格障碍、反社会人格障碍、边缘型人格障碍、表演型人格障碍、自恋型人格障碍、回避型人格障碍、依赖型人格障碍、强迫型人格障碍。

人格障碍可以从以下几个方面判断：

感知和解释事物的态度和方式偏激，情感冲动。但意识状态、智力均无明显缺陷。一般没有幻觉和妄想，可与精神病性障碍相鉴别。

自制力差、无法控制欲望、人际交往方式困难、与人合作能力差。这种偏离长期存在，通常开始于儿童晚期，非精神障碍所致。

一般能应付日常工作和生活，理解自己行为的后果，能在一定程度上理解社会评价。但是，对自身人格缺陷常无自知之明，难以从失败中吸取教训，屡犯同样的错误，因而在人际交往、职业和感情生活中常常受挫，以致害人害己。主观上往往感到痛苦。

（五）心理应激

个体体验、目睹死亡或严重损伤，或者遭到威胁。产生强烈的害怕、失助或恐惧反应，属于心理应激反应表现为：

（1）情感麻木：没有情感反应的主观感觉。

（2）认知脱离：对周围的认识能力有所降低，如发呆。

（3）现实解体：人格解体，没有现实感，不顾及环境影响。

（4）分离性遗忘：不能回忆此创伤的重要方面，回避谈及灾难情境。

（六）创伤后应激障碍

创伤后应激障碍是指在遭受强烈的或者灾难性精神创伤事件后，延迟出现和长期持续的精神障碍。如战争、严重事故、地震、被强暴、被绑架等。几乎所有经历这类事件的人都会感到巨大的痛苦，产生极度的恐惧、害怕、无助。这种情绪体验至少持续2天，最多不超过4周。主要表现如下：

（1）非自主性重现。不能自己控制、持续地重新体验创伤事件。如反复的印象、思想、梦、错觉的闪回发作，体验的生动再现创伤事件时的痛苦、恐惧。

（2）目标性回避。对引起创伤事件极力回避，不愿回忆事件的现场、感受、谈话、活动、地点、人物。

（3）精神紧绷。明显的焦虑或警觉增高。如难以入睡、易激惹、警觉过高，遇到类似事件时过分的惊吓反应、坐立不安。

（4）功能受损。生活中不开心，具有明显的痛苦，在社交、职业等方面的功能缺损，影响了维持其必需的事业。如花了不少时间告诉他人创伤体验，以期获得帮助。

（5）成瘾物滥用。如战场综合征中士兵对酒精、大麻等成瘾，直接加重生理性障碍。

（七）关系障碍

1. 婚姻关系障碍

婚姻关系障碍主要包括日常性冲突、关系疲劳和冲突危机。

（1）日常性冲突。包括性格和行为冲突、支配权冲突、育子冲突等一般性冲突。

（2）关系疲劳。漠不关心、交流麻木、责任感缺失、关心偏移等，认为婚姻关系得到法律和社会的认可，不必再更多地投入精力经营和维护，关注偏向工作或孩子等。

（3）冲突危机。感情不忠，背叛了爱情和婚姻誓言，与婚姻和爱情之外对象产生关系。涉及婚姻关系核心问题，即不信任，欲望离婚。

值得一提的是，很多婚姻关系中的双方会在冲突中变得习惯，争吵、辩论成为一种沟通模式，他们依然可以将婚姻关系经营到共同创造期。

2. 亲子关系障碍

常见的亲子关系类型包括以下几种：

（1）权威型（民主型）。理性加民主的亲子关系。父母以积极肯定的态度对待儿童，尊重鼓励儿童表达自己观点，对儿童的行为表现奖惩分明。儿童独立性强，善于自我控制和解决问题，自尊感和自信心较强，喜欢与人交往，对人友好。

（2）专制型（控制型）。绝对控制的亲子关系。父母常以冷漠、忽视的态度对待儿童，很少考虑儿童要求与意愿，对儿童违反规则的行为表示愤怒，甚至采用严厉的惩罚措施。儿童焦虑、退缩和不快乐。他们在交往中遇到挫折时，易产生敌对反应。

（3）放纵型。缺乏控制的亲子关系。父母很少向孩子提出要求，对儿童违反规则的行为采取忽视和接受的态度，很少发怒或者训斥儿童。儿童不成熟，随意性强，往往有较强的冲动性和攻击性，缺乏责任感、合作性差，很少为别人考虑，自信心不足。

（4）忽视型。缺少互动和控制的类型。父母缺少对儿童最基本的关注，对儿童行为缺乏反馈，且容易流露出厌烦、不愿搭理的态度。

3. 人际关系障碍

人际关系障碍主要类型有：个人冲突、接近反接近冲突、回避反回避冲突、接近与回避冲突。

人际关系分类：

（1）"零和"冲突。冲突一方的收获是对方的损失，竞争性关系。

（2）"非零和"冲突。冲突双方有竞争、合作关系，回避对方损失。

（3）人际不良心理。在人际交往中存在自卑心理、羞怯心理、猜疑心理。

（八）特殊群体

1. 老年群体

（1）退休综合征。退休后生活内容、生活节奏、社会地位、人际交往等各个方面都会发生很大变化。离开社会主流生活，价值感和自我效能感下降，出现焦虑、抑郁、悲哀、恐惧等消极情绪，或产生偏离常态的行为，出现适应性心理障碍，还有可能引发其他生理疾病。

（2）孤独感。人老之后生理机能下降，出现行动不便、活动减退。许多人离开原有生活圈子后，社会支持系统缺失，容易引发孤独、苦闷，烦恼无处倾诉，情感需要得不到满足，消极情绪情感体验增多。回归家庭后，如果与子女关系不和谐等，也会变得郁郁寡欢。尤其是老年处于丧偶高发阶段，情感支持丧失、生活独居，都会带来心理孤独感。

2. 非健全人群

（1）视力残障。没有了视觉，盲人的思维活动会很专注，内心活动活跃而且细腻。因此语言能力很强，但是内心缺乏安全感，容易产生焦虑、抑郁等情绪。很多人在社会交往中虽表现得很乐观，但其内心却往往比较孤独。

（2）听力残障。听觉缺失，言语功能也会随之退化或丧失，只能依靠形体、表情、手语或书写表达，象形和指代性交流无法像口语那样丰富。思维活动因为词汇的局限，思想内容较为简单，情感交流受限，往往将喜、怒、哀、思、悲、恐、惊全部写在脸上。因外观上与健全人无异，往往容易被人忽视，内心非常孤独。听障人士与正常人交流不便，导致"抱团"意识较强。

（3）肢体残障。重度残障的人感官、智力、认知与健全人无异，但重度残障的人活动限制，社会活动困难，因此眼界比较狭窄，看问题往往显得肤浅、幼稚、狭隘和偏执。情绪情感方面缺乏自信，孤独、孤僻，不能正确评价自我，表现为过度自卑。许多肢体残障者经历了与病痛的抗争，受到比一般人更多的磨炼，更加具有克服艰难困苦的毅力。

（4）智力障碍。智力障碍的人感知能力衰退，注意力严重分散，注意到的东西非常少；记忆力差，语言表达能力差；思维能力低，缺乏抽象思考能力、想象力和概括力，更不能举一反三；基本没有数字概念，但是靠机械记忆能学会简单的加减计算。智障人情绪不稳，自控能力差；意志薄弱，缺乏自信；交往能力差，难以学会社会交往。

（九）社区矫正人群

1. 环境敌视

社区矫正是指对犯罪人或者违法者，置于社区内进行的矫正教育，而非监禁刑罚执行活动。受传统思想的影响，人们对犯罪人或者违法者有着天然的敌视，很难接受这样的人。矫正人群对歧视、冷落敏感，易出现敌视社会现象，造成重新融入困难。

2. 懊悔情绪

社区矫正者多数犯罪较轻微或经过监狱改造，对犯错行为认知清楚。尤其是激情性、过失性犯罪，等到犯罪成为事实后，对罪犯标签化存在懊悔心理。

3.　犯罪强化

社区矫正者认为自己就是一个永远的罪犯，并且这种认识不断强化，甚至会回到罪犯的犯罪生活中，导致矫正的失败。青少年处于青春期，对别人的看法尤为在意，再加上其生活经验与自我认知的不足，因而比较容易想偏。

4.　行为失范

有的社区矫正者通过自身的长期努力，已经成为正常社会成员。但是，当其遇到有违自己认知的情境下，如被人重提过往就会心态失衡，出现较为偏激的行为，甚至寻求非正常手段来实现期望。

第二节　关系建立技术

关系建立是指通过与来访者合作，形成接纳、支持，建立共同工作的联盟关系。

一、建立关系的目的

通过与来访者建立支持性人际关系，成为工作联盟，来访者最初的态度会转变，产生新的一致共鸣，从而对他们的态度、行为会产生潜移默化的效果。

（一）积极的情绪体验

建立关系使来访者能对各种各样的情况进行积极反应，这些反应往往超出了来访者的预料。来访者也在学习社会心理指导师所表现出来的积极的反应，并应用到他与其他人的关系中去。

（二）自尊心的提高

社会心理指导师接受来访者"坏"行为的能力，减轻了来访者的心理压力；心理指导师接受来访者的态度，为提高他们对自己的认识提供了机会。

自尊心的提高与积极的情绪体验是两个相互影响的过程。

（三）移情式的改进

来访者以积极尝试、适宜行为的方式取悦于心理指导师，这是良好关系内化的另一种产物。一旦来访者表现出这种行为时，他们是很易于接受来自内部和外部的强化的，这些强化又有可能促使其新的反应方式和行为。

（四）认同作用

最初来访者可能只对社会心理指导师的一部分态度产生认同。

来访者在社会心理指导师认真负责及真诚关注的态度感召下产生认同，在关系进一步发展的基础上，认同范围与程度会产生变化。

二、关系特征

（一）心理指导关系的独特性

社会心理指导师与每一来访者的关系都是独特的。

不同于社工与居民的关系，社工与居民是助人与工作关系，心理指导师与来访者关系是支持与互动关系。

不同于心理咨询师与治疗者的关系，社会心理指导师与来访者的关系是一种治疗联盟。

不同于其他所有社会中的人际关系，心理指导师与来访者的关系是责任主体与服务客体关系。

（二）心理指导关系的专业性

社会心理指导师工作属于专业化、职业化工作，要求保持客观、中立和专业的立场；对来访者有正确的了解，客观的分析，提出专业适宜的处理方法。

心理指导关系的建立，意味着社会心理指导师应以共情、真诚的态度对待来访者，尊重来访者，使之感到温暖。

心理指导关系具有专业限制，如职责的限制、时间的限制、个人要求的限制、来访者攻击性行为的限制（如儿童的攻击行为）等。

三、关系建立的方法

（一）共情

共情是体验别人内心世界的能力，它是良好关系建立的重要因素。

1. 来访者视角

体验来访者的内心世界，以对方的立场感受他的喜怒哀乐。感受越是准确，越是深入，共情层次就越显著。通过共情，真正体验来访者的真实内心世界，把握准确信息。

2. 言语准确表达

要善于把对来访者的共情传达给对方，向其准确传递自己对他的理解。只有来访者感到被理解，才会感到心情舒畅，乐于倾诉，便于沟通。

3. 以心换心

要达到共情的境界，仅有技巧是远远不够的，还要用"心"。只有真诚地愿意帮助来访者，用心去听、用心去体验、用心去想，才有可能达到较高水平的共情。一个对来访者漠不关心，缺乏耐心的治疗者，即使其精通会谈的各种技巧也不可能达到高水平的共情。

（二）关注

积极关注是以积极的态度看待来访者，强调他们的长处，即有选择地突出来访者言语及行为中的积极方面，利用其自身的积极因素。

1. 积极愿望

帮助来访者使之有所改变，相信他是能够改变的，看到他现在自身已具有一些积极因素。不是帮助来访者把问题抹平或化小，而是帮助来访者正视他们置身其中的世界。

2. 积极反应

从来访者所讲述的事实当中，发现他们的积极方面，强调来访者的长处。如果难以发现积极面时，可以注意对方对事件的描述本身是否准确、形象、生动，从而发现他的积极方面。

3. 积极态度

尊重来访者，能容忍甚至接受对方的不同观点、习惯等。尊重事实上还可以使积极关注的效果增强，具有鼓励来访者向前迈进的作用。

（三）接纳

1. 表里如一

社会心理指导师在工作中要真实地展现自己，表里如一，言行一致。谈话应该是自发性的，尽管要讲究策略，但不要总是揣度自己该说什么，能不受各种冲动或顾忌的影响，也不受各种规则及技术的条条框框所束缚，给来访者一种安全感；提供了一个示例，促使来访者也以真诚的态度对待心理指导师，诚实地开放自己，表达自己，袒露自己的内心。

真诚不是什么都可武断地、直接地说出来，有时真话未必要全说。不能过多地发泄自己，不能在来访者面前过多表现自己的完美，反而要实事求是，既不夸大，也不妄自菲薄。

2. 无条件接纳

不管来访者自身的品质、信念、问题、所处情境如何，社会心理指导师都要对其无条件接纳。即使他的行为、言语以及对情境的理解，与社会心理指导师自己的信念和价值观产生冲突，也应该做到尊重、关心并完全地接纳对方。不以自己观点对来访者的情感、思想及行为进行好或坏的评判。

第三节　倾听反馈技术

主动式倾听不是一种单纯地接受式静听，而是主动地去捕捉发言者的思想和想法，并对这些观点进行分析和思考，因而在倾听的过程中，倾听者的思维始终处于活跃状态。

积极反馈。倾听者不是对一种意见的单向接受，而是对来访者的信息进行主动反应，构成主体之间信息的反馈和沟通，建立彼此尊重和理解，使意义在主体之间双向流动，并在不断的碰撞、探讨中生成新的意义。

一、倾听技术要领

接受诉说者的言语信息，通过思维活动达到认知和理解。倾听者要虚心、耐心、诚心和善意，为诉说者排解困境或者宣泄感情；倾听的主体是诉说者。

（一）听比说更重要

1. 以获得信息为目的

倾听是一种客观、完整地了解来访者的关键的技巧。心理指导师要通过言语、非言语的引导和反馈，真正"听"出对方所讲述的事实、所体验到的情感、所持有的观念。

2. 克服自我中心，防止喧宾夺主

不要总想占主导地位，自以为听懂了来访者的意思，主动中止交谈，其结果很可能导致来访者感受不良。

3. 不要随意打断来访者的叙述

对求助者讲的任何内容不要表现出惊讶、厌恶、奇怪、激动或气愤等神态，而是予以无条件的尊重和接纳。要使其无所顾忌地把自己的遭遇和想法全部说出来，通过畅所欲言得到莫大安慰。

（二）注重感觉，听言下之意

1. 体察来访者的感受

感受往往比语言更能体察真实的思想。听懂求助者通过言语、表情、动作所表达出来的内容，还要听出求助者在交谈中所省略的和没有表达出来的内容或隐含的意思，甚至是求助者自己都不知道的潜意识。

2. 洞察隐匿含义

不仅要听来访者的表面语言，更要听出深藏其心灵深处的意念。当来访者认为自己已经被别人理解时，就可以得到某种程度上的解脱，从而消除个人的忧虑，消除个人的孤寂感，使心理得到安慰和满足。

（三）主动式倾听，全面评估

倾听不是一种单纯地接受式的静听，而是积极地去捕捉发言者的思想和观点，并对这些观点从自己的视角出发进行分析和思考，因而在倾听的过程中，倾听者的大脑始终处于活跃状态。对来访者进行回应和交流，使意义在主客体之间双向流动，并在不断的碰撞、探讨中生成新的意义。

心理指导师要全面评估来访者，鼓励对方把自己的意思表达得清楚、完整，尽可能完整清楚地听明白来访者说话的内涵，及时澄清疑惑，核实其谈话内容的含义，允许对方有思考的余地，帮助其梳理思路，引导来访者从各个方面去思考问题，直至把心里的想法都表达出来。

（四）注意交流技巧，尊重来访者

记住来访者的姓或名，主动用适当的称呼与来访者打招呼，让来访者觉得被礼貌相待，备受重视，给来访者以平易近人的形象。

大方、从容的态度，使来访者感到自在，激发来访者的交谈动机。培养来访者开朗活泼的个性，让来访者觉得和你在一起是愉快的事；培养幽默风趣的言行，让来访者感觉与你交流很开心。

提高涵养、保持心平气和，不发牢骚，这样不仅使自己快乐，来访者也会心情愉悦。注意语言的魅力。鼓励失败的来访者，赞美真正取得成就的来访者，帮助有困难的来访者。

说话果断，富有主见，精神饱满，充满自信的人容易激发来访者的交往动机，博得信任，使来访者乐意交谈。在征询来访者同意的情况下记录要点，这不仅有利于干预工作的有效进行，更代表了一种态度，表示你对对方的意见很重视，愿意接受。

用眼神关注对方，并传递出一种友好、关心、体贴、接收的信息，及时调整身体姿势，不时点头，表示理解、同意和赞许。

倾听有利于良好指导关系的建立，心理指导师对来访者的尊重有助于获得来访者的好感和信任。

二、积极反馈技术

（一）反馈要求

反馈就是在沟通过程中，信息的接收者向信息的发生者做出回应的行为。一个完整的沟通过程既包括信息发生者的"表达"和信息接收者的"倾听"，也包括信息接收者对信息发生者的反馈。

反馈要站在对方的立场和角度上，针对对方最为需要的方面，给予具体、明确的反馈。反馈是就事实本身提出正面的、具有建设性的、不能针对个人的一种回应。针对人们所做的事、所说的话给予反馈，通过反馈，不仅可以使自己，更重要的是使对方清楚你的看法，有助于使其行为有所改变或者加强。关注对方可以改变的方面，不给对方造成更大的压力，使其感到在自己的能力范围内，能够进行改善。

（二）反馈中的提问

反馈技术核心在于提问的方式。通过向来访者的提问，了解情况、收集资料，促进双方的交流顺利进行，便于指导服务顺利开展。

1. 提问的分类

提问用词	提问的类型	来访者通常的回答
谁	略微开放式	关于人物的信息
是否	封闭式	具体信息
能否、愿否	祈使式	发散的信息,有时被拒绝
如果	投射式	关于判断和价值观的信息
什么	开放式	事实和描述性信息
怎么样	开放式	过程或顺序的信息
为什么	部分开放式	解释和防御
什么地方	略微开放式	关于地点的信息
什么时候	略微开放式	关于时间的信息

2. 开放式提问

开放式提问的指向范围较广,没有固定的答案,无法用简单的"是"或"否"来回答。

开放性问题便于促进言语表达。来访者可自由地描述或表达自己的情感,从而提供更多的信息,为下一步的指导服务打下基础。

开放式提问一般用"什么""如何"等来开头,有助于引导来访者深入和详细地表达。例如,你能不能告诉我,这件事为什么让你感到伤心?你是怎么想的呢?你是怎么看待这件事情的?

3. 封闭式提问

封闭式提问是指提问者提出的问题带有预设的答案,回答者的回答不需要展开,从而使提问者可以明确某些问题。封闭式提问一般是在明确问题时使用,用来澄清事实、获取重点、缩小讨论范围。

这类问题的答案以"是"或者"不是","有"或者"没有","对"或者"不对"等一两个字给予回答。例如,你现在最关心的就是这件事了,是吗?他当时没有表示同意吗?你确实这样想过了?这类问题在交谈中具有收集信息、澄清事实,使交谈集中在某些特定问题的功效。

封闭式提问的注意事项。封闭式提问包含着社会心理指导师的主观性,很可能通过暗示作用影响到来访者,他们回答问题时可能顺从他人主观,混淆真实情况,影响心理指导师的判断。不宜连续使用封闭式询问。连续的问答容易把解决问题的责任转移给心理指导师,来访者往往变得沉默,停止其自主探索。此外，连续使用封闭式询问会降低来访者对社会心理指导师的信任程度。来访者总渴望被人理解，希望有人分担，谈话过程则是一个良好的平台。如果此时过分使用封闭式提问技术，则会导致来访者处于谈话中的被动地位，不利于双方良好关系的建立和维持。

4. 投射性提问

投射性提问用于帮助来访者发现、表达和探索无意识或部分能意识到去回答问题的冲突、价值观、想法和感受。投射性提问通常以某种假设开始并请谈话者想象去回答问题。

投射性提问常与心理想象结合帮助谈话者探索，假设他们处于某种情境中时会有什么样的想法、感受和行为冲动的一种探索性提问。

常见的投射性问题，例如，如果你得到想要的目标，你会做什么？如果你可以满足愿望，你希望要什么呢？如果你需要帮助，你现在会找谁呢？

投射性问题，通常用于评估来访者的价值观与判断。例如，社会心理指导师可通过分析来访者的回答，来间接了解来访者的个人价值观与自我控制能力。

三、倾听与反馈的阻碍

（一）影响倾听的问题

1. 急于下结论

初学者往往没有耐心充分地倾听，常会有迫使自己解决问题、发现问题的倾向。因为太想帮助来访者，以至于初学者会向来访者提出大量的问题以便找到一个快捷的解决办法，他们通常试图在会谈开始5分钟之内解决来访者的问题。这将会引入歧途，弄错来访者的主要问题。来访者在最应当得到理解的地方被人误解了，最终只有结束咨询关系。

2. 轻视问题

初学者在听到来访者谈到一个问题时产生类似经验的联想，并按照自己的既定思路去询问、推测和过早无根据地做出解释。

3. 转移话题

初学者进行倾听时，实际更多的是关注自己。经常会出现以下情况：过多无关动作等"噪声"对来访者产生干扰，或不耐心听来访者述说而谈自己感兴趣的话题，或通过提问了解自己感兴趣的内容。

4. 过多的价值判断

对来访者的行为做过多的价值判断。如"你这样是不对的"，"你就应该这样"，是倾听的大忌。

（二）影响反馈的问题

1. "为什么"式提问

回答"为什么"的问题，需要来访者对问题有某种透视和领悟能力，但假如来访者一开始就有这些能力，他可能就不需要来求助了。而且，"为什么"听起来常常让人感觉有判断或指责的意思，容易让人产生防卫心理。可以用"什么"来代替"为什么"，因为"为什么"要求自我解析，而"什么"只要求解释性描述，对多数人来说容易回答些。

2. "连珠炮"式提问

虽然是一问一答，但连珠炮似的发问常常给来访者带来压力，并且也没有给来访者留下深度思索的时间。

3. 带暗示或引导性

社会心理指导师在提出问题时暗示"期望"答案。社会工作中通常建议采用"中性"问题提问。

4. 提及敏感问题

不要对新的来访者提敏感领域的问题，如外貌、地位、性障碍、生活中的失败等。一旦出现阻碍，应避免提问，直至双方良好关系建成。在心理指导服务中，良好关系的建立比起信息收集应处于更优先的地位。

5. 不要让来访者过多地处于被"询问"的地位

过多地询问，会让来访者产生依赖甚至防御心理和行为。如果心理指导师提问过多质问性的问题，那么来访者很有可能会沉默不语。

第四节　个体心理指导技术

个体心理指导是指使用心理指导专业技术，在社区中为一般来访者提供情绪疏导、行为指导和心态引导。

一、个体心理指导准备工作

（一）建立关系

良好人际关系的建立是有效工作的先决条件。所谓良好有效的关系，是指心理指导师与来访者之间存在一种相互信任、充分理解、坦诚相待的特定人际关系。这种友好、信任的关系，从第一次见面时就应开始培养。

社会心理指导师应给来访者留下良好的第一印象，要服饰整洁、仪态大方、举止得体、热情关切。

社会心理指导师要体会来访者的处境，帮助来访者，使他得到充分的鼓励与支持，愿与社会心理指导师接近、交谈，申诉他的心理问题，并使他觉得有希望改善他的问题，对心理咨询感兴趣。

在首次咨询中，社会心理指导师的耐心倾听尤为重要。耐心细致地听来访者叙述自己的苦闷，本身就是对他的鼓励和安慰。

（二）收集资料

收集资料的方法有填表法、观察法、谈话法、调查法，目的是弄清来访者的问题背景，以便决定个体心理指导方案。

1. 基本情况

来访者的基本情况如姓名、性别、民族、年龄、籍贯、家庭地址、所在学校及班级等。

2. 主要问题及要求

来访者的主要问题和要求，包括心理问题及行为问题的表现、产生的时间、对学习和生活的影响、希望得到何种帮助。

3. 家庭境况

来访者的家庭情况，如父母的姓名、职业、文化程度、教育方式、宗教信仰、个性特征、健康状况等。尤其要了解家庭气氛与亲子关系的状况。

4. 现实表现

来访者的现实表现，如学习情况、人际关系及参加集体活动时的表现等。

5. 成长经历

来访者的工作和学习基本情况，尤其是特殊事件或经历。

6. 身体发育及健康状况

来访者的身体发育及健康状况，如是否得过大的疾病、是否容易疲劳或生病以及吃饭、睡眠情况等。

（三）分析诊断

1. 确定来访者是否适宜

确定来访者是有轻微心理疾病，还是遇到了发展、适应、学习、人际交往等方面的问题，有严重心理障碍和精神异常的是不适宜服务的，应当推荐到医院治疗。

2. 确定来访者问题的类型、形成的原因

区分其心理活动是属于正常还是异常，判断的标准是：心理活动是否真实地反映客观现实；心理活动是否完整和协调；个性心理结构是否完整、协调和稳定。弄清问题形成的原因及深层心理机制，通过对掌握资料的系统分析，形成整体性的认识，在此基础上找出问题的症结所在，弄清问题的来龙去脉。

二、个体心理指导方法

（一）确立目标

一般目标有以下几种：协助来访者获得准确积极的自知，激发来访者的自尊与自信；协助来访者调整认知方式，重建认知结构；协助来访者调整情绪，改善情绪的动力模式；协助来访者采取建设性的意志行动，获得健康的行动方式和生活方式；向来访者提供自我心理训练技术和方法；协助来访者家庭、学校、社会有关方面帮助来访者调整外部环境。

（二）选择方式

1. 支持

来访者受某种心理困扰，不仅自己无力解决，周围的人际环境也往往对他们不利，这时他们最需要别人的理解、支持与帮助，以恢复自信。社会心理指导师通过提供一种对来访者有利的外在环境和良好的人际关系，通过真诚的赞扬、鼓励、支持等方式就可以减轻对方的焦虑，促进其积极行为的增长。

2. 了解与领悟

虽然大多数人都相信自己，知道自己在做什么，但在有些情况下，对自身的行为和潜层心理机制可能就不太清楚。社会心理指导师通过帮助来访者进行内心的探索或帮助，使其了解心理问题的潜层心理机制，就会减轻来访者的心理负担，明晰解决问题的基本方向。

3. 促进成长

尽管出于种种原因，来访者在发展、行为或情绪方面出现了某些障碍，但通过社会心理指导师的帮助，他们就会慢慢地从心理困扰中恢复过来。帮助他们排除可能的障碍，让他们有机会成长，从过去的经验中学习，获取克服困难的技能。

（三）实施心理指导

心理指导目标与咨询方式、方法确定后，就要与来访者一起研究制定方案。方案中要有明确的目标、步骤、咨询活动的形式、时间安排、会见次数等。方案的确立应是由双方共同完成的，或者至少要得到来访者的认可和同意。方案既可以是指导性的建议，也可以是认识上的疏导或规劝。在工作过程中，社会心理指导师要鼓励、协助来访者实践新的行为。

（四）结束阶段

1. 综合所有资料，做总结性解释

在指导工作过程中，社会心理指导师随时从来访者那里了解其性格特点、应付挫折的方式及形成心理困扰的深层心理机制，并不时地给来访者以解释、说明，以使来访者了解自己的行为方式、学习新的行为。这种综合性的评语、建议，容易使来访者铭记在脑子里，可以诱导他掌握处事待人的方法，帮助来访者继续成长。

2. 帮助来访者获得经验

心理指导的最高目的，是希望来访者能把学习到的新知识、新经验，应用到日常生活之中，促其发展、成长。在结束阶段，社会心理指导师应有意识地引导来访者将提高的认识扩展到其他事物，帮助来访者真正掌握学到新东西，以便在日后脱离了社会心理指导师后仍可自己应付周围环境，自行处理所遇到的困难。

三、个体心理指导技巧

（一）同理心

同理心是社会心理指导师向来访者传达理解、接纳和关心的一种能力，也是一种可以学习的技巧。

1. 触及情感的技巧

社会心理指导师倾听来访者对故事的描述，辨析出来访者经历和体验到的情感或感觉。

2. 承认情感的技巧

承认情感的技巧要求社会心理指导师对来访者的情感传达出接纳和理解。

3. 把来访者的情感明确地表达出来

同理心沟通技巧本质上来说是回应性或反映性的，反映的内容是来访者主观的经验。心理指导师表达同感（同理心）时，来访者感觉到被理解、尊重和接纳，从而鼓励来访者继续探索对他们有意义的思想、感情和经验。

4. 同理心有初层次和高层次之分

初层次同理心是对来访者明显表达出来的感觉、行为和经验做正确的反应。高层次同理心是指心理指导师比较了解来访者所谈及的问题，同时能够明察来访者对隐含的问题的想法和暗示，而且能正确地将所了解的表达出来，与来访者做有效的深度沟通。一般情况下，高层次同理心是在双方良好的关系已建立，因此有力量去影响来访者的情况下运用的，从一个更客观的角度看问题。

（二）聚焦主题

以具体的词汇协助来访者讨论所要表达的感觉、经验或行为，叙述时尽量把握住"人、时、地，在什么情况下，做了什么，有什么感觉"等要素，并针对特定的问题作自我探索，而非漫无目的地谈论。

1. 聚焦和开启新话题

有时，来访者偏离了心理指导师认为是重要的特定的主题，心理指导师可以运用"重新聚焦"的技术帮助来访者回到那个重要的主题上。有时，心理指导师认为还有重要的需要进一步探讨的领域，来访者自己却没有提到，心理指导师就要引进或探究一个新的领域或者主题。

2. 反映

它有助于沟通范围的开拓，使会谈焦点集中、方向明确。虚点式反映技术是指社会心理指导师简单重复刚才说的，但悬在那儿，让来访者来完成它。当来访者暂时失去方向时，这是很有用的提示方式。强调是一种特别的反映形式。社会心理指导师运用语言和非语言的策略强调重要内容或体验。

3. 摘要或总结

社会心理指导师把讨论的主要想法、主题或模式简要总结并反映给来访者。纯粹的反映通常只重复来访者刚才说的一件事，而总结通常反映许多想法或主题。摘要或总结可用于即使帮助来访者进一步探究故事，也可以澄清一些沟通中的误解。在会谈的最后，总结则可用于巩固会谈成果，开启下次会谈计划。

（三）自我表露的技术

自我表露又称为"自我披露"，是指社会心理指导师在必要的时候，适当地将自己类似的感觉、经历和行为与来访者分享，以增进来访者对自己经验及行为后果的了解，并从中得到积极的启示。

恰当的自我表露还能增加来访者对社会心理指导师的信任，加强社会心理指导师表达同感（同理心）的真实性，增进心理指导师与来访者的亲近感；也有一定的示范作用，有助于来访者学习更有效地开放自己。

社会心理指导师不能喧宾夺主，把主题转移到自己身上。因此，社会心理指导师运用该技术的次数不宜太频繁，而且应该及时地转变话题，避免社会心理指导师成为中心，更不能变成满足自己倾吐情感的个人需要。

心理指导师应该评估自我披露的影响，也应该和来访者一起直接检视所披露的信息。心理指导师本人也应该在披露后自我反思。

（四）面质的技术

面质又称为"挑战来访者"，是指社会心理指导师帮助来访者看到阻碍，使其自我了解或从事积极行为的一些矛盾和冲突，旨在帮助来访者面对一些他不愿面对的经验、感觉和行为。使用面质的技术前，必须对来访者有充分的了解，双方关系已经比较顺畅，而且态度尊敬，否则可能会变成一种质问或争论了。

社会心理指导师指出来访者矛盾的技术还有很多，如"反映不一致""直接说出""帮助我理解"等谈话。

（五）会谈中的沉默

社会心理指导师要关注沉默，注意它出现的时间、频率或模式，以及其他相伴随的情感色彩。审慎地运用沉默可以帮助来访者探究或发挥，沉默可能让心理指导师和来访者都感觉不舒服，但有时，鼓励来访者说出他的故事的最好方法恰恰就是给他空间，让他慢慢揭示。

第五节　小组心理辅导技术

小组心理辅导，即通过小组活动中组员之间互动和经验分享，能更高效地满足个人与社区心理发展需求，促进其心理与行为改变，恢复和发展社会功能。

一、小组心理辅导特征

（一）性质

小组心理辅导是一种在团体的情境下，辅助个体开发心理潜能或解决心理障碍的一种心理辅导方式。

心理辅导小组通常有一两名领导者和多名团体成员，进行几次或十几次聚会或活动。在团体活动中，领导者根据团体成员问题的相似性，通过团体内的人际互动，引导成员讨论大家关心的问题，彼此启发反馈，相互支持鼓励；促进成员对自己的了解和接受，促进成员对他人心理的认识，促使成员改善与他人的人际关系、学习新的良好行为方式、提高成员的适应能力，促进成员的人格成长与发展。

（二）特点

小组心理辅导具有如下特点：

（1）感染力强，影响广泛。成员之间相互学习模仿、相互支持、集思广益，效率高。

（2）辅导效果易巩固。

（3）特别适用于人际关系适应不良的人。

（三）局限性

小组心理辅导也包括以下一些局限性。

（1）个人深层次的问题不易暴露。

（2）个体差异难以照顾周全。

（3）有的成员可能会受到伤害。

（4）某些个人隐私，在事后有无意暴露的可能。

（5）对辅导教师要求高，否则会给成员带来负面影响。

（6）极端内向者不宜参加。

二、小组心理辅导准备

（一）明确主题

1. 认清目标

社区心理服务主要是社区居民心理普惠性服务，它不同于心理治病。社区心理服务通过开展小组心理辅导，首要服务于居民心理和谐，提高居民生活质量，促进社区和谐稳定。

2. 小组成员心理需求

小组成员心理需求主要是提升认知合理、情绪稳定、行为适当、人际和谐、适应变化等，因此，服务对象应当是一般人群。

3. 确定主题

针对不同人群，确定相应主题。如组织老年人小组、女性成长小组、儿童心理提升小组、残疾人社会融入小组等。尤其是空巢、丧偶、失能、失智人群，留守老年人和计划生育特殊家庭等，更加需要对其提供小组心理辅导。

（二）招募组员

参加小组心理辅导的成员一般应具备以下三个条件：

（1）自愿报名参加，并怀有改变自我和发展自我的愿望。

（2）愿意与他人交流，并具有与人交流的能力。

（3）能坚持参加团体活动，并遵守各项团体规范。

需要强调指出的是，性格极端内向、害羞、孤僻、自我封闭者和有严重心理障碍者不宜参加团体心理辅导。

（三）小组规模

小组形式开展活动要有适当规模。小组人数过少，组员会感到有压力、乏味；人数过多，组员间不易沟通、参与交往机会受到限制。所以必须确定一个较理想的小组规模，一般说来7~15人较为恰当。

（四）安排时间场地

1. 明确活动时间、次数及频率

小组活动可分为集中式小组和持续式小组。集中式小组成员固定，在几天时间内进行团体心理辅导活动，一般以3~5天为宜，最长不超过一周。持续式小组是定期的，一般8~15次为宜，每周1~2次，每次1.5~2小时，持续4~10周。活动时间要考虑到组员的方便。

2. 安排场所和经费

场所要安静，有足够空间。要做经费预算。根据活动需要，计划并准备卡片、笔记本、录音机、摄像机、电视机、照相机、音响等。

三、小组心理辅导实施

（一）导入阶段

导入阶段一般指小组的前两次聚会，目的是让组员相互熟悉、相互了解、消除紧张，初步建立一种安全、信任的气氛，为以后的活动奠定良好的基础。

1. 暖场

（1）领导者先介绍一下团体心理辅导及小组的情况，组织活动目的和方法，达到的目标及要求。

（2）组织暖场活动，如轻柔体操、拉手游戏、快乐歌曲等，使组员紧张的情绪得以放松。

（3）快乐沟通。让组员进行自我介绍或介绍他人，如组织最佳拍档游戏、猜猜我是谁、征集签名等，然后让组员分享对活动的期望、建议等。当组员比较熟悉，能开放自己时，再进行较深入地沟通。

2. 组织成员共同制定团体规范

（1）保守秘密，尊重每位成员的隐私，不把在团体活动中了解到的信息外传。

（2）广泛交流，坦率真诚地与其他团体成员进行交流，不掩饰自己的真实情感，避免只与自己喜欢的团体成员沟通等。

（3）守约守时，按时参加每次团体活动，不迟到、不缺席。参加团体活动时，注意力集中，不接打手机、看报纸等。

（4）尊重他人，仔细倾听，不随意打断别人的发言。

同组员集体签字或宣誓，遵守小组规则。

（二）实施阶段

这是团体心理辅导的关键阶段。在前一阶段成员之间形成相互信任、相互坦诚的基础上，运用成员间的相互影响，讨论自己或别人的心理问题和成长经验，争取别人的理解、支持、指导。利用小组成员间的互动反应，发现自己的缺点和弱点，努力加以纠正。把小组当成一个安全的实验场所，练习、改善自己的心理与行为，以期应用到现实和理想生活中。

1. 选择活动形式

各类团体心理辅导依据的理论不同，则活动方式不同，实施技能不同。有的小组采用自由讨论，有的小组主要采用角色扮演、行为训练。其中以系列活动的形式居多，常用的有：

（1）自我探索的活动："我是谁""生命线""自画像""墓志铭""生命计划"等。

（2）价值观探索的活动："临终遗言""火光熊熊""生存选择""姑娘与水手"等。

（3）相互支持的活动："热座""金鱼钵""戴高帽"等。

（4）示范作用的活动："心情故事""现代启示录""特别的爱给特别的你"等。

2. 头脑风暴小组活动

头脑风暴是最常见的小组活动技能，其主要目的在于沟通意见、集思广益、解决问题。头脑风暴是指小组成员不受实际限制、集思广益的一种技能。头脑风暴的基本原理是人们常因假想的禁忌对他们的创造性施加不必要的限制，这些禁忌可能根本不存在或者可以做出改变。一旦思想打开，成员则可以做出创造性的改变，而这种改变会消除顾虑。头脑风暴的基本原则是没有任何想法会被认为太狂野或太疯狂而不可以被提出。在头脑风暴这个过程中，各种想法不被品评和指责这一原则也可以降低成员的防御感。头脑风暴可以在整个团体内或三四人的小组进行。一个限定的时间可以帮助团体保持注意。

3. 角色扮演小组活动

角色扮演是指用表演的方式启发小组成员对人际关系及自我情况有所认识。角色扮演通常由小组成员扮演日常生活情境中的角色，使成员把平时压抑的情绪通过表演得以释放、解脱，学习人际关系的技巧及获得处理问题的技能并加以练习。角色扮演有助于找到成员情绪压抑的原因所在，从而找到解决的办法。角色扮演在一般成员中找到素材，然后稍加准备，对全体成员解释场景，让成员自愿选择角色，在扮演中可以互换角色。最后要注意让成员进行讨论、互相启发、互相支持。

4. 行为训练小组活动

行为训练是指以行为学习理论为指导，通过特定程序，学习并强化适应的行为，纠正并消除不适应的一种心理辅导与治疗技能。小组中的行为训练是通过指导者的示范、指导和小组成员间的人际互动实现的。行为训练包括放松训练、自信训练、情绪表达训练、打招呼训练等。

行为训练一般应由易到难，首先提供示范，对行为训练做得好的成员要及时强化。具体步骤可分为：选择情景；确定训练目标；示范；正式训练；集体讨论。行为训练应和澄清认知结合起来，这样往往事半功倍。

（三）巩固终结阶段

这一阶段是指小组的最后几次聚会，不一定就指最后一次聚会，目的是巩固小组辅导的成果，做好分别的心理准备。辅导者应该充分把握时机，给小组活动画上一个完满的句号。终结阶段做得好，可以使成员深入掌握在小组中取得的经验，对小组留下美好的回忆，能把小组中的学习成果应用到正常生活中，达到真正成长的目标。

1. 回顾与反省

大家一起回想一起做了些什么，有哪些心得体会，有哪些意见。

2. 祝福与道别

该阶段小组成员可以自制一些小礼物互相赠送，也可以说一些鼓励与祝福的话，维持并增进已建立的友谊。

3. 计划与展望

小组成员讨论今后的打算，应该制订什么计划，对未来有什么展望等。

4. 常用活动

该阶段常用总结会、联谊会、反省会、大团圆等活动形式。通过活动，原来互不相识的人成为朋友，集体气氛和谐亲密、相互信任，在这种气氛下离别多少都会有些伤感，因此，需要安排好结束工作。活动结束后，也可在必要时再重新聚会、进一步交流，了解小组活动的保持效果情况。

四、小组心理辅导效果评价

（一）成员的主观感受评价

成员的主观感受是对活动的最好评价。可以通过成员的日记、报告、评语等，来评估小组的效果和发展。

（二）行为计量法

小组成员自己观察某些行为出现次数并做出记录，或请与成员有关的人（老师、家长、朋友）等做观察记录，以评估成员的行为是否有改善，辅导者可以根据具体小组活动设计一些行为观察表让成员填写。

（三）心理测验法

选取一些信度、效度较高的心理测试量表，让小组成员在入组前（筛选时）填写一次，结束时再填写一次。对前后两次的量表得分进行统计分析，以判断辅导与治疗前后组员是否有显著变化，如SCL—90量表等。

（四）问卷调查法

由辅导者设计一系列有针对性的问题，让成员填写。问卷内容应包括成员在小组中的感受和成员对小组过程、气氛、辅导者的意见。由于它能让成员自由表达他的想法和感受，所以可以搜集到一些宝贵的第一手资料。

案例：轻柔体操

目的：放松、减轻焦虑、活跃气氛。体操与运动也是心理生活治疗的一部分。体操可以使成员对自己的身体更加敏感，对自己的存在更有实质的把握。

时间：15~30分钟。

准备阶段：全体成员围成圆圈，面对圆心，指导者也在队伍里；指导者先带头做一个动作，要求成员不评价、不思考，模仿做三遍；然后每个人依次做一个自己想出来的动作，大家一齐模仿。无论做什么动作都可以引起放松，缓和紧张气氛。有时，一些极富创造性的动作也会引起大家愉快的笑声。

第八章

社会心理指导活动形式

■**培训目标**

认清社会心理活动的重要性，熟练掌握社会心理指导的四项基本活动形式；通过初期连接资源、协助专家组织活动，学习提高实施活动的能力，逐渐独立主持各项活动。

■**培训内容**

心理教育活动：专题讲座

心理游戏：儿童沙盘

文娱活动：唱歌与跳舞

身心活动：鼓圈活动

■**培训时间：**

理论教学8学时；实践教学16学时

■**考核重点**

文化的心理价值

讲座的组织实施

沙盘游戏原理

文娱活动组织方法

鼓圈活动组织操作步骤

第一节　心理教育活动：专题讲座

心理教育是指运用心理科学的方法，对居民开展心理素质教育与心理健康教育活动，通过心理层面的积极影响，促进其心理发展与适应、维护其心理健康。

专题讲座是指针对居民心理需求，设计并实施心理教育活动，以促使居民良好心理素质的形成，促进居民身心和谐发展和素质提高的教育活动。

一、心理教育要求

全国社会心理服务体系建设试点工作方案对心理教育提出明确要求，即要完善心理健康教育建设。学校按照师生比不少于1∶4 000配备心理专业教师，开设心理健康教育课程，配备专（兼）职心理健康教育教师，培养学生积极乐观、健康向上的心理品质，促进学生身心可持续发展，积极创建心理健康教育特色学校。学前教育配备专（兼）职心理健康教育工作人员，开展以学前儿童家长为主的育儿心理健康教育，及时发现学前儿童心理健康问题。特殊教育机构要结合听力障碍、智力障碍等特殊学生身心特点开展心理健康教育，注重培养学生自尊、自信、自强、自立的心理品质。

教育主管部门要将心理健康教育纳入当地教育事业发展规划和年度工作计划，统筹现有经费渠道，为教师和学生提供发展性心理辅导和心理支持。各级各类学校要建立以专职心理健康教育教师为核心，以班主任和兼职教师为骨干，全体教职员工共同参与的心理健康教育工作机制。在日常教育教学活动中融入适合学生特点的心理健康教育内容。

要密切与村（社区）联动，及时了解遭受欺凌、校园暴力、家庭暴力、性侵犯以及沾染毒品等学生的情况，并提供心理创伤干预。要创新和完善心理健康服务提供方式，通过"校社合作"引入社会工作服务机构或心理服务机构，为师生提供专业化、个性化的心理健康服务。要定期对教师开展心理评估，根据评估结果有针对性地开展教师心理疏导工作。

市、县两级设立未成年人心理健康成长辅导中心，依托条件较好的心理咨询站点，整合区域内心理健康服务资源，面向未成年人开展心理健康知识普及与专业的心理咨询服务，对村（社区）、学校等基层心理咨询站点提供技术指导和培训。将未成年人心理健康成长辅导中心的建设纳入文明城市和未成年人思想道德建设测评考核范围。各部门要加强协作，健全包括传统媒体、新媒体在内的科普宣传网络，运用报纸、杂志、电台、电视台、互联网（门户网站、微信、微博、手机客户端等）等，广泛宣传"每个人是自己心理健康第一责任人""心身同健康"等健康意识和科普知识。积极组织开展心理健康进学校、进企业、进村（社区）、进机关等活动，开展心理健康公益讲座。在公共场所设立心理健康公益广告，各村（社区）健康教育活动室或社区卫生服务中心（站）向群众提供心理健康科普宣传资料。组织志愿者定期参加科普宣传、热线咨询等志愿服务。城市、农村普通人群心理健康核心知识知晓率达到50%以上。

二、讲座组织方法

（一）讲座准备

社会心理指导师对居民或者部分群体进行知识宣传与教育的一种形式。目标是针对特定问题，传播知识、转变认识，倡导居民树立心理健康理念。

（二）常见主题

1. 心理常识普及

心理常识普及适用于全体居民，内容包括情绪情感知识、人际沟通知识、心理健康知识等。

2. 社会心理适应

社会心理适应适用于新建小区、改建小区、新搬入群体、租户群体、老年人群体等。

3. 人际关系维护

人际关系维护适用于在亲子关系、夫妻关系、婆媳关系、翁婿关系、兄弟姐妹关系、祖孙关系等家庭关系上有一定困扰，或希望进一步改善家庭关系的群体。

4. 邻里关系建设

邻里关系建设适用于全体居民，目的在于提升居民对社区的归属感和责任感，密切邻里关系，建设温暖社区。

（三）组织策划

1. 策划

策划包括设置培训目标、组织教学过程、选择教学策略三个环节，将教学诸要素如目标、活动程序、组织形式、策略方法、环境媒体等进行有序、优化的安排。

内容包括：用行为动词描述听者的目标行为；规定目标行为产生的条件；提出符合行为要求的行为标准。

2. 教学设计

备课内容包括：备课题、备教育对象、备教法、写教案和讲稿、写课后作业（重复重点）。

3. 教案

备课的书面结果称为教案，包含以下内容：

（1）课题：说明教育名称。

（2）时间：说明举办时间和需几课时。

（3）目标：说明教育所要完成的教学任务，包括认知、操作、情感目标。

（4）重点：说明教育必须解决的关键问题。

（5）难点：说明教育学习过程中易产生的困难和障碍知识点。

（6）方法：说明教学教育过程中教与学的方法，通常有以讲授为主和以活动体验为主两种选择。

（7）媒体：说明辅助教育使用的工具，如教具准备、资源准备等。

（8）过程：说明教学教育进行的内容、方法、步骤措施及时间安排等，一般包括引入、讲解（活动）、练习、总结、作业等环节，这是教案的主体内容，讲稿即在这一部分中。

（9）板书设计：说明教学教育时准备写在黑板上的内容。

（10）作业：说明如何布置处理书面或口头作业。

三、讲座组织实施

(一) 教学步骤

1. 引发学习动机

激发学习需要和学习期待两个成分。包括对讲座知识价值的认识(知识价值观)、对学习的直接兴趣(学习兴趣)、对自身学习能力的认识(学习能力感)、对学习的归因(成就归因)四个方面。

2. 领会知识

领会知识指受众对讲座知识的掌握程度,亦即个体运用已有的知识同化、理解新知识,使其在头脑中得到表征并用于解决有关问题的过程。

3. 巩固知识

知识掌握的实质,就是要彻底了解知识媒体所负载的信息。因此,这是一种特殊的认识过程,是信息的接收、加工以及储存过程。

4. 应用知识

知识掌握的本性在于应用,使讲座内容与居民日常生活和心理活动相符合,使讲座内容直接在生活中得到应用。

5. 检查知识

检查知识指通过对受众听课过程中的提问、讨论等方法,了解受众接受程度,对重点问题进行反复强化,对误解内容进行及时修正。

(二) 常用教学法

1. 讲授法

讲授法是指导师通过口语向学员描绘情境、叙述事实、解释概念、论证原理和阐明规律的教学方法。它是指导师使用最早的、应用最广的教学方法,可用于传授新知识,也可用于巩固旧知识。其他教学方法的运用,几乎都需要同讲授法结合进行。讲授法有多种具体方式:

(1) 讲述。侧重生动形象地描绘某些事物现象,叙述事件发生、发展的过程,使学员形成鲜明的表象和概念,并从情绪上得到感染。

(2) 讲解。主要是对一些较复杂的问题、概念、定理和原则等,进行较系统而严密的解释和论证。讲解在文、理科教学中都广泛应用,在理科教学中应用尤多。当演示和讲述，不足以说明事物内部结构或联系的时候，就需要进行讲解。在教学中，讲解和讲述经常是结合运用的。

（3）讲演。指导师就教材中的某一专题进行有理有据首尾连贯的论说，中间不插入或很少插入其他的活动。

2. 讨论法

讨论法是受众在指导师的指导下为解决某个问题而进行探讨、辨明是非真伪以获取知识的方法。其优点在于能更好地发挥受众的主动性、积极性，有利于培养学员独立思维能力、口头表达能力，促进受众灵活地运用知识。讨论法的基本要求是讨论的问题要具有吸引力、要善于启发及引导受众、讨论结束时要进行小结。

3. 案例法

案例法是指导师选择一个或几个场景、人物为对象，讲述事件或者人物在某一现象在实际生活环境下的状况，引导受众自己思考，并回答如何发生、如何改变、为什么变成这样及结果如何等问题，使受众自己得出结论。

4. 活动体验法

活动体验法是在指导师的带领下，以活动为引导，引发出认知活动、情感活动、意志活动和交往活动，有明确的操作过程，要求受众全身心地投入。

（三）教育评估

教育评估指有系统地收集社区居民听课行为的资料，参照预定的培训目标或某种价值标准，通过对所收集信息的分析、整理，对教学过程与结果进行价值判断，以不断完善下一次教学。

第二节　心理游戏：儿童沙盘

游戏是人学习生存与交流的第一步。它是一种基于物质需求满足之上的，在一些特定时间、空间范围内遵循某种特定规则的，追求精神世界需求满足的社会行为方式。游戏是幼年期、发育期、成熟期都会需要的一种行为减压方式。

心理游戏是在社区、学校和幼儿园，运用心理学技术和理论指导，开展的针对成人、特殊群体和儿童的活动。通过游戏中对行为、关系的体验，感受合作的力量，开拓思维方式，改进身心失调、适应不良、人格发展障碍等问题。

沙盘游戏是来访者在社会心理指导师的陪伴下，利用各种沙具和沙子，在沙箱中制作一个场景以展现来访者的潜意识，促进意识与潜意识的交流和融合，并且通过将集体潜意识的原型表现在沙盘中使原型进入意识层面进而促进这些原型的发展，最后实现心理发展。

一、游戏与心理作用

（一）游戏的定义

游戏是一切幼子（动物的和人的）生活和能力跳跃需要而产生的有意识的模拟活动。它是劳作后的休息和消遣，能在快乐中学会某种本领，本身不带有任何目的性。游戏以直接获得快感（包括生理和心理的愉悦）为主要目的，且必须有主体参与互动，而参与活动主体通过动作、语言、表情等变化与获得快感的刺激方式及刺激程度有直接联系。

（二）游戏的价值

游戏是所有哺乳类动物，特别是灵长类动物学习生存的一步。它是一种基于物质需求满足之上的，在一些特定时间、空间范围内遵循某种特定规则的，追求精神世界需求满足的社会行为方式。但同时，这种行为方式也是哺乳类动物或者灵长类动物所需的一种降压减排的方式，不管是幼年期、发育期还是成熟期都会需要的一种行为方式。

合理适度的游戏允许人类在模拟环境下挑战和克服障碍，可以帮助人类开发智力、锻炼思维和反应能力、训练技能、培养规则意识等，大型网络游戏还可以培养战略战术意识和团队精神。

人类在生活中要受到精神与物质的双重束缚，在这些束缚中就失去了理想和自由。于是人们利用剩余的精神创造一个自由的世界，它就是游戏。

游戏本身并没有功利目的，游戏过程的本身就是游戏的目的。游戏并非与实际生活没有关联。游戏是为了将来面临生活的一种准备活动。

游戏是文化中的固有成分，所代表的竞赛精神和休闲精神，促进了社会发展。

（三）游戏的分类

1. 角色扮演游戏

角色扮演游戏由玩家扮演游戏中的一个或数个角色，有完整的故事情节。游戏架构一个虚幻的世界，让玩家在里面尽情地冒险、游玩、成长，感受制作者想传达给玩家的观念。

2. 动作游戏

玩家控制游戏人物，用各种方式消灭敌人或保存自己以过关的游戏。动作游戏不刻意追求故事情节，设计主旨是面向普通玩家，以纯粹的娱乐休闲为目的，一般有少部分简单的解谜成分，紧张刺激，属于"大众化"游戏。

3. 智力游戏

智力游戏是IQ题（脑筋急转弯）、推理题、破案题等众多与智力有关的游戏类题目总称。智力游戏有传统的智力测验内容，需要通过逻辑或是数学、物理、化学原理来完成一定任务。适合年轻人玩，以游戏的形式锻炼游戏者的脑、眼、手等，使人们获得身心健康，增强自身的逻辑分析能力和思维敏捷性。

二、沙盘游戏

（一）沙盘游戏

1954年，卡尔夫为寻找一种能够有效帮助儿童心理分析的方法与途径，把游戏技术与荣格分析心理学相结合，创造了沙盘游戏理论。因其在儿童的健康成长方面，如培养自信与人格、发展想象力和创造力发挥着积极的作用，并能够解决儿童的一些心理症状，沙盘游戏又称为沙盘游戏疗法和箱庭疗法。

（二）沙盘游戏设备

1. 环境要求

沙盘游戏室15平方米左右为宜，配有沙具架、沙箱、桌椅等，整体能让人感觉舒适、放松。

2. 设备要求

沙箱最好使用细腻、凉爽的海沙，更有利于来访者放松；也可以使用河沙、建筑用沙等。标准沙盘的沙箱尺寸为内侧72厘米×57厘米×7厘米；沙箱内壁涂成蓝色；木质，也可以采用有机玻璃、塑料等。沙具就是在沙盘游戏中使用的各种玩具，通常分类陈列在沙具架上。沙具一般分为九类：人物类、动物类、交通工具类、植物类、天然矿物类、建筑物类、生活用品类、食品与果实类、其他物品。

3. 记录工具及设备

沙盘游戏室应配有数码相机或者手机等拍摄装备，用以记录沙盘作品；还应准备记录用纸，记录来访者的制作过程以及过程中的语言、非语言信息。

（三）沙盘游戏原理

1. 得之于心

（1）开始沙盘游戏。对沙盘游戏有兴趣，可以随意去玩，在沙盘上摆放任何想摆放的玩具模型，构建任何想构建的画面。

（2）挑选玩具模型。这种挑选是双向的，即不仅仅是人在挑沙具，沙具也在冥冥之中挑选你。透过那沉默的玩具模型，人的无意识让沙具表现其存在的意义。

（3）心灵的感应。从双手触及沙盘中的沙子开始，沙子的背后，蕴含着沙与水的象征性的意义，蕴含着与大地母亲的联系，蕴含着与集体的沟通。通过游戏唤醒人的内在指引者，起到守护、陪同与共情的效果。

2. 应之于手

（1）十指连心。心的感应通过手的表现，有了深远的意义。手在操作、心在倾诉，这就是玩沙盘游戏具有心理效果的独特意义。

（2）双手勾画着无形的内在感受。游戏过程中，从沙盘室的架子上拿起了玩具模型，用手感触着、挑选着，拿起来又放下。把玩具模型各种移动或细心地放在适合位置。玩具模型中所包含的心理层面或无意识层面的痕迹与记忆，在感性的接触，自由、保护与安全的心理分析气氛中，得到恢复与重新体验。

3. 形之于沙

由手触动沙所形成的形状、玩具模型堆起位置与关系，背后就是心理的意义，或者是无意识的存在与表现。

最终沙盘上留下一幅图画，既然有得之于心而应之于手的酝酿，那么心理深蕴也会尽显其中。

（四）沙盘游戏分析

1. 听制作者阐述

完成沙盘图画之后，面对沙盘图画，甚至是在游戏过程中，制作者会讲述其代表意义，甚至是其中的故事。

2. 感受非言语的表达

制作者从开始阶段到中间思考、最后完成，从操作过程中可以发现制作者的性格特征和心理状态。从其每一步操作内容冲突与整合中，发现其无意识的显现。

3. 双向探索

指导者与制作者对搭建沙盘时的感受，沙具代表含义，先后摆放的顺序、沙盘图画故事，逐次开展交流，既倾听制作者介绍，也分析代表含义，与制作者探讨，澄清制作者自身没有意识到的感受和想法，引导制作者深入了解自我概念与心理状态，指引整合心理冲突的方向和发展。

（五）沙盘游戏的作用

1. 非言语治疗

（1）创造心灵花园。沙盘游戏不仅通过语言，而且更为重要的是通过意象，反映着制作者的思考和心智。心理沙盘游戏的无穷魅力和动人的力量。是把无形的心理事实以某种适当的象征性的方式主动呈现出来，使其获得治疗与治愈、创造与发展，以及自性化的体验。

（2）安全展示自性。沙盘创造了一个与现实世界完全不同的心理世界，属于安全与受保护的环境。自由挑选沙具、自由的摆放、进行自我表现，塑造了一个与其内在状态相对应的心理世界，包含着天性的释放与自性的整合，于是，也就能在心理沙盘游戏中得到治疗与治愈的条件和机会。

（3）积极想象暗示。心理沙盘游戏是积极想象的表现形式。制作者对沙盘中各种事件与人物的容纳与处理，能够稳固而有效地支持制作者心理冲突，感受当下的存在，最终涌现出真实的意象；这正是源于中国文化"心诚则灵，至诚若神"的一种智慧。

2. 心理教育

（1）培养儿童创造力。沙盘游戏不但以来访儿童的心理症状为工作对象，而且更注重其内在心理的充盈与发展，在儿童成长方面，如培养自信与人格、发展想象力和创造力等都发挥着积极的作用，因此非常符合心理教育的基本主张，为心理教育开辟了一条新的方法。

（2）促进人格发展。儿童大部分难以用语言表述和宣泄自己的心理焦虑、压力与无助，这些压力和不良情绪对人格发展产生很大的影响。沙盘游戏为这些儿童提供了有效表达和释放情绪的途径，通过玩沙子、玩玩具模型，他们不仅可以利用自由宣泄消极情绪，让身心得到放松，而且可以通过沙盘重构自己的意识或无意识认知，激活自身具有的健康与治愈因素，从而获得人格的健全发展。

（3）提升创造能力。沙盘游戏走进学校、社区和特殊教育场所，为来访者创造了一个"自由与受保护的空间"，对来访者在沙盘中运用沙具来表达自己的无意识世界、发展想象力和创造力等都发挥着积极的作用。根据实证研究，沙盘游戏尤其对于学校中存在焦虑、注意力集中困难、言语沟通困难以及适应困难等问题的儿童有良好的效果。

3. 诊断

沙盘游戏不仅可以用于多种心理疾病的治疗，而且在其发展过程中，沙盘游戏治疗师和研究者还看到了其作为一种临床诊断工具的潜力。维也纳大学把沙盘作为诊断和研究工具，在沙盘游戏发展的历史上占有重要的地位。其技术命名为"世界测验"，并被标准化。

第三节　文娱活动：唱歌与跳舞

中华优秀传统文化教育在重构社会伦理道德体系、改进道德教育方式、弘扬核心价值、实现精神富有等方面的价值凸显，成为新时期我们应对各种社会问题的重要战略选择。

　　唱歌与跳舞对个人能够起到减压、放松、愉悦心情的作用，同时对促进社区人际交流、增进邻里情感、提升社区感和加强新老居民融合，都具有很好的作用。

　　组织居民开展诗歌、文学、书法、舞蹈、戏剧与电影，还有服饰设计、烹饪等活动，能够促进人际联结、改善不良心理、促进心理健康、提升生活质量。

一、文化的心理价值

　　广义文化指人类社会历史实践过程中所创造的物质财富和精神财富的总和。

　　狭义文化指社会的意识形态，以及与之相适应的制度和组织机构。

（一）外显模式

　　外显模式主要包括哲学、法律、历史、艺术、宗教、社会制度、行为规范、语言体系等，它们以文学符号系统或人具体行为为载体，一般都有外壳形式。

（二）内隐模式

　　内隐模式主要包括价值、观念、思维方式、情感等。这是人们在长期的文化历史发展中积淀而形成的深层的东西。

（三）本质特征

　　文化是一个民族思想与观念的总和与实体，是在任何一个特定社会环境中的群体所具有或创造的，也是其群体共有和特有的价值观、情感、需求、心理等的相应行为方式。

（四）心理作用

　　"觉悟"是中国传统历史文化（易经、儒家、道家、佛教）之美妙心灵境界，是中华民族在探索生存与发展中，寻到智慧与心灵救赎的途径。觉悟、悟性与悟道，自性、自性化与积极想象，禅宗"十牛图"之牧牛与牧心，都是传统文化框架下的心理探索。

　　许多人把"心理学"起源归属于希腊哲学或者1879年德国生物学家威廉·冯特的实验。作为一种理论学说或者实验科学，这种归属有一定道理。早在西汉时期，《黄帝内经·素问》提出了阴阳喜怒乃"七情致病"论，比西方心理学创立早了两千多年。

二、文娱活动

(一) 文娱活动的作用

1. 陶冶情操

美好的事物是人类所特有的审美需求，有利于培养人的高尚情操、陶冶人的性情。

2. 增进情感

抑扬有节奏的音调发出的美妙声音，给人以享受。当人们歌唱时，大脑中会释放出一种叫作催产素的荷尔蒙。刚生下孩子的妈妈在给宝宝喂奶时大脑里也会释放出这种荷尔蒙，夫妻或恋人深情对视时，他们的大脑中也都会释放出这种荷尔蒙。这种荷尔蒙能使人们之间增进感情。

3. 增强免疫力

文娱活动除了使人心情愉快之外，唱歌还能增强人体的免疫功能。加州大学的研究人员发现，唱诗班的成员在每次排练后，他们体内一种被称作 IgA 的免疫球蛋白含量增加了150%，而在公开演出后，其更是增加了240%。这项研究的负责人贝克称："虽然我们不能说唱歌能预防感冒，但在适当的情况下，唱歌确实能够增强一个人的免疫系统。"

4. 训练神经通路

无论是老人、年轻的学生，还是无家可归的人，唱歌后的情绪都会变得更好。此外，患有肺气肿的病人在接受唱歌训练后，呼吸也有所改善。研究还发现，业余唱歌爱好者的个人仪态仪表也更好。

5. 提升生活质量

研究人员对比了两组年龄在65岁以上、积极参加社交活动的老人。其中一组老人每周都在专业指挥的指导下唱歌，另一组老人积极参加平时的各种活动，但并不参加唱诗班。一年之后，第一组老人的健康指数要比第二组老人高出许多。对比发现，坚持唱歌的老人去医院看病和吃药的次数更少，也更不容易摔倒。

6. 提升学习能力

艺术和学习有联系。音乐用右脑,而语言则用左脑,两者之间的神经通路很强。艺术的学习能够锻炼神经通路,这些神经通路对学习其他领域的知识具有非凡的意义。

(二)吟唱歌曲活动

1. 唱歌活动的心理功能

(1)改善情绪。唱歌是一项能促进人们身心健康的活动。

(2)加强联结。通过集体唱歌展示和交流,找到团体的归属感。

(3)放松情绪。能减少孤独感、减轻抑郁、减轻焦虑,同时提高老年人激素水平。

(4)增进健康。唱喜爱的歌曲,能促进深呼吸和身体放松,提升生理和社会功能。

2. 唱歌活动的形式

根据需要设定不同节目形式,如独唱、重唱、合唱,有伴奏、无伴奏都可以。还可以进行歌曲讨论活动。

3. 唱歌活动的组织

(1)目标定位。根据社区居民情况和需求,设定适合社区居民的有益身心健康的活动主题、唱歌形式和活动目标,拟写活动方案。

(2)教材准备。根据主题确定熟悉并适合的备选歌曲若干,活动前熟悉歌曲的内容、节奏和旋律,打印好歌词和准备好原唱录音,以及手持的小型打击乐器。

(3)场地选择。选择宽敞明亮的大厅作为活动场地,场地需有音响及键盘乐器备用。

(4)场地布置。活动主题标志放置明显位置,椅子围圈摆放,圈内摆放好歌谱和自选的小型打击乐器。

4. 唱歌活动的流程

(1)带领者说明活动主题和目标,组织热身破冰活动和全场自我介绍。

(2)熟悉歌曲节奏,组织节奏游戏(使用打击乐器或"手掌")。

（3）熟悉歌曲内容，集体或分组朗诵。

（4）熟悉歌曲旋律，带领者弹唱或听歌曲录音。

（5）熟悉歌曲后，边打节奏边唱歌，集体完成一首歌的表演。

（6）讨论唱歌活动过程中每个人的情绪体验和身体感受，以及前后的变化和收获。

（7）结尾，最后集体演唱一遍。

（8）收集反馈，收拾场地，活动结束。

（9）分析活动过程及反馈情况，拟写活动总结，上传外宣平台或保存资料。

（三）跳舞活动

1. 跳舞活动的目的

采取舞蹈的方式，用丰富的肢体动作表达情感、释放情绪、展现风采，感受舞动愉悦的健康活动。

2. 跳舞活动的作用

跳舞能缓和肌肉紧张、促进血液循环、舒展筋骨，增加柔韧性、协调性和灵活性，增添生活情趣，促进社会交往，减缓身体功能衰退。

3. 跳舞活动的功能

跳舞活动的功能包括强身健体、促进交流、提高身体的免疫力、增强自信心、提高记忆力、保持良好的健康体态和愉悦的心情。

4. 跳舞活动的形式

组织民族民间舞、古典舞、芭蕾舞、交际舞、爵士舞、现代舞等舞种的课程学习，组建舞蹈队，组织演出展示、比赛或舞动体验等活动，以集体的形式开展。

5. 跳舞活动的实施步骤

（1）目标定位。根据社区居民情况和需求，设定适合社区居民的有益身心健康的活动主题、舞蹈形式和活动目标，拟写活动方案。

（2）教材准备。根据主题挑选适合的舞蹈音乐及道具，活动前熟悉舞蹈音乐表达的内涵、特点及基本动作。

（3）场地布置。选择宽敞明亮的大厅作为活动场地，场地需有音响及其他配套设备，有条件的最好一侧墙面有镜子和把杆。活动主题标志放置明显位置，椅子围圈摆放在场地外围备用，台前摆放好可选舞蹈道具及相关饰品。

6.　活动流程

（1）带领者说明活动主题、内容和目标。

（2）组织破冰活动。要求全场自我介绍的每一个人，走到圆圈中间，用一个动作向大家问好，介绍自己并说出对活动的期待。带领者做简单动作，大家模仿，之后每个人都做动作大家模仿。

（3）播放备好的音乐，最后引导大家在音乐中，自由地用身体表达情感。如小步大步、走的跑的跳的、原地踏步的、拿着道具的都可以，只要记得躲避，注意安全，不要伤害到自己和他人就好。跳舞活动不是表演，只是由心而发，用肢体表达情感，也可闭目跟随自己的感觉走，总之，尽量放松，把自己置身在音乐里。

（4）活动结尾。讨论跳舞互动的过程中每个人的情绪体验、身体感受和启发。

（5）活动结束。收集反馈，收拾场地，分析活动过程及反馈情况，拟写活动总结，上传外宣平台或保存资料。

第四节　身心活动：鼓圈活动

鼓圈是一种特殊的团体即兴打击乐演奏形式。任意的一组人围坐成一个圆圈，在引领者的引导下体验演奏打击乐器时触觉、视觉、听觉、感觉、运动觉等多方面发生细微变化，感受当下真实自我。

鼓圈常被用于音乐治疗，是集体治疗的一种形式。治疗性鼓圈运用音乐节拍，在生理方面激发心脏的跳动、肠胃的蠕动、血管的收缩、脑波的波动，从而在心理方面能缓解压力、缓解焦虑和抑郁情绪。

社区鼓圈运用于普通人群，社区的男女老少都可参加。社区鼓圈通过各种技巧让大家有和谐的团体音乐体验和积极的快乐感受，促进沟通、提高社会交往能力。

一、身心活动中的节奏感

（一）人脑本身能产生一定的节奏

人脑运行自带节奏感，并以电波形式存在，如阿尔法波、贝塔波。

人有听觉感知的神经传导通路。声音通过耳部的耳蜗听毛细胞感知，转换为神经信号，传递至神经核团，到达初级听觉皮层；经过脑干神经核团的调制再传递，由其他脑皮层接受和传达指令。

在乐器上演奏音乐，就能在脑中激活听觉区域和运动区域，形成有规律的节奏模式，影响到脑部和身体的神经活动。

（二）身体节奏对脑的反馈

1. 人脑有很强的可塑性

只要没有严重的损伤，相关的能力都可以在后天的练习中得到加强。

2. 人体本身有一定的节律

我们在走路、骑车、击鼓、弹奏等重复性活动的时候，人体节律被激活。

3. 感知神经可以通过练习强化节律控制能力

如果每天准时休息吃饭、起床，通过一段时间就能形成习惯，到一定的时候就会饿、困、醒。在相应的事件下，脑神经放电更同步、更规律。

4. 惯性自律

音乐节奏锻炼增强了神经控制能力。久而久之，节奏可以不再是脑皮层产生的，而是存储在其他地方。大脑所做的只是发出指令，激活相应的节奏，即我们所说的"自动化反馈"。

二、鼓圈

（一）鼓的意义

鼓是精神的象征，舞是力量的表现，鼓舞结合开舞蹈文化之先河。按古文献记载，最早的鼓，是进入陶器时代用陶土烧制的"土鼓"，土鼓标志着农耕文化型舞蹈之开端。从《周易》"鼓之舞之以尽神"的记述可知，早在商周时代，不仅出现了原始的鼓舞形式，而且鼓与舞相结合的乐舞形式，已成为鼓舞、激励人们团结奋进的精神力量。

（二）鼓声的意义

古代战场上的战鼓击响时，鼓声传向四方、振动人心。鼓声中复杂多变的节奏，表达出人们各种不同的感情，时而悲愤填膺，时而开怀大笑，时而屏息凝神。鼓声的高潮，会使人热血沸腾；鼓声的节奏，能引发身体共振，控制焦躁情绪。

（三）鼓圈的优势

1．易上手

鼓是表达节奏的音乐语言，比其他乐器更易上手，几乎适宜所有的人群，没有任何音乐基础也不影响参与。

2．感染性强

不管参与者手上拿着什么乐器，最后都能不由自主地和鼓圈一起演奏。

3．可迁移性

鼓圈的感受可迁移至课堂讨论和深化，在音乐最原始的魅力中促进心理和情绪调节。

（四）鼓圈的价值

1．不教而教

带领鼓圈的人是引领者，而不是独裁者。鼓圈的过程不是领导，而是帮助团体先学会一些节奏，熟悉音乐强弱、快慢、音高、乐器音色，在互动中体会音乐回声、音乐即兴，分组演奏，建立既有个人自由表达，又有团体合作和互动的音乐氛围。在团体形成自己的音乐特点后，引领者可以离开中心，在旁观察和聆听，直到团体的音乐出现一些问题时，再出现并给予指导。引领者不是那个用权威去改变来访者的人，而是帮助来访者用音乐改变自己。不是用语言去教导该怎样去做，而是通过示范和邀请，让成员明白可以做，同时也留给成员自我发展的空间，陪伴他在音乐中探索各种可能性，最终用自己的方式解决问题，达到"不治而治"。

2．团体资源

引领者需要全面的聆听和感受来访者，包括来访者的语言、面部表情、身体姿势、防御方式、心理资源和需要增强的部分；也要教给团体必要的"音乐词汇",包括口令、回应、各种节奏、力度、高低、音色等,丰富大家探索音乐元素的工具,帮助每个人发展出自己的特色,形成自己的音乐定位。鼓圈中有个人与团体互动,即使是一个很小音量的砂球演奏,也可能成为一个主导节奏,使整个团体的各种乐器用不同音色和超出几倍的音量重复小砂球的节奏。团体是个非常好的资源,能够让每个成员发展自我、自由表达自我、增强自我认同,同时聆听他人、与别人合作,在保持个性的前提下和谐的相处,让缺乏自信的人得到关注、认可、理解和尊重。

三、鼓圈分类

(一)治疗性鼓圈

治疗性鼓圈是指在治疗性环境下,根据具体的治疗目标,引领特殊人群演奏音乐。在进行鼓圈活动时,一般可以分为同质小组和异质小组。同质小组的成员主要有儿童中的自闭症者、发展迟缓者、残疾者、学习障碍者。针对同一类群体进行鼓圈活动,以达到修通和治疗目的。异质小组的成员可以是需要减压的各类人群。面对该团体成员,鼓圈引领者可以把情绪作为一个治疗的切入点,与来访者一起深入探索,解决问题。

(二)社区鼓圈

社区鼓圈面向的是非治疗环境下的普通人群,男女老少都可以参加。参加人数不设上限,有时数百人参加。社区鼓圈没有时间限制,可以是几十分钟,也可以是一整天。在社区鼓圈中,大家常围坐成圈,每位参与者手里都有一个鼓或者其他打击乐器,也可以是共鸣好的物品,如盆、桶、杯子。

社区鼓圈的参与者多数没有音乐基础,主要通过乐器或物品的音色、敲打的节奏等传递语言和信息,即无论参与者是否懂得音乐,是否会弹奏乐器,只要感兴趣都可以参加。

四、鼓圈活动的程序

(一)准备工作

1. 拟订方案

根据社区居民情况和需求,设定适合社区居民的有益身心健康的活动主题,拟订活动方案。

2. 招募人员

人员构成包括社会心理指导师和参与者两部分。社会心理指导师应受过鼓圈专业训练，具有专业的引导技术，能引导和帮助参与者在团体演奏中获得良好的感觉。参与者可以是特定人员或一般居民，不需要有音乐基础和学习乐器的经验，他们可以用手里的乐器自由表达，能感受和体验团队协作的快乐。

3. 场地布置

宽敞明亮的房间、大厅或室外均可作为活动场地。活动主题标志放置在场地的明显位置，椅子围圈摆放，各种乐器放在圈中。

（二）开始阶段

1. 安排座位

参与者围坐成圈，每人手里都有一个鼓或者其他打击乐器，有时也可用共鸣较好的物品，如盆、桶、杯子等。社会心理指导师通常站在圈的中心，带领成员进行活动。

2. 节奏游戏

将所有人以报数的形式分成两个大圈，单数在里圈，双数在外圈，两两相对。第一次击掌时说出自己的名字，第二次击掌时说出对方的名字。游戏把视觉、听觉、动觉三者结合起来，培养学员的节奏感，旨在相互认识彼此。游戏结束后，每个人在指定时间内，以击掌的形式依次报出其他成员的名字，看谁记住的名字最多。

（三）实施阶段

1. 说明流程

社会心理指导师说明活动主题、内容和目标。

2. 选用器材

参与者走动着试用每一种乐器，了解和熟悉每一种乐器的音色和演奏方法后，自由选择乐器。确定好乐器后，由社会心理指导师开始，其他人员随时跟进，或者随心所欲演奏。

3. 感受鼓舞

社会心理指导师引领大家击打乐器，并配合肢体语言来告诉大家什么代表渐强、渐弱，什么代表继续、停止。在熟悉这些指挥的身体语言后，大家就开始集体"演奏"了。刚开始有些混乱，很快便会变成好听的大合奏。大家全神贯注，畅快地敲击乐器、演奏乐曲，在鼓乐声中感受舒适、忘记烦恼。

4. 为爱鼓舞

大家细心聆听他人的演奏，体会到充满包容的节奏声，注意到不同人之间会有不同的呼应，而整体上又好像在相互照顾、相互依偎，仿佛又有不同的层次，却又不是十分的规律。整体没有一个固定的程式，所有的音符都是自由的、即兴的。这种即兴充满了人性的关怀，没有错误，也没有评价，相互接纳，充满一种奇妙的集体体验。

5. 评价反馈

将所有成员分成小组，每个小组选出一名组长，每组取一个与鼓有关的成语组名，设计口号并创编节奏。每次合奏结束，由社会心理指导师引导进行讨论，每个人都说出自己的感受和对他人演奏的感觉，让所有的行为表现都得到及时反馈，心理指导师根据各小组的口号、动作整齐程度以及肢体的设计进行评分和表扬。

6. 活动时间

通常一场鼓圈活动从热身开始到全场气氛被调动起来，与社会心理指导师和参加者的配合有很大的关系。如果全部或大部分参加者是音乐背景，气氛会很快被推动起来；否则，则需要花时间学习一些基本的节奏和简单的乐器演奏方法，这个过程通常需要20~30分钟。鼓圈活动的时长可以根据活动规模和活动目的灵活控制。

7. 活动结束

收拾场地，收集反馈，分析活动过程及拟写活动总结。

社区非健全青少年鼓圈案例

肢体、智力残疾的青少年是需要特殊关照的弱势群体。鼓圈活动的参与者可以是一般人，不需要有音乐基础，尤其是视力残疾人，只需跟着敲打，即可融入集体。

这类青少年对鼓本身就有很大的好奇，他们更容易把鼓当作一个可以发声的大玩具，敲打出不同的声音。他们在社会心理指导师的带领下，不以掌握某种音乐技能为终极目标，只是感受鼓声的美，接受美的熏陶，满足自己的玩物天性。

第一阶段，关照困难者。社会心理指导师对动作不灵活或视力残疾的人，采用灵活的处理方式，参与者人手一个鼓，先自己探索一下，摸一摸、敲一敲、打一打；社会心理指导师给他们自由的时间和空间，鼓励而不是制止他们。

第二阶段，示范引领。当社会心理指导师打个鼓点，参与者给老师一个鼓点时，一个基础的成就感就传递了出来。当社会心理指导师引导集体表达节奏时，每个人实际上都是在对自己、对别人传递自己的成就感。在鼓圈里，没有谁来评判对与错，每个人对集体的节奏都有自己的理解，当自己的理解通过鼓声融入集体的节奏时，情感自然得到升华！

第三阶段，模仿与即兴。社会心理指导师使用定音鼓，敲打出高低、快慢的节奏，引导大家模仿。反复练习几次，开始即兴敲打。

第四阶段，分享与升华。社会心理指导师，问大家此时有什么感觉，有没有一个合适的词语来表达自己的心情。参与者会说"快乐""高兴"或"好耍"。社会心理指导师再说出自己的名字，打出节奏，引导大家一起打出节奏，报出名字。所有人喊出："快乐！快乐！"

第九章 社会心理指导专业技术

■培训目标

本章设立了五项心理专业技术，属于晋阶内容，不列入初级考试范围。社会心理指导师经过初级培训后，取得开展社会心理服务岗位能力。为不断提高服务水平，每年可以选择晋阶技术中的一项或多项技术，作为专业发展方向，参加专项培训，并在工作实践中达到独立实操水平。

■培训内容

团体工作技术

压力管理技术

接纳承诺技术

焦点解决技术

绘画分析技术

■培训时间

每项训练24学时，共120学时

■考核重点

团体工作技术中的影响因子与原理

压力管理技术压力源的构成

接纳承诺技术中的六项心理僵化模型

焦点解决咨询的基本假设、关键信念

焦点解决技术的问句

绘画分析的内容与方法

绘画投射测验技术的优点和不足

绘画投射测验技术的应用领域

第一节　团体工作技术

团体工作又称为团体工作法。社会心理指导师可运用团体工作的形式、途径、方法，发挥团体疗效因子作用，促进团体成员心理和行为改变。

一、团体工作的作用与功能

（一）作用

（1）模拟现实生活场景。

（2）减少孤独感、压力感。

（3）感受互助与互利。

（4）获得归属感。

（5）接触多样化观点和获得不同的反馈。

（6）观察学习其他人行为。

（二）功能

1. 教育功能

团体工作的教育功能有助于培养成员的社会性，使其有效地学习社会规范，形成适应社会生活的态度与习惯，以及互相尊重、互相了解、少数服从多数的民主作风，促进成员人格的全面发展。

2. 预防功能

团体工作可以发挥预防功能，是因为团体工作的目标不一定是解决成员存在的某一个心理问题，可能是成员将要面对的心理问题，因此，团体工作可以预防心理问题的发生或减少心理问题发生的概率。

3. 宣泄功能

"宣泄"是团体工作最基本的功能。团体提供了一个安全的环境，有利于宣泄。团体中可采用多种不同的宣泄方法。

4. 矫治功能

团体工作的矫治是指减轻或消除具有自我挫败行为成员的心理问题或障碍，即帮助那些在某些方面不正常、病态或有严重情绪障碍的成员。

5. 唤醒功能

唤醒是指个体受到刺激而产生的感知觉的反应，即一种警觉状态。唤醒分为生理唤醒与心理唤醒。

6. 发展功能

团体工作通过社会心理指导师给予来访者启发和引导，促进来访者自我了解与接纳、学习人际关系技巧、养成积极应对问题的态度、挖掘个体内在的潜能、树立克服困难的信心、形成良好的心理、健全的人格。

二、团体的基本原理

（一）欧文·亚隆疗效因子

疗效因子是指团体工作中能够改变成员心理和行为的因素。

1. 利他主义

利他主义是指团体成员通过向其他组成员提供帮助提升自己的自尊，进一步增强自我价值感。

2. 团体凝聚力

团体凝聚力是指团体对成员的吸引力，以及团体成员相互吸引并对团体目标认同的程度。

3. 普同性

普同性是指成员在团体中了解到自己并非唯一有这种问题的人，其他成员也有类似问题及感受，也有和其同样不愉快和糟糕的生活背景，从而使其减轻心理负担和增强安全感。

4. 提高社交技巧

提高社交技巧是指团体给个体提供与他人接触的机会，成员间通过分享而更清楚地了解自己问题的本质。

5. 人际学习

人际关系是指团体提供成员学习机会，帮助成员以一种更能适应的方式与他人交往。

6. 引导指示

引导指示是指社会心理指导师对某一成员提供忠告或建议。

7. 宣泄

宣泄是指成员对过去或当下紧张的情绪释放而达到缓解。

8. 模仿

模仿是指成员有意向团体中的榜样学习，因而在行为上效仿他。

9. 家庭重现

家庭重现是指在团体中重现某些原生家庭不良经验而给予矫正重整的机会。

10. 希望灌注

希望灌注是指目睹其他成员的成长会对成员有所启示，对团体能帮助自己充满希望。

11. 存在意识因子

存在意识因子是指成员最终要接受他必须为自己的生命负责的事实。

（二）团体工作的影响原理

1. 团体氛围原理

团体氛围与勒温在团体中提出的"场"概念是一致的，即在面对团体的情境中，成员所表现出来的占优势的感情与态度，主要包括心境、精神体验、情绪波动、彼此间的关系、对待工作的态度以及对周围事物的态度等。

2. 技术叠加原理

任何一种心理技术只是从某一个角度去认识和干预心理问题；不同的心理问题需要用不同的心理技术；同一种心理问题不同的来访者也需要选用不同的心理技术。在团体工作实践中，把多种技术整合在一起，并在时间上连续实施，共同指向同一个目标，使不同技术之间协同并产生相加效应，从而提高团体工作的效果。

3. "事件"作用原理

团体心理治疗利用音乐、灯光、道具以及人物，来制造"事件"，克制"相对应的情绪"，以消除或减轻不良心理和行为。

4. 观察学习原理

观察学习是指团体成员通过观察其他成员的行为和结果，经过学习、加工、辨析、内化，形成某种新的行为的一种学习方法。

三、团体工作的计划

团体工作前计划的内容包括团体成员评估、问题的明确和目标确定、团体规模大小和团体周期。

（一）成员标准

1. 基本标准

成员筛选的标准：有动机或愿望；有自我观察能力；有语言交流能力；具有同质性。

2. 排除标准

患有脑器质性病变、偏执型人格障碍、疑病症、药物或酒精依赖、急性精神疾病、反社会人格障碍等疾病的人员不适合加入团体。

8~12人的团体比较容易操作。

（二）确定目标

团体工作目标分为总目标和具体目标。总目标要综合考虑多种因素，根据问题的性质和严重程度的不同，确定团体工作目标的层次或大小。具体目标是在总目标的基础上确定的，总体目标是通过不同的具体目标实现的。

（三）选择技术

1. 适用理论

团体心理干预技术和理论众多，根据心理问题种类、成员心理问题严重程度、心理指导师理论流派，选择双向匹配和适应的理论。

2. 技术整合

技术整合的内容包括：动静结合，先静后动；多感官结合，多理论同用；目标一致，讨论分享。

四、团体工作的实施

团体工作的实施阶段，一般可以分为工作初期、中期、结束追踪期。

（一）初期

初期主要的任务是组建团队、相互认识、确立规范、消除隔阂，为后续的团体工作的顺利开展奠定基础。

（二）中期

1. 运作期的策略

在中期安排上，可先选择一些有轻松、愉悦作用的技术，如音乐技术、视频技术和放松活动。

2. 干预模块操作原则

干预模块操作原则包括先易后难原则、综合考虑原则、先表浅后深入原则。

3. 技术操作顺序

技术操作顺序原则为先静后动、先简后繁、先视频（或图片）后行为（或活动）、先行为体验后技术训练。

（三）结束期

1. 程序安排

内容包括：回顾经历，分享感受；叙述友情，冲淡伤感；给予祝愿，营造温馨；畅谈未来，强化效果。

2. 时间安排

一般来说，一个持续1~2小时会期的团体，结束的时间在20~30分钟；6~8小时会期的团体，结束的时间在40~60分钟。

3. 总结追踪

发放表格，评估效果。结束一段后，持续与成员保持联系，督促成员按照计划去执行。追踪的方法要根据实际情况选择。目前主要有以下几种追踪方式：电话追踪、微信群追踪、定期聚会追踪、QQ群追踪。

案例：心理剧团体技术

心理剧是一种通过舞台剧的形式，让社区居民扮演剧中某一角色，并体会角色的情感与思想，从而改变自己以前的行为习惯、完成内心感情的宣泄、获得解决内心问题的治疗方法。

一、心理剧团体的特征

娱乐性强，参与性高；方便快捷、花费不多。

二、心理剧团体的作用

消除隔阂，拉近距离；启发思考，产生顿悟；参与体验，加深理解；寓教于乐，身心放松；增强能力，适应社会。

三、心理剧团体的技术

（一）角色扮演与角色互换

在心理剧中，参加者可以扮演自己家庭中的一位成员、一个老朋友、一个陌生人或者治疗专家。剧情可以是一般的内容（如离婚、母子冲突、家庭纠纷等），也可以是与居民的实际情况近似的内容。在舞台上，参加者所扮演的角色，其思想感情与平日的自己不同，可以体验角色内心的酸甜苦辣，也可以成为理想或幻觉的化身。专家可以在一旁指导，也可与患者一同表演。观众则为表演者鼓掌助兴。

（二）替身技术与空椅子技术

在帮助离婚者、吸毒者、轻生者及违法者等有人格问题的心理剧中，让他们互相扮演妈妈、爸爸、儿子、女儿等带有强烈的亲情角色，以揭示他们对亲人的心理创伤，揭示深藏内心的症结。在知情的观众的协助下，扮演者可以发泄或者控制自己的情感，并且去模仿一种正确的行为方式。随着剧情的发展，他们的情感与行为最终可以得到矫正。

（三）独白与镜像心理训练

八位有严重情绪障碍的青少年被安排在一起表演即兴心理剧，共用了9周，每周表演3次。经过观察和测试，发现他们的自控力和被社会喜欢并接纳的能力都有了可喜的长进。

一些人特别害怕在众人面前讲话，把这些人聚集在一起，让他们与健谈的人一起表演心理剧，并设计一些特定的场面，随时纠正他们不敢大声说话、表情羞愧、动辄向人道歉等行为，直到他们能有底气地勇敢表达自己的感情为止。

有的青少年处理不好与家人的关系，经常有冲突，并对家庭成员持有偏见。基于此，让他们一家人一起表演心理剧，设计一些情节，让青少年把自己的坏毛病表现出来，然后给以指导。其敌对情绪往往会通过表演得到缓解。

四、心理剧团体注意事项

（1）使用要适度，考虑年龄和文化差异，与干预模块目标相匹配。

（2）遵守同质先行原则、循序渐进原则、组合协调原则。

（3）诱导语的编制与表达。

（4）语言引导之前音乐的铺垫。

（5）游戏结束后需要讨论，并对成员的分享进行点评。

这种方法特别倚重于经过专门训练、思路清晰、目光敏锐的社会心理指导师，他必须具有很强的应变能力，并不是随便什么人都能引导剧情发展的。

第二节　压力管理技术

压力是指人在外部或内在刺激下产生的一种不良心理感受。

压力事件是指能够引起消极感受的事件。包括一般性生活压力事件、应激性重大事件和创伤性应激事件。

压力感是指在环境刺激作用下引起的伴有躯体、心理和行为变化的一种身心紧张状态。

压力源是指能够引起压力反应的心理反应模式。

一、遇见压力事件

心理压力是一种内心感受，其生成包含一个客观要素：压力事件。

（一）压力反应

压力事件刺激于我们的感官——眼睛、耳朵、大脑等，激发出各种情绪，并随之引起身体一系列生理反应，这是压力事件作用过程。当我们口中说"我有压力"时，意思是"我有一种被某事压着的感受"。"可别有压力啊"，实际意思是"不要把这件事形成心理上的压力感"。

我们日常生活中会说："你若安好，便是晴天！"没有"大事小情"，人们内心世界也会安详和谐。经常突然而至的压力事件，会让我们猝不及防。尤其是"负性事件"，会让我们产生一连串的心理压力反应，带来生理和心理上的压力感。

（二）压力事件

1. 广义压力事件

包括喜事在内的一切生活事件。比如，结婚是件大喜事，但对有的人而言，就是压力事件了。没有经济条件，结不起婚；结婚对象不满意，不愿意结婚；结婚会不自由，不愿意受到约束，甚至有的人"逃婚"。这就是结婚压力。

一般性生活压力事件是生活、工作和社交中遇到的各种各样的问题。如上班时迟到受到批评，任务没有完成被扣绩效，孩子作业不认真或在学校惹了麻烦，等等，属于生活中烦琐事件或不顺利过程。

2. 狭义压力事件

狭义压力事件指引起消极感受的事件。这些事件分为一般性生活压力事件、应激性重大事件和创伤性应激事件。

3. 应激性重大事件

应激性重大事件指意料之外的、突然发生的事件。如亲人死亡或患病、失业、经济纠纷等。

4. 创伤性应激事件

创伤性应激事件指少见的、严重或威胁生命的事件。比如地震、火灾等自然灾害，以及战争、暴力攻击、性攻击、绑架、严重交通事故、矿难等人为灾难。

5. 直接的压力事件

顾名思义，直接压力事件直接作用于承受者本人，比如，"我遭遇车祸"中的"车祸"，是直接压力事件，"我"是压力承受者。

6. 间接压力事件

不直接作用于"我"，而作用于他人或者环境等。他人或环境必须对"我"有联系，否则不称为压力事件。只有他人是"我"所熟悉和关心的人，才能引起压力情感变化。比如，"朋友遭遇车祸"，"车祸"对"我"来说是间接的，压力事件属性由"我和朋友关系"决定。

7. 压力传导

压力传导指在发生某一压力事件之后，产生的连锁性压力反应。重大压力事件发生后，其压力既作用于事件直接主体，也延伸至相关领域。压力传导就是压力影响具有相关性和波纹原理。某单位后勤部副部长谷某因贪污受贿被判定犯罪，其单位同事都感受到压力。这个压力是"领导有病、群众吃药"引起的，大家都要查一下"有没有不良思想根源"。部长的秘书受到牵连，被审查了很长时间，间接压力变成连带压力。显然，间接压力事件通过传导引起多种变化。

8. 急性压力事件

这类事件能够立即激发起人类警觉与身体反应，产生大量荷尔蒙激素，以应对危险。现在人们遇到的诸如自然灾害、交通意外、亲朋亡故等，也会引发急性身体化。

9. 慢性压力事件

人具有一定的承压能力，生活中的琐屑小事影响轻微，往往受到忽略。但是，如果某种事件作用持久而又无法逃离，会使小压力累积成大压力。如某局办公室小王每天任务不大，也不繁重，但是需要时刻绷紧神经、小心应对，这就是慢性压力事件。今天人们所承受的压力，更多地来自琐细的生活、工作、人际关系等日常事件。

10. 妄想压力事件（也称为内隐压力事件）

有人产生的焦虑感，可能是因为某个消极想法、不良观念、某句触及隐私的话等，这类"观念性事件"，并非来自真实的压力事件。

总之，有压力感必有压力事件。压力大小与事件大小、急缓、直接或间接都有关。但是，使人产生压力感的事件不一定是外界的人或事物，也可以是我们自己。

二、心理压力"探源"

（一）压力源

人们常说，使人烦恼的并不是事件，而是对事件的看法。这话说得对。事情仅是刺激物，只有触发了内心痛点，才能称为心理压力。例如，领导批评了你，你有什么感受？对于有缺点的同志，批评是帮助进步；对于有问题的人，这个批评就是很大的心理压力。

压力的产生过程：压力事件+痛点 = 心理压力。

"痛点"是压力的根源，被称为"压力源"。

（二）压力源形成

1. 人类祖先遗传的生存恐惧感

对自然灾害的恐惧，如地震、洪水、雷电等天灾威胁，或是人祸担忧、战争冲突、被监禁等，这种恐惧作为"人类共同痛点"，存在于人的潜意识中。

2. 社会共同经验

人们在成长过程中，受到道德规范、社会评价等教育，形成了好与坏、善与恶、利与弊等共识，在遇到重大社会变革、重要关系破裂、家庭长期矛盾等时，个体会主动对应、自动反馈，形成了事件感受与应对模式。

3. 个体经历

压力源来源于个人生理的感受，如疾病、创伤、饥饿、睡眠剥夺等，称为生物性压力源。精神性压力源：个体精神生活中积累的错误认识结构、不良经验、道德冲突，及长期生活经历造成的不良个性心理特点等。个体压力源因人而异，各有"痛点"。

以上这些共识和个体认知，构成了我们潜藏于心的事件评价"模式"。当事件来临时，触发了自动化反应机制，形成压力感。因此说，虽然事件很真实，但压不倒我们；而压力源"缥缈虚幻"，却使人难以摆脱。例如，几位女士在一起议论"小三"插足事件，大家觉得只是一个"笑话"，而张女士突然暴怒，并言辞激烈地批判起来。原来，张女士曾因"小三"导致婚姻失败，"小三"就是压力源，它给张女士带来的痛苦在心头萦绕不去。

（三）压力源影响

压力源如同一种细菌，细菌并不必然致病，只有发生感染，细菌侵害肌体后才出现发热、体寒等症状。心理减压应以压力源为中心。

1. 压力来自压力源

我们常常把压力事件跟压力源混淆了，分清事件与压力源，有利于防止"一叶障目"。比方说，领导交代你去完成一项任务，你有心理压力了。任务并不是压力，但当你认为任务太难、感觉无法完成，或者认为没能完成时要挨批评，甚至导致领导不信任——这种预期才是压力源。

2. 减压不是消除事件

压力事件已经发生、无法改变，减轻压力不是消除事件。换句话说，解决压力的过程，是从事件对自己的影响查起，逐步探索到压力源并转变认知的过程。如果采取的减压办法为对压力事件的报复，结果又造成新的压力事件。如接受任务时感受压力后对领导权威提出挑战，拒绝执行任务甚至争吵起来，双方就共同陷入了"冤冤相报何时了"的旋涡中。

3. 调适压力源

应对压力，需要静下心来反观、更新自身认识系统，通过认清自身压力源，把压力事件与压力源区分开来。当我们认识到压力是事情刺激引发压力源反应时，只要找到压力源，下功夫解决压力源，变压力源为动力源，使自己拥有战胜自身的强大力量，就能解除心理困境，让压力魔术般地消失。

在学校，学生有"学习不好不是好学生"的心理预期，所以上学不是压力，怕学不好是压力源。当自家孩子不想上学时，可以从他对上学认识上着手，告诉他学习并不是为了考试，更不是为了分数，而是自己学习知识的成长过程。找准压力源做思想工作，就能变上学压力为快乐成长动力。

三、神奇的压力曲线

（一）压力与动力共存

没有压力就没有动力。人的自觉性与自控力，是一种严格训练后的结果，而不是前提。没有经受训练压力的人，做不到高度自控。一个人在没有外部压力时，会出现意志减退、效率低下，从而无所事事、无所作为，这是一种空耗状态。导致虚度年华无所成就。人在学业、事业的适当压力下，始终处于不断进步状态，每一次压力结果，都带来实现自我价值感的兴奋和幸福，处于痛并快乐的精神状态，追求奋斗者人生。

（二）倒"U"形压力曲线

压力与舒适之间有一种紧密联系。压力小、创造价值感不高时，人并不舒适；当压力与能力水平相当，有很高的自我效能感时，人的幸福度就很高：这就是神秘的倒"U"形压力曲线。

1. 压力感受区

压力感受水平随着压力增加的变量，分为三个区：不足区、目标区、破坏区。

从较低压力发展到较高压力时，人的工作效率和业绩会随之提升。压力太小时，业绩表现差；压力迅速扩大达到一个峰值时，工作业绩会有最佳表现，达到一个短暂均衡；然后是压力增长的后期阶段，工作业绩会逐渐缩小；接着会达到一个临界点P点，也是疲劳耗竭点，此时心身状态俱损。如果压力继续增大，不但工作业绩极差，也会出现职业耗竭，甚至是"过劳死"。

2. 压力与效率关系

积极的压力能够带来动力。在紧张的工作和生活压力下，人们集中精力应对，有助于迅速而有效地做出反应，从而使绩效达到最佳。

（1）压力目标区可使人有顶峰体验。在个人压力与承受力相当时，能够激发出最高工作效率和创造性。例如，有的演员是"舞台表演型人格"，越是台下观众多、反响热烈，他的表演会越精彩。因此，压力管理的目标，就是找到压力最佳水平，发现"压力目标区"，适当压力，给人带来所需的动力和兴奋感。

（2）压力曲线可以调适而提升弧度。例如，主动承担重要工作，积极提出合理建议、勇于解决新问题、学习新技能，能够为承担压力做好准备，带来力量和活力，让自己顺利完成工作。

（3）压力曲线因人而异，因时而变。当感觉压力达到特定的一个量时，会出现焦虑情绪，进而导致绩效下降。过度焦虑心境会产生副作用，导致精力过早地衰竭。

（4）无论是谁都会存在这样一个压力绩效曲线，也都存在一个绩效峰值。寻找与此峰值相对应的压力值，有助于我们出色地完成自己的工作目标。

四、压力与焦虑情绪

（一）焦虑感

焦虑既是一种感受，也是一种情绪。焦虑感等同于人们平常所说的精神紧张，是与心理宁静相反的内心状态。

1. 理性焦虑感

焦虑所带来的动力会提高工作效率和创造性，激发人找出解决难题的新方案。许多商业人士在工作中会强调保持某种高度紧张，从而带来工作所需的动力和兴奋感，赋予自己解决问题的远见和洞察力，或者更好地集中精力，获得更高的工作效率。这被称为理性焦虑。

2. 非理性焦虑

非理性焦虑本质是恐惧感，会扭曲人们对问题的理解，妨碍对问题的解决。一般程度的焦虑不像恐惧发作那样剧烈，只有重度焦虑与恐惧无异。例如，愤怒、言行失态、破坏性行为、躁狂等是最常见的非理性反应。

（二）焦虑等级

1. 轻度焦虑

表现为皱眉头、烦恼、担心、时时牵挂某事。一般多由生活中的各种"小事"引起。如：出发时动身晚了，怕赶不上火车；工作中突然接到上级要来检查的通知，而自己确实存在一些小问题。

2. 中度焦虑

表现为坐立不安、焦躁、害怕，对应中医中的惊慌。中度精神紧张也十分常见，比如从来没有上台的人忽然被要求当众表演。

3. 重度焦虑

表现为四肢发凉、心跳加快、出汗、肌肉颤动等。此时压力的刺激几乎全是危险事件。例如，初次上战场的新兵会经历战场紧张，对即将到来的战斗以及死亡的担忧让新兵出现战场僵化反应。

4. 病态焦虑或焦虑症

没有一个必然的压力事件，或者由对压力事件的错误认识造成。此类焦虑者表现为频繁坐下站起、整天惶惶不可终日、阵发性极端恐惧等。几乎所有的焦虑症都是重度焦虑，但不是所有的重度焦虑都是病态的，危险面前的急性焦虑反应（恐惧发作）就是自然的。

五、压力管理技术

（一）转变认知ABC技术

压力感的产生，是压力事件与压力源相互作用的结果。其中，压力源为内心痛点，也称为图式或自动化思维。压力管理ABC技术就是转变认识模式。

1. ABC理论"三要素"

A+B=C

A指与情感有关的事件。它可能是生活中的一个行动，比如考试失败，或者仅仅是一种思想，比如想着自己考试将失败。

B指信念或图式。它表示了你对于事件的一种信念，包括理性或非理性的信念，或者是应对事件的心理图式。

C指与事件有关的情感反应和行为反应。

我们通常认为，事件A直接引起反应C。事实上并非如此，在A与C之间有B的中介因素。A是否引起结果受B的影响，即受人们的认知态度、信念或者内在图式决定。也就是说"你的想法造成你的感受"，对同一件事情，从不同的角度看，会获得不同的情绪或行为结果。要做到这一点，就必须认识"自动化思维"。

2. 识别"自动化思维"

自动化思维是存在于大脑、已经根深蒂固、达到脱口而出地步的一些观念，这个观念就像播放的"磁带"一样，已经完全自动化了。自动思维是一连串的想法，这些思维不仅是精神痛苦的人独有，而且是人们常见的一种体验。尽管大部分时间我们觉察不到这些思维，但是稍加训练我们就能很容易地将这些思维带到意识层面。当觉察到我们的思维时，就可以自行进行现实检验。

例如，一名女性在婚姻失败后，马上会产生"我真没用""我又让父母失望了""我无脸见人了""我怎么总是失败"等心理。这些消极的想法貌似真实，其实是以一事否定一生，扩大失败感，经不起逻辑的检验。

3. 改变想法以改善情绪

（1）积极接纳。没有问题并不意味着就一定健康幸福。人的生命系统是一个开放系统，既有潜在的自我内心冲突，也有外在事件遭遇。接纳不是容忍，而是对压力事件持一种积极而非评判性的容纳，即为痛苦的感受、冲动和情绪让出空间，不去抗拒、控制和逃避它们，将其作为客体去观察。

（2）乐观归因。乐观是一种解释风格，将坏结果归因于暂时的、特定的、外部的因素，将好的结果归因于长久的、普遍的、内部的因素。乐观的解释风格是可以培养和学习的，当你变得乐观，你的世界将发生改变。如离婚可能不是坏事，而是纠正一开始的错误，回归到正常轨道，为寻找真爱创造了机会。

（3）转变核心信念。也就是生成自动思维的核心部分，类似于世界观、价值观等，它们是指导和推动生活的动力，是个体关于自我最核心的观念。这些信念是人们习惯的认知事物的方式，被人们认定是绝对的真理，认为事情就应该是这个样子。澄清价值观强调价值观是一个不断追求的方向而不是某个具体的可实现的目标，经过评估或判断，出现新的选择，形成新的解释事件图式。

（二）自我控制能力训练

生活在长期慢性压力中，可以通过自我控制训练的方式，提高抗压能力。

1. 冥想

冥想可以提升注意力、克制冲动。持续8周的日常冥想训练可以使相应大脑区域的灰质增多，从而带来自我控制能力的长久改变。

2. 深呼吸

将呼吸频率降到每分钟4~6次。放慢呼吸能激活前额皮质，增加抗压性，做好意志力储备。

3. 锻炼

锻炼是自我控制力提升的良药。每次5分钟的锻炼就可以改善心情、缓解压力。锻炼形式不限，只要能够让你离开椅子的活动都可以。

4. 睡眠

睡眠不足会影响身体和大脑吸收葡萄糖，让人感到疲惫，影响自控力。所以，尽量保持充足睡眠，需要时打个盹也能让你重新集中注意力。

5. 放松

放松可以激活副交感神经系统，提高免疫力。放松不是看手机或闲谈，而是指真正意义上的身心休整：心率、呼吸放缓，肌肉放松。

6. 等待10分钟

当你面对诱惑时，让自己等待10分钟再考虑是否拥有它。这10分钟，可以想想你的长远目标，或者让自己远离这个诱惑。

7. 加入团体

寻找一个与你目标相同的群体加入进去，置身于与你共享承诺与目标的人群当中，你会觉得自己的目标才是社会规范。

8. 转变叙述

把"我不要"变成"我想要"。例如，把"不要迟到"变成"我想要提前5分钟到"，你会变得更有动力。

每个人天生就有自我控制的能力，我们需要做的只是找到它、发掘它、训练它。自我控制能力强的人不是从与自我较量中获得胜利，而是学会了接受相互冲突的两个自我。自我控制的关键是集中注意力，记住自己真正想要的是什么。自我控制能力将帮你克服困难，实现最重要的目标。

（三）心身协同放松法

1. 构建积极心态

让自己慢下来，用心去感受身边的美好。从坏事情中寻找好的方面，重新构建和诠释不愉快情况；在好事情中寻找好的方面，将积极的事情变得更加积极；关注生活中平凡普通的事情，把它们转变成福气去感受；关注生活中你对别人的小小善意，对每一个善意做统计；找到能够让你完全投入的活动，追随你的激情；为自己构想最美好的未来，把它写出来或者画出来；了解自己的优势，做自己擅长的事情。

2. 构建和谐关系

建立积极的亲子关系，与孩子形成安全依恋模式，接纳、欣赏、爱孩子，培养家庭乐观氛围。建立亲密夫妻关系，培养夫妻喜爱、赞美、欣赏与支持关系，彼此靠近而非远离，让配偶协同解决问题。创造共同意义的家人、朋友温暖和可信赖的关系。这种和谐的社会支持系统，是人提升心理动力最有力的支撑。

3. 积极开展锻炼

压力的生理反应机制，可以通过两个调节系统来完成。一是一级神经调节，进行正念、冥想、静修等练习，打开你的心灵，引发积极情绪。二是二级体液调节，把适度的时间花在室外活动上。例如，节假日到野外旅游，享受自然的美好。日常经常散步，与朋友聊天，爬楼梯，听音乐，把心理与生理反应保持在平衡状态。

第三节 接纳承诺技术

接纳承诺技术属于新一代认知行为疗法中最具代表性的经验性行为治疗方法。通过正念、接纳、认知解离、以自我为背景、明确价值和承诺行动等过程，以及灵活多样的治疗技术，帮助来访者增强心理灵活性，投入有价值、有意义的生活。

一、具有社会心理服务功能

接纳承诺技术与社会心理指导高度切合，可以广泛运用于社会心理服务站工作之中。

（一）服务目标一致性

1. 知识行为技术发展

接纳承诺技术的起源于20世纪90年代，由美国著名的心理学家斯蒂文·海斯教授基于行为疗法创立的新的心理治疗方法，被称为认知行为治疗的第三浪潮和最新发展。

2. 以提高心理灵活性为目标

接纳承诺技术的目标是提高心理改变的能力或坚持功能性行为，以达到价值目标的能力。旨在寻求建立更宽广、灵活、有效的应对方式，而不仅仅针对狭窄的心理问题的具体认知内容进行反驳。

3. 与社会心理指导要求一致

运用社会和环境资源，开拓心理服务道路和方法，增强居民应对心理问题的自我效能感，以助人自助为途径，建设和谐社会心态。

（二）理论基础相关性

1. 辩证唯物主义

接纳承诺技术的功能性语境主义认为，心理事件是具体情境（包括历史和环境）下发生的，并持续不断的相互作用；分析心理事件的方式，是对事件和情境进行整体分析，才能达到精确度、范围和深度。社会心理学对事物的分析方法是唯物辩证法，强调联系与发展的观点。

2. 共同关注心理事件的环境因素

接纳承诺技术和社会心理指导领域一致认为，任何脱离历史和当前情境的事件都不能独立存在，任何行为的发生也与具体的情境密切相关。

3. 主体性相同

人作为理论研究的主体，树立正确的价值观是衡量理论有效性的前提。两者都鼓励来访者实现自己的生活目标，热情地投入与自己价值观相一致的行动中，而不是去追求空泛的理论。

4. 鲜明的实践观点

两者强调生活实践的重要性。语言和认知是习得的，人对事件的认知受到语境控制，使语言和行为具有相互关联性。

5. 经验方法论

接纳承诺技术强调建立"关系框架"。一是互惠的推导。如果一个人认为A与B在特定的上下文中有特定关系，那么意味着在这一上下文中B对A也有着这种关系。二是具有联合求导的性质。如果一个人认为在特定的上下文中，A与B有着特定的关系，而B与C有着特定的关系，那么，在这一上下文下，A与B也存在某种相互的关系。三是刺激功能关联性。如"望梅止渴"就是语言刺激下心理生理相通。听到"梅"的声音，就会联想起真实的梅，然后刺激唾液分泌。社会心理学认为，人的经验产生于实践，指导实践，实践又产生新的经验。

接纳承诺技术与社会心理指导的高度切合，使此项技术在社会心理服务中得到广泛应用，对于创新发展社会心理服务提供了新的技术支撑。

二、探索六项心理僵化模式

接纳承诺技术将人类的心理僵化，直观地用一个六边形模型来表示。六边形的每一个角对应造成人类痛苦或心理问题的基本过程之一，六边形的中心是心理僵化。这项探索，高度概括了一般人群心理问题的根源。

（一）经验性回避

人们努力控制或改变自身特定的内心经验（包括躯体感觉、思想、情绪、记忆和自动行为等）。由于思维压抑的悖论效应，经验性回避并不能起到很有效的作用。此外，即便单纯回避的方式能暂缓负性情绪，也往往会造成来访者对刺激物麻木或过敏，导致生活空间的阻塞。

（二）认知融合

认知融合指的是语言过程对行为的过度或不恰当控制。语言规律通常会缩小直接经验的行为范围，限制偶然事件的影响。这样，人们并不能很好地接触此时此地的经验和直接的偶然事件，而是更有可能受语言法则和评价的支配。根据接纳承诺技术的理论，认知的内容和形式并不会直接导致问题，除非语境特征使形式以不健康的方式影响人们的行为。比如，在语言规律的影响下，人们会把认知内容和认知对象相混淆，把对事件的解释与事件本身相混淆。

（三）概念化的既往与恐惧化的将来

作为认知融合和经验性回避的结果，人们不断回想过去的错误或可怕的未来，这就导致人们不能感受当下，失去直接的和真实的经验，新的可能性就会被排除在外。

（四）对概念化自我的依恋

用概念化的语言限制自我，使自我变得狭隘，导致不灵活的行为模式。比如，来访者对自己的描述是"我是一个恐怖症患者"而不是"我害怕"。

（五）缺乏明确的价值观

由于不良的社会环境和过去经历导致来访者无法选择有意义的方式生活，缺乏价值感和自尊感。

（六）不行动、冲动或逃避

来访者为概念化的自我进行防卫，表现为缺乏有效投入各个生活领域的活力和行动。从短期效应来看，可能会降低来访者的负性反应，让来访者觉得正确，但此类行为会使来访者失去与所想要生活方式的接触，导致长远生活质量降低。

三、创新六项解决技术

（一）接纳

在接纳承诺技术中，接纳不是容忍，而是对此时此刻经验的一种积极而非评判性的容纳，即为痛苦的感受、冲动和情绪让出空间，不去抗拒、控制和逃避它们，将其作为客体去观察。

（二）认知解离

认知解离指将自我从思想、意象和记忆中分离，客观地看待思想活动，将思想看作语言和文字本身，而不是它所代表的意义，不受其控制。正念练习可以有效帮助来访者关注思维本身的过程。

（三）关注当下

接纳承诺技术鼓励来访者有意识地感受到此时此刻所处的环境及精神活动，不加评价地接受承诺。目的是帮助来访者更直接地体验周围的世界，从而提高他们行为的灵活性，与自己的价值观保持一致。

（四）以己为景

痛苦的思维和感受对来访者的自我产生威胁，在自我作为概念化对象时这种负面的感受尤为显著。以己为景可以帮助来访者关注自己真实的经验，促进认知解离和接纳。接纳承诺技术通常采用正念技术、隐喻和经验化过程来帮助来访者实现以己为景。

（五）明确价值

接纳承诺技术中的价值观指的是用语言建构的，是来访者总体的、向往的和所选择的生活方向。价值观与人们的行为不可分离，有意识地贯穿在生活的每一个有目的的行动中。基于价值观的行动是有建设性的，而不是为了逃避痛苦的感受。

（六）承诺行动

接纳承诺技术不仅是一种接受取向的治疗策略，更是一种改变取向的治疗策略。接纳承诺技术的目的是帮助来访者选择符合自己价值观的行为改变，使其对自己的行动负责，支持有效的基于价值观的生活。

四、两项核心实施过程

接纳承诺技术可以分成两个部分。

（一）正念与接纳过程

接纳承诺技术试图通过无条件接纳、认知解离、关注当下、观察性自我、减少主观控制、减少主观评判、减弱语言统治、使来访者减少经验性逃避，更多地生活在当下。正念与接纳与此时此刻相联系，与我们的价值相联系，使行为更具有灵活性。

（二）承诺与行为改变过程

接纳承诺技术通过关注当下、以己为景、明确价值、承诺行动帮助来访者调动和引导能量，朝有目标、有价值、有意义的人生迈进。这一治疗模式之所以被称为"接纳与承诺疗法",其原因就在于这两大过程在接纳承诺技术中被融合成一个有机的整体。

五、训练目标、操作过程及训练方法

(一)训练目标

接纳承诺技术将最终训练目标确立为提高心理灵活性,心理灵活性不仅意味着一个人可以完全与外部接触情况,同时能有意识觉察到当下的内在心境(比如记忆、想法、情绪、动机等一切心理活动),最终在自我选择的价值方向的指引下,坚持或改变行为。精神灵活性可以通过接纳承诺技术的六大核心过程获得,它们不仅是避免精神病理症状的方法,同样也是积极的精神技能。

(二)操作过程

接纳承诺技术包括完全接纳、认知解离、关注当下、以己为景、明确价值及承诺行动六大核心过程及相应技术,六个过程相互依存,互为支持,不是孤立、割裂的。指导可以从任意环节切入,依据是社会心理指导师对来访者心理病理模型的评价,哪个维度最严重,就从那个环节入手。

(三)思维与认知

"认知"的意思就是思维、知觉和推理的过程。从事认知疗法者着重检查与情绪、行为、躯体经验及生活中的事件有关联的思维和信念。其核心理念是,我们对一件事或经验的想法,能强有力地影响我们的情绪、行为和生理反应。

1. 思维与行为的关联

有些时候,我们察觉不到是思维在引导行为,然而当我们决定要改变或学习新的行为时,思维将决定行为能否改变和如何促成改变。比如我们对事情的期望会影响我们的行为。如果我们相信可能做成某件事,我们就很可能去尝试,并且会成功。不自主的思维是另外一类影响我们行为的思维形式。当我们在做事时,有些言语和图像会在我们脑海里浮现出来。

2. 思维与生理反应的关联

思维也会影响我们的生理反应。想想你上次读一本趣味盎然的书或杂志上的文章,当你幻想着所描述的景象时,你的身体确实有反应。恐怖的景象可导致人心跳加快，一个缠绵的镜头会导致性兴奋。

3．适应不良的思维特点

（1）自动化思维。它们是自发的、习得的，无论看起来多么不合理，自己都相信，并且很难消失。错误的推理，夸张、扩大消极方面，忽视积极的一面，极化思维、认为事物非黑即白、非好即坏，不存在所谓的中间状态；过度泛化，基于少量数据却做出更广泛的结论。

（2）不合理的观念。认为生活中每一个重要人物的爱或认可，对于每个人来说是必要的；自己应该在所有方面都是非常能干的、胜任的、能取得预期成功的；有些人是邪恶的、坏的或缺德的，他们应当因为他们的邪恶受到严厉的责备和惩罚；当事情没有按照自己想象的方式进行时，这是可怕的、灾难性的；自己的不幸是由于外部引起的，人们很少有能力或者没有能力控制他们的恐惧、不安和骚动；避免困难和责任比面对要容易得多；自己过去的历史是决定自己现在行为的重要因素，因为一度强烈影响自己生活的事情将持续对自己造成影响。

（四）合理理性情绪

用于改变适应不良思维模式的技术包括：认知重构、想象、沉思、模仿、合理情绪重构、预演、放松、自我监测、自我陈述和矛盾行为、压力"接种免疫"、思维中止、思维控制等。

1．思维中止训练

（1）思考关于问题的想法或者感受，如果感受是由于问题引起的。

（2）当你对问题有一个清晰的想象时，对自己大喊一声"停"。

（3）当发现自己不再能清楚地想问题时，慢慢地终止使用"停"这一词语。

（4）用积极的思想代替所讨厌的思想。

（5）当消除了有害的思想时，强化自己所完成的成绩。

2．思维控制训练

（1）以一种积极的方式利用消极思想。

（2）控制消极思想。检查思想，决定能够以一种积极方式解决问题；分析消极思想产生的源头，通过自我监测，采取行动消除产生来源；对你是否存在问题做出现实的客观的评估。

（3）设计计划代替消极思想。

（4）实际地考虑他人的想法。

（5）回顾自己的优点以及如何运用这些优点。

（6）用中性的思想代替令人烦恼的念头。在这种情况下想象是非常有用的。

（7）消极思想对其他解决方案是没有反应的。

3．积极思考训练

（1）尊重自己。

（2）做出行动之前知道自己身处何方。

（3）回顾进步。

（4）在社会环境中，知道什么是你想要的，什么是你的目标。

4．认知重构训练

（1）清晰地辨认和确认自己出现的消极的自动化思想。

（2）认清这些消极思想的水平，它们带来的情绪与之前行为的联系。

（3）同监测任何其他行为一样，自我监测这些消极思想的发生。

（4）通过检查支持证据和反对证据，检验歪曲自己想法的不合理假设和念头。

（5）通过用更实际的想法来代替机能障碍思维从而改变它。

（6）当出现恰当的思想时强化自己。

（五）合理情绪重构训练

回顾每一个念头，看看它们是如何影响你的。可以考虑一下不合理的观念，评价任何会干扰你的思想。

（1）仔细监测自己。观察和记录任何不利于自己的思想是非常重要的，尤其是自动化出现的思想和行动。

（2）确认有压力的事件，确认与它们有联系的任何消极思想。通过这个过程，你能决定发生在感觉和思想间的任何类型的条件化刺激。

（3）用积极、现实的陈述抵抗不合理、消极的思想。应当注意的是减少消极思想和增加积极思想之间不存在因果关系。用积极思想代替消极思想是有意义的、有目的的。

第四节　焦点解决技术

焦点解决技术，又称为焦点解决短期治疗，其主要的意涵在于其正向的哲学观点，从积极面去了解来访者的问题，重视来访者原本具有的天分与能力，引导来访者发挥自己的优点与能力，展现其成就与自信，鼓励并塑造来访者积极的自我应验预言，从而创造改变的可能性。

一、焦点解决技术的理论基础

（一）后现代建构主义

后现代建构主义认为"现实"并不存在于人的意识之外，而是人的精神产品；个人建构的"现实"，深受其所处的语言系统影响；个人的知识会驱使人们对自己的经历去建构、创造、支配及赋予意义。一句话：你的世界，存在于你的语言和意识中。

（二）失焦后的重聚

1. 系统"卡住"

来访者的生活是一个系统，且与社会心理指导师在同一个系统内。来访者的生活系统被"卡住"了，而非"生病"了；社会心理指导师给予来访者小的改变，会积累出大的系统改变，即"牵一发而动全身"。

2. 水晶球的聚焦技巧

焦点解决技术不探究问题产生的原因，而将焦点集中在"未来"，就是注重时间效益，在短期内(通常不超过10次)重新架构。

3. 来访者资源

在社会心理指导师与来访者的合作中，强调实践、不重历史，关注来访者资源，从来访者角度去思考问题，引导来访者发挥其优点与能力、展现其成就与自信，鼓励来访者塑造积极的自我应验预言。

(三) 焦点解决的基本精神

强调如何解决问题，而非发现问题原因;以正向的、朝向未来的、朝向目标的积极态度促使改变的发生。

二、焦点解决技术的核心观念

(一) 事出并非有因

"了解原因"是不必要的，重要的是"解决"。寻找造成结果的原因会消耗时间，而结果与原因之间的关系也很难认定;问题往往是多种原因互动的产物。用探究此刻可以做什么的问句，取代探讨过去原因的问句。

(二) "问题症状"也有正向功能

问题的存在，不见得只呈现出病症或弱点，同时也存在积极的作用。例如，孩子在学校打架、问题不断，看起来真是问题学生。但是，深入探究其家庭背景，老师发现孩子的父母早已离婚，没有联系，只有在孩子出事时，父母双方才会一同来到学校。而孩子的幻想中仍然希望父母有一天能重归于好，所以为了完成他的愿望，只有通过打架滋事。在案例中不仅看到问题的症状，更要看到其背后的积极作用，以求用更好的解决方法，同时又能保持积极的预期。

(三) 合作与沟通是解决问题的关键

社会心理指导师与来访者一直处于积极的互动关系。通过倾听，社会心理指导师进入来访者的世界进行积极的引导，然后经由邀请，促使来访者做进一步改变，协助来访者搜寻新的意义、产生新的想法与行为。社会心理指导师是解决问题"过程"的专家，而来访者是最了解问题的专家，两者只有信任与合作才能使问题迎刃而解。

(四) 不当解决方法是造成问题的根本

人们心理问题的存在，往往是因为"形成不适当的习惯模式"，因此，问题本身不是问题，而是由于解决问题的方法不当引起的。当人们试图解决问题时，可能会带来更大的问题。因此，来访者提出一个问题时，社会心理指导师要考虑问题的多面性及特殊性，不以解决问题为目标，而是培养来访者心理弹性，探索克服困境的适宜方法。

（五）来访者是解决自身问题的专家

强调来访者自身的资源，更强调尊重来访者自身解决问题的能力，社会心理指导师只是"引发"来访者运用自己的能力及应验改变，而不是"制造"改变。

1.从正向的意义出发

强调来访者的正向力量，而不是去看他们的缺陷；强调他们成功的经验，而不是失败；强调来访者的可能性，而不是他们的局限性。

2.雪球效应

看重小的改变。当小的改变发生，系统就和原来的不同了，只要维持小改变，就会累积成大改变。社会心理指导师要引导来访者看到小改变的价值，而愿意促进小改变的发生和持续。

3.凡事都有例外，有例外就能解决问题

社会心理指导师问来访者："你在生活中想要些什么？"这样可使来访者停止抱怨，正视问题的解决，以带出行动的目标。然后，社会心理指导师建构一个问题得以解决的情境，和来访者讨论出不止一种解决方案，找出最有效的行为，鼓励来访者多做一点。

三、焦点解决技术的问句

（一）赞美

为来访者赋能，有助于来访者产生改变的希望。赞美要真诚、具体且基于事实和来访者的目标。赞美的三种形式：直接赞美、间接赞美、自我赞美。

（二）结果问句

以终为始具体化咨询目标，询问来访者"最大的期待"，明晰成功的咨询结果。如"10年后的今天，如果你坐在这里，会对我讲些什么"。

（三）应对问句

在充分认可和接纳来访者状态的基础上，聚焦于来访者所做的对他自己有帮助的行为和有效细节。例如，问一位母亲："从你上次预约到今天你带儿子来这里，这段时间里有什么变化吗？"这个问题，促使母亲开始分享她在家长会上和孩子的老师所交流的讯息，而正是家长会上的交流，使母亲与老师一致同意关注孩子的行为。

（四）奇迹问句

未来导向，以来访者的架构为中心，对其"没有问题的生活"和"期待的未来"进行清晰描述。奇迹式问句是这样的："如果某天晚上，你正在睡觉的时候，奇迹发生了，问题解决了，你如何得知这个奇迹的发生？第二天早上你醒来的时候，是否有什么改变了吗？"这个问题通过让人们清楚地看见目标，来催化解决问题的精神状况。与此同时，也有助于来访者超越问题，明白他们真正想要的或许并不是杜绝问题的本身，而是能够做到那些被问题阻碍的事情。如果心理指导师能鼓励来访者把问题抛在脑后，开始做这些事，那么问题也就不再那么严重了。

（五）关系问句

关系问句可以帮助来访者跳出自己的立场，从别人的立场来看事情。主要用意是希望借此加强来访者与其他人的联结，经由别人的眼光鼓舞自己。因为往往是自己把事情想得比较糟，但由别人的眼光来看却并不一定那么糟。例如，"当你觉得考试不理想的时候，你的爸爸和妈妈如何说的？"关系问句可以达到间接赞美的功能，也可以帮助来访者发展看待自我的新眼光。

（六）例外问句

变化在系统中是永恒存在的。来访者通常会将注意力集中在问题或困扰发生的时候。社会心理指导师借着例外架构的问句，找出问题不存在或目标曾发生的例外，例如，"在什么情况下你没有遇到过这个问题？""什么时候问题会显得没有那么糟？""这时候有哪些不同发生了？"发现问题解决之道的线索所在。

（七）量尺问句

以目标为导向，对来访者的过去、现在和未来进行描述，评估进步和信心，观测可能性。通常，社会心理指导师可以用1代表最糟糕的情况，用10代表最理想的状况。要求来访者用1到10的数字来对问题或相关议题评分。例如，"如果1代表你第一次来见我时的沮丧程度，而10代表你经历奇迹后的兴奋程度，那么你现在对自己有多满意？"评估性问句可以帮助我们把复杂、模糊的目标简单化，通过这种方式辨认出来访者进步的情形，哪怕一个小小的变化，并增强来访者的积极性和信心。

四、焦点解决技术的实施过程

作为一种专业的干预，焦点解决流程与步骤应清晰明了，且具有单次咨询的精神。视每一次的咨询与治疗是第一次也是最后一次，因此每次的咨询构架都是相同的。整个焦点解决短期治疗的咨询次数可为一次或连续多次（平均为5次），每次咨询持续约60分钟。每次咨询的整个过程大致可以分为三个阶段。第一阶段约为40分钟，其余两个阶段皆为10分钟。

（一）建构解决的对话阶段

这一阶段是会谈的主题。之所以称为建构解决的对话，是因为在对话的过程中，社会心理指导师试图通过"建设性预设问句"所选取的方向、所使用的语言而产生的暗示和教育作用，影响来访者改变其认知，引导出正向思考方式解决问题。因此，心理指导过程是关注"改变"的对话历程，在这一过程中，强调正向的、积极的、建设性的导向，则解决方案自然会被引发而成。

1. 准备阶段

在这个阶段中，社会心理指导师与来访者寒暄，介绍一个小时咨询的流程。在社会心理指导师说明的同时，引导来访者进入正向的、未来的及解决导向的会谈中。

2. 问题抱怨阶段

在这个阶段，社会心理指导师以倾听、接纳、同理的态度，收集来访者的抱怨。然而，与其他学派不同，焦点解决学派强调这一过程聚焦于来访者已使用过的解决问题的行动，即肯定来访者已经做过的有效的事情。同时，社会心理指导师除了反映来访者的感受之外，更会暗示事情是有其他可能性存在的，以企图松动来访者的负面感受，使来访者从抱怨提升为希望改变。

3. 设定目标阶段

这一阶段，社会心理指导师会协助来访者确定出具体可行的目标，且是来访者需要的目标，而非社会心理指导师为来访者设定的目标。因为有了目标就会有改变的动力。这里所强调的具体可行的目标指的是正向的、具体的、一小步的、在来访者"可控"范围内的且实际可行的目标。目标的形成是社会心理指导师与来访者合作的过程，可以使用奇迹式问句、循环式问句、排序式问句、评量式问句等技巧。

4. 探寻解决方案阶段

一旦来访者设定了正向的目标，社会心理指导师就会协助来访者探索自己的资源，以达到所求的目标。焦点解决学派典型的做法是将焦点集中在问题发生的时间、地点、活动等细节上，运用例外式问句、奇迹式问句、评量式问句等引出例外及其解决问题的弹性，并开发来访者的内在资源，让来访者发现那时自己是如何做到的，从而引出解决之道。与此同时也暗示来访者，社会心理指导师相信他们做得到，且他们早已开始做一些有益的尝试。

（二）休息阶段

通常情况下在第一阶段进行40分钟之后，社会心理指导师会告诉来访者要休息10分钟，然后再回来给予回馈。在来访者休息的时间里，社会心理指导师会独自跳出咨询的情境，回顾对话历程并整理，或与协同小组中心成员进行讨论，而后提供给来访者一些回馈。休息阶段作为焦点解决学派治疗过程的一个整合的部分，将使正向回馈更为聚焦、组织及有方向性。

（三）正向回馈阶段

焦点解决的治疗过程有着公式化的回馈。在休息阶段之后，社会心理指导师将会用10分钟左右的时间给来访者一些回馈。回馈的内容包含：给予赞美和肯定、提供讯息及布置家庭作业。

1. 给予赞美和肯定

社会心理指导师对来访者自身和其正向资源、能力的鼓励，使来访者注意到自己原本存在但被忽视的内在力量，改变来访者的主观认知，从而提升来访者为自己负责的能力与意愿，进而鼓舞来访者能持续行动以寻求改变。

2. 提供讯息

讯息的提供，可能是专家的观点或理论，也可能是来访者目前正在做而且有效的行动，或是其他一些想法。其目的在于将来访者的问题一般化，或是对问题提供不同的意义和观点，同时提供家庭作业的脉络。

3.　布置家庭作业

家庭作业就是来访者于下次会谈前必须完成的作业或任务，这旨在巩固治疗效果、增强改变信心、实现预定目标。

第五节　绘画分析技术

绘画分析技术是把人看不见、摸不着的情绪，以图像化的形式表达出来的一种方法。绘画是表达我们潜意识的直接工具。在绘画时，个体会把自己的性格倾向、心理需要、心理问题投射到图画中。通过绘画分析，我们可以确定一个人的情绪、人格特征和内部心理现实，而且能看出绘画者的人生经历。

研究表明，绘画分析是一种有效的心理投射测验和治疗方法，因而又叫绘画投射测验。常用的绘画投射测验包括自画像投射测验和房树人投射测验等。由于绘画分析技术是一种投射技术，因而又可称为绘画投射技术。

一、绘画的特点

绘画投射测验是主观投射测验表达法中的一种，其特征主要有三点。

（一）目的隐蔽性

绘画分析技术最大的优点是测验目的隐蔽。因为，绘画分析技术的刺激材料模棱两可，其意义和结构完全由测试者决定，这样能避免来访者有意防御，减少伪装和虚假回答，测验结果真实、客观，更适合"不习惯于直接问答"的中国人。

（二）反映整体性

绘画分析技术是反映人的总体心理特征的测验，而不是针对人的个别心理特质的测验。这种测验结果能够比较全面地呈现人的心理特质，发现人的更多优点和不足。

（三）反应自由性

绘画投射测验刺激材料模棱两可，因此，反应方式自由，可以保证反应资料的丰富性，为人格综合、完整、深层次的探索奠定基础。

（四）优点

绘画投射测验具有操作简易性、成本低廉性、使用趣味性、不受语言文化的限制等优点。

（五）不足

绘画投射测验有其不足之处：缺少本土的数据常模；分析完全依据个人经验；对分析者的要求较高。

二、绘画分析的指标体系及步骤

（一）绘画投射测验指标体系

绘画投射测验指标体系包括两类：第一类按意识层次分为意识信息和潜意识信息，第二类按主题属性分为主题信息和非主题信息。

（二）绘画投射测验分析步骤

绘画投射技术分析总体分为三个步骤。

1. 整体信息分析

对绘画作品的整体进行观察，以获得关于绘画作品"质量"的第一印象。

2. 局部信息分析

局部信息分析指对绘画投射作品指标体系中所有指标进行详细分析。

3. 信息再整合分析

信息再整合分析指以全息理论和心理学理论为依据，从绘画投射作品的诸多特征指标中寻找内在联系，分析与推断某种特定的心理特征，以提高绘画投射测验分析的精准性。

三、绘画投射测验应用领域

（一）亲子关系

绘画投射测验也是帮助父母了解孩子的方法。通过让孩子画画，不仅可以陪伴孩子，而且能够帮助家长更准确、更全面地了解自己的孩子。

（二）罪犯改造

人的行为是受心理支配的，大多数罪犯或多或少都存在一定程度的心理问题或心理疾病，有的存在人格障碍，有的患有精神疾病。心理问题已经成为当前诱发犯罪的重要动因之一，并在罪犯服刑期间呈现出逐渐发展和日趋复杂化的趋势。绘画投射测验在评估和分析罪犯的犯罪动机和人格缺陷上有独特的优势，大大提高了心理矫治的针对性和有效性。

（三）人才选拔

美国心理学家麦克利兰将人才素质分为表面的"冰山以上部分"和深藏的"冰山以下部分"。"冰山以上部分"的知识、技能等外在表现，比较容易测评；而"冰山以下部分"的价值观、态度、个性品质、动机等，是整个素质冰山的基础，决定着一个人的外在行为和表现，不易进行评估。绘画投射测验在"冰山以下部分"有独特的优势。因此，绘画投射测验可以弥补客观量表测验的不足。

（四）自杀筛查

想自杀的人中，一种人是有自杀的想法或动机，但缺乏自杀的勇气；另一种人是既有自杀的想法或动机，又有自杀的勇气。对于第一种想自杀的人，如果采用客观心理测验，比较容易发现。第二种想自杀的人，他们已经考虑了许久，真正准备结束自己的生命，他们的自杀行动不想让任何人知道，因此采用客观心理测验，这类人较难被发现。绘画投射测验不仅是潜意识测验，而且刺激模糊、目的不清，相对来说能够发现被试者深层潜意识和动机。

（五）心理咨询

心理咨询的第一步是诊断和评估，而诊断和评估的主要方法是深入性谈话和客观量表测验。绘画投射测验不仅是一种诊断与评估方法，也是一种咨询技术。绘画投射测验能够快速准确地搭建社会心理指导师与来访者之间的信任关系，绘画成为社会心理指导师和来访者之间联结的纽带和桥梁。同时，绘画投射测验能够比较全面地呈现来访者心理问题，为社会心理指导师准确发现问题的关键找到证据。

案例：房-树-人测验的测试方法

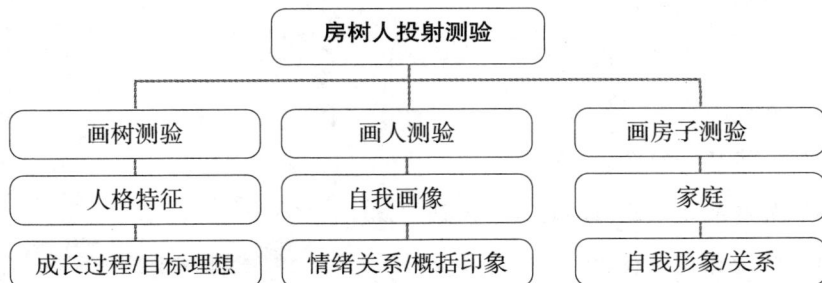

一、房树人主题测验

（一）画树测验

树的成长与人的成长有相似性，用树来比喻人的成长，可以让人产生丰富的联想。树的直接含义表达的是个体与环境的关系，具有生命意义的象征。画树测验操作简单，避免了掩饰，在表达范围上显得更加广泛和深入。

（二）画人测验

考察智力、成熟度、情绪状态，包括负面情绪。判定人格特点，如自信、自我意识、攻击性等。画像内容表达分析如下。

（1）画自画像表达对自己的评价。

（2）画一位异性表达性别认同度。

（3）画雨中之人表达人们在压力情境下的反应。

（4）画一个家庭表达对家庭的态度和家庭成员之间的动态关系。

（5）人物画容易出现的问题包括：被测者有意无意地歪曲；画别的人；画成漫画、抽象画；可能自发地动用心理防御机制；对自我形象确立困难；人际关系不良者；不愿暴露隐私者。

（三）画房子测验

（1）房子表示的是被试者所出生成长的家庭状况，也是指自己对家庭或一般家庭、家族关系的想法、感情、态度。

（2）房屋最基本的意义是安全、舒适。

（3）房子是精神的"栖息地"或"归宿"。

（四）房树人测验

房树人测验考察的内容有：

（1）智力。

（2）人格整合程度。

（3）对待家庭、亲情的态度和看法。

（4）对待自我成长的看法。

二、组织施测

(一) 指导语

(1) 画树："请画一棵树。"

(2) 画人："请你画一个人，不要画火柴人或漫画。"

(3) 画房子："请画一座你心中的房屋。"

(4) 画房树人："请在白纸上任意画一幅包括房子、树木、人物在内的画。"

(二) 观察行为

(1) 从来访者开始画就进行观察，而不是画好之后。

(2) 观察来访者画出的图形是否有特殊的表达。

(3) 记录画图的时间。

(4) 观察被测来访者画图时的情绪变化和肢体动作。

(三) 测验记录

(1) 记下描画时间。

(2) 在描绘房、树木、人时，记录画的顺序，如先画房顶，然后画墙壁，再画门、窗等。

(3) 在描绘过程中的提问、自言自语，也需要记录。

(4) 仔细地观察被测者在绘画过程中是连续性描绘还是停顿性描绘；描画过程中情绪状态怎样，是平稳的，还是烦躁的；是心安理得的，还是烦恼的；对绘画是合作的，还是抵制的。

三、提问用语

(一) 提问——关于树

(1) 这是什么树 (常绿树、落叶树)?

(2) 这是种在什么地方的树?

(3) 是孤零零一棵呢，还是森林中的一棵?

(4) 这画上的天气如何?

(5) 这棵树的树龄有多少?

(6) 这是活树，还是枯树 (何时，如何变成枯树的)?

（7）是棵坚强挺拔的树还是弱小的树？

（8）（伤痕）这是什么？怎么会有的？

（9）（特殊的树）你怎么会想到这样的树？

（10）（难以理解的部分）这是什么，为什么这样画？

（11）还想添点什么？

（12）画得成功吗？什么部分难画？画得不好？

（二）提问——关于人

（1）这个人是谁？

（2）他（她）正在干什么？

（3）他（她）正在想什么？感到怎样？

（4）朋友多吗？什么样的朋友？

（5）你喜欢这个人吗？

（6）（特殊的人物）你怎么会想到画这样的人的？

（7）（难理解的部分）这是什么？为什么要这样画？

（8）还想添点什么？

（9）画得成功吗？哪个部分难画？

（三）提问——关于房子

（1）这间房子是在城里，还是在郊外？

（2）这房间附近，有别的人家吗？

（3）你绘画时，想的是谁的家？

（4）这是你从远处看到的房子，还是近处？

（5）住在这房子里的主人是怎么样的人？

（6）家庭气氛是温暖，还是冰冷？

（7）看见这房子，使你想起什么？想起谁？

（8）你想住在这样的家里吗？

（9）（特殊的房子）你怎么会想到画这样的房子？

（10）（不可理解的部分）这是什么？为什么这样画？

（11）这张画上还想涂些什么？

（12）你是否成功地按自己的设想画？什么部分难画？画得好不好？

四、绘画整体分析

（一）总体分析

1. 对来访者状态的判断

（1）态度。常见的有冷漠、幼稚、认真、一丝不苟、无精打采、粗枝大叶、不细致、不安。

（2）行为。常见的有忙乱、软弱无力、懒洋洋、慢吞吞、散漫。

（3）关系。常见的有生硬不合作、敷衍了事、有安定感、友好。

2. 对作品的第一印象

（1）构图。画面的大小、笔画力度、构图、颜色。

（2）过程。先画什么，再画什么，是否有涂擦，花了多长时间。

（3）内容。树有没有活力，人是否紧张僵直，画面是否协调，色彩是否明亮。

（二）画面分析

1. 画面大小

（1）过大：画面大于2/3纸面。可能显示强调自我存在、活动过度、对环境感知无压力、情绪化、躁动倾向、攻击性倾向。

（2）过小：画面小于1/9纸面。可能显示不适应环境、自我评价较低、自尊心弱、自我无力感、自卑、缺乏安全感、内向、拘谨、胆怯、害羞、活动少、精神动力不足、焦虑不安、情绪低落、退缩倾向。

2. 画面位置

（1）空白部分大于2/3，纸面失去比重，表达消极意义。

（2）中心画：对于成人，提示内在的不安感、努力维持内心的平衡、控制自我。儿童提示具有自我中心，可塑性差，不能客观地认识环境。

（3）左侧画：代表感情世界、过去的生活、内在生活、自我意识、女性化。

（4）右侧画：代表理智世界、将来的生活、外在生活、客观意识、男性化。

（5）画在上部：代表目标远大、努力追求、乐观或者不合理的乐观、在空想中寻求满足、自我存在的不确定感、自我与他人保持距离。

（6）画在下部：代表没有安全感、缺乏自信、依赖他人、害怕独立、逃避尝试新东西或者沉迷在幻想中。

（三）用笔分析

1. 用笔力度

（1）有力的笔触：思维敏捷、自信、果断。

（2）特别用力：自信、有能量、有信心、心理紧张。

（3）用笔压力轻：犹豫不决、畏缩、害怕、没有安全感、不能适应环境、低能量水平。

2. 线条特征

（1）长的线条：自我控制性强、对行动控制得体。

（2）短而断续的线条：易冲动、兴奋。

（3）断续、弯曲的笔触：犹豫不决、依赖和情绪化、柔弱与顺从。

（4）不连接线：自我崩溃、不安定、无忍耐性、失去与现实的接触、焦虑不安、无自信心。

3. 颜色

（1）暖色调：温暖、热情、有能量。

（2）冷色调：冷漠、无能量。

（3）过度使用红色：愤怒。

（4）过度使用暗色系：忧郁。

（5）过度使用鲜艳颜色：急躁。

（6）过度使用很淡的颜色：想要隐藏自己。

（四）视角分析

1. 切断

（1）下半部被截断：压抑心中强烈的冲动，以维持人格的统一。

（2）上半部被截断：多见于树，追求现实中不能实现的满足，从而沉迷于空想。思考强于行动，求知欲强。

（3）左切：对未来恐惧，或固执于过去，即想要直率地、自由地表达自己的情感，又依赖别人，犹豫不决，具有强迫倾向。

（4）右切：显示逃避过去，进入未来的欲求，能直率地表达自我情感；对过去某些经历的事感到恐怖，从而对自己的行为加以理智的控制。

2. 立体性

（1）自上往下观（鸟瞰图）：积极参加的态度，具有优越感，无束缚。

（2）自下往上观（仰视图）：与环境难接近，被家庭排斥，自卑，内向，不好交际。

3. 透明

透明显示情绪障碍、脑器质性损害、不能正确认识自我与外界关系，心理混乱。

（五）过程分析

1. 绘画顺序

（1）画房子正常顺序是屋顶、墙、门、窗。最先画的部分或事物，是作画者最关注的方面。

①先画房顶：显示一种幻想空间或与现实之间的距离。

②屋顶特别大，其余很小：好幻想，逃避现实生活与人际关系。

③瓦片认真画：追求完美，黏着性格。

④墙壁：表示自我的坚强性、抵抗和防御外界攻击的能力、保护自我的能力。

⑤房子是垮掉的墙：自我崩溃。

（2）画树的正常次序：树干、树根、树冠。

①先画地线再画树：依赖性强，希望得到保证。

②树完成后画地线：行动时，开始稳重，突然出现焦虑不安，寻求保证。

③先画树冠：内心不安、虚荣。

（3）画人正常顺序：头面部、躯干、四肢和五官等细节。

①先画躯干四肢的：对自我概念不清，人际关系不良，性情冷漠。

②先画五官，再画脸庞轮廓线：不喜欢与他人的情绪接触。

③先画四肢：手——人际关系有问题，有罪恶感。足——性变态可能，对

性的关心及冲突。

（4）顺序混乱。

往往说明被试者：

①精神发育迟滞，情绪障碍、兴奋、无计划。

②有与众不同的思维方式，精神分裂症。

③有图形综合障碍，脑器质性障碍。

④轻率任性，无决断力，不安。

2. 过程擦消

（1）反复擦消：缺乏决断力，自信不足，不安，要求过高，追求完美。

（2）部分反复擦消：对这部分强烈冲突，是潜意识中的不安。

（3）越画越差：心理病态。

（4）花很长时间画一幅简单的画：不愿意展现真实自我，在把哪些方面表现出来、如何表现等方面思虑过多。

3. 过程动作

过程动作显示作画者对自己的画不满意：

（1）撕掉：追求完美。

（2）在画的不满意的画稿上继续作画：为达到目的不在意挫折。

（3）要求换纸：被画出的真实内容吓到，进行整饰。

五、绘画内容分析

（一）树

1. 主题

（1）常青树：充满活力。

（2）松树：上进心强、自我控制、循序渐进。

（3）落叶树：感到自己受外界压力影响。

（4）垂柳：内向、孤僻、缺乏主见。

（5）枯树：自卑、自贬、抑郁、罪恶感、内向、神经症、精神分裂症。

2. 说明树枯的原因

（1）冬天风雨雷虫等外部原因：把自己所面临的心理原因归之于其他人。

（2）根、干、枝腐烂等内在原因：自我不健全感。

（3）截断的树：表明存在被试，无论如何摆脱不了的心理外伤。

（4）新芽：虽然受到外伤，但无意识中决心再次努力，达到能力恢复。

3. 树所在的季节

（1）春夏：说明心情开朗、生命力旺盛。

（2）秋天：有果实，强调收获，说明有成就感或者有希望。没有果实，更关注于落叶，说明失望与消极。

（3）冬季：说明心情压抑，生命力淡薄。

4. 树干

树干代表内在能量、自尊、人格。

（1）细瘦：不适应环境、感到不安。

（2）树干从中间纵向分割：人格分裂。

（3）线条微弱、概略式：消极不安、弱势。

（4）树干上的阴影或重画：焦虑。

（5）树干上有节孔：创伤。

（6）谨慎小心地画树皮：严格、强制受限的人格。

5. 树枝

树枝表示追求环境的满足、与他人的交际，象征着实现目标的力量、能力、可能性与适应性等。

（1）没有树枝：少与人接触。

（2）枝端尖锐：具有敌意、冲动、攻击性。

（3）树枝向上：有野心，会扩展机会。

（4）树枝向下：低能量。

（5）切断的树枝：精神受创。

（6）枯死的树枝：没有希望，情感空无。

（7）极小的树枝：觉得在环境中不受重视。

（8）小的新树枝：新的个人成长或心智未成熟。

（9）树房：想逃离有威胁的环境。

6. 树根

树根表示被测者与现实的关系、对自己支配现实的能力认识。

（1）树根若太小：无法掌控生命。

（2）枯死的树根：焦虑。

7. 树叶

树叶代表外观、装饰、活力。

（1）性格乐观，观察力敏锐。但每片树叶都非常认真地画的人，有强迫倾向。

（2）明显大于树枝的叶子：内在无力感，表面上显得适应。

（3）树叶零落：由于外界压力而失去自我控制，感受性强，有时表示自我存在。

8. 树

（1）开花之树：注重外在表现，爱虚荣，洞察力弱，自我赞美。

（2）果实之树：依赖性强，持续性差，成人对幼儿期的留恋。

（3）落果之树：感到自己被拒绝，灰心丧气、绝望。

（二）人

1. 性别

一般先画同性再画异性。先画异性者表示：

（1）对异性非常关心。

（2）与被测者心理上密切相关。

（3）性的同一性障碍，对自我性别的角色不能接受。

（4）同性恋、性变态可能。

2. 人物整体信息

（1）巨大人物：自我膨胀、自制能力差。

（2）很小的人：没有安全感、退缩、沮丧。

（3）人物倾斜：个性变化无常、心理失衡。

3. 人像信息

（1）全身有脚：自我意识清楚，自我整合良好。

（2）半身：自我意识模糊。

（3）正面像（自画像）：愿意让别人了解自己。

（4）正面像（别人）：情感上接受。

（5）背影（自画像）：防御、不敢面对、不愿面对现实。

（6）背影（别人）：情感上不接受。

（7）阴影：焦虑或忧郁。

4. 头部

（1）头部过大：对自己的智慧、精神和智力评价较高，自大自负、充满幻想。

（2）小头：在智力、人际交往或性上有一种无力感，生活适应困难。

（3）注重脸部轮廓线条：注重面子，注重别人对自己的看法。

5. 毛发

（1）用黑色把头发一笔笔描画出来：做事认真、追求完美。

（2）过分浓密的头发：烦恼。

（3）头发稀疏或没有：体力不好。

6. 五官

（1）没有耳朵：很少倾听别人的意见。

（2）鼻子：主见。

（3）没有嘴巴：不愿意和人沟通、情绪低落。

（4）露出牙齿（成人）：幼稚、攻击性。

7. 四肢

（1）脖子：智慧和情绪之间的联结。

（2）肩膀：压力。

（3）四肢：表明个体如何与环境相处。

（4）没有画胳膊：内疚感、罪恶感。

（5）没有画手：缺乏行动力。

（6）没有画腿：性方面的困扰。

（7）没有画脚：不稳定或缺乏准确的定位、退缩。

（8）双腿并拢：情绪上的困扰。

（三）房屋

1. 门

门显示家庭与环境直接的积极的通道，反映出潜意识中的人际交往关系。

（1）没有门：自我封闭、冷淡、退缩、被隔离感。

（2）门上有锁：敏感多疑。

（3）很大的门：害羞、人际关系较差。

（4）很小的门：害羞。

（5）旁门：逃避心态。

（6）门外连着路：人际交往很好。

2. 窗

窗象征人的眼睛，象征着美和与人被动接触的方式、内在的防御状态。

（1）缺窗户：退缩、妄想、敌意。

（2）许多窗户：相对开放，期待与环境的接触。

（3）非常小的窗户：害羞、不易接近、较孤僻。

（4）窗户铁栏杆：缺乏安全感。

（5）画了窗帘：防御性的自我保护，心理防御很好。

3. 烟囱

烟囱展现人际关系、家庭成员间关系。

（1）冒浓烟：有家庭冲突，内心紧张。

（2）烟被风吹散：感到环境的压力。

（3）从左至右冒烟：比较保守。

（4）从右至左冒烟：悲观、消沉、有压力。

（5）左右冒烟：精神上有问题。

（四）房树人心理测验

1. 房树人符号意义

（1）房屋代表母亲，是对母亲的态度、关系的表现。

（2）树代表父亲。

（3）人代表人际关系。

（4）人物的位置则代表个案与其父母的亲密程度。

2. 房树人顺序意义

（1）先画树：表明生命能量和成长最重要，作画者首先考虑的是生存问题。

（2）先画房屋：可能表明作画者对自己的身体或家庭非常关注。

（3）先画人：表明对自己的关注。如果不是画自己，表明对所画人物的特别情感。

3. 动态房树人分析

画的主要故事是什么？画面的感觉是冷冰冰的还是温暖的？用的色彩如何？

（1）看房屋。是暖色调还是冷色调？是开放的还是封闭的？房屋是稳定的还是摇摇欲坠的？是豪华的还是简朴的？

（2）看人。这个人正在做什么事？在屋内还是屋外？画中人的主要情绪是什么？强调什么部位？有什么部位被缺漏？有几个人物？相互之间有没有互动关系？

（3）看树。这棵树的生命力如何？树冠、树枝、树叶、树干、树根分别有什么特点？是否有果实？

（4）看房、树、人三者之间的距离。三者的空间位置和相互距离怎样？三者所占的面积哪一个最大、哪一个最小？人与树、屋之间有互动吗？

（5）看有无附加物。是否有太阳、月亮、星星、云朵、花朵等？是否有小动物？它们的位置和面积如何？

六、注意事项

应用绘画分析心理时应注意：能否解释图画的内容不重要，重要的是观察个案的状态。如果个案不想绘画，不要强迫他画。不要把绘画当作作业留给个案。体会图画的意境，进行整体分析，不要轻率地进行过度解释。不要只针对一张画而随意地下结论，从一系列的绘画投射性测验中，才能建立更高可信度的推论。

第十章

社会心理指导师
人才管理

■培训目标

了解关于社会心理指导师的培养制度、岗位职责、职业道德、伦理守则和政策法规。

■培训内容

社会心理指导师培养

社会心理指导师督导

社会心理指导师伦理守则

社会心理指导师个人修养

社会心理指导师法规限制

■培训时间

2学时

■考核重点

社会心理指导师培养与管理制度

社会心理指导师接受督导的意义与作用

社会心理指导师道德规范内容

社会心理指导师职业伦理守则

社会心理指导师的职业理念

第一节　社会心理指导师培养

社会心理指导师具备一定的心理学和社会工作的知识与技能，是从事社会心理工作指导的专业人员。

社会心理指导师在社区工作中应用社会工作的视角和理念，使用心理专业技术和工作方法，助人自助，积极干预和调适社会群体与个人心理发展需求，以塑造社会良好心态和个人心理健康为价值取向，建立和健全社会心理工作体系。

一、社会心理指导师等级设置

社会心理指导师设立三级专业体系。

（一）初级社会心理指导师

初级社会心理指导师是指在社区工作岗位上，对居民的心理教育需求、领导交代的心理知识普及任务完成驻站式服务的心理指导师，它是社会心理指导师等级系统中的初级等级。

（二）中级社会心理指导师

中级社会心理指导师是指能够熟练运用教材中多种心理专业技术和方法，以项目化操作的方式，承接个案、开展团体小组训练、组织社区心理活动，并作为社会心理人才队伍建设中坚力量，承担社会心理服务和社区治理任务，它是三级体系的中间等级，也是社区心理指导系统中的骨干力量。

（三）高级社会心理指导师（含督导师职能）

高级社会心理指导师是一个地区的社会心理服务工作领导者（或具有深厚专业技能的传授者），负责组织管理本地区中级以下社会心理指导师培训及督导工作，参与制订社区心理指导工作计划与制度，承担中级以下社会心理指导师年度注册推荐等。同时，还是各种心理服务技术和方法的探索者与实践者，属于社会心理指导师系统中的最高等级。

二、社会心理指导师培训纲要

在人力资源和社会保障部劳动科学研究所指导下，社会心理指导师专家委员会的50多名社会心理学、社会工作学、心理学等教学研究专家和社会工作者，开展了社会心理指导师专业能力科研项目。经过2年多的理论准备和试点性教育，编委会编写并完善了《社会心理指导师》，构建了社会心理指导师培养的理论体系和专业技术规范，为全国的专业化、系统化和实践化培训打下了基础。

（一）指导思想

为贯彻落实习近平总书记在党的十九大报告中"加强社会心理服务体系建设"的战略部署，根据《关于加强心理健康服务的指导意见》提出的"培训专兼职社会工作者和心理工作者"要求，为满足全社会普及心理健康知识、提高人文关怀、构建和谐社会心态的迫切需求，对心理学与社会工作进行交叉融合的理论探索，创立具有中国特色的社会心理指导专业理论和技术，为加强社会心理服务体系建设奠定理论基础，为社会工作者职业发展拓宽道路，为推进社会治理创新建立专业人才队伍。

（二）目标定位

1. 使用范围

社会心理指导师是考试用书，是社会心理服务站建设的理论依据和技术规范，是社会心理服务站工作人员的岗位能力评价标准和社会心理体系人才建设的理论基础和措施规范。

2. 写作要求

满足科学性、实用性、针对性、持续性、规范性相统一，创新性服从于科学性，教学性服从于实践性的写作要求。

3. 纲要方向

面向社区老、弱、病、残、小等精神正常的一般人群，开展心理健康教育、心理疏导、人文关怀、心理支持、心理激励、心理辅导，强调人际交往、人际沟通、社区凝聚力等基础性技术。

4. 水平标准

初级纲要的内容难度低于心理咨询师三级，以基础知识和管理服务为重点；中级高于心理咨询师二级，达到解决个体和团队案例指导水平。高级实操案例由有实践经验的中级心理咨询师、中级社会工作师加盟。因此，中级教材可涉及一些心理咨询与心理治疗，但这些内容更多地放在高级教材中。

5. 结构成分

明确每章节的教学目标、教学知识点和技能点、重点难点、情感态度价值观及学习要求、课时要求、实践环节，多设思考题、案例分析及单项、多项选择题。鼓励学员运用所学知识完成社区心理指导服务案例、实务分析、不断丰富试题库。

（三）内容区分

1. 初级内容重点

初级要明确职业定位和工作意义，增加心理学基础、社区实务、心理评估、社会工作、心理健康、服务伦理方面的知识，社区心理指导工作方法路径及应注意的问题。明确知识重点和难点、工作重点和难点、考试重点。

2. 中级内容重点

明确社会心理指导师的入门门槛和知识储备，增加案例分析与操作须知；以教授技术为主。能够开展各类人群的心理援助，制定危机干预的预案，建立心理健康预防基层体系。学会诊断、鉴别及转介。培养对象可面向中级心理咨询师、社会工作者和社区领导，针对教师、医务人员、社工、心理咨询师等不同人群，突出重点知识和实践操作。

3. 高级纲要重点

注重针对社会心理指导师的督导、案例督导、技术督导。案例解析既要凸显行业发展的方向，还要显示专业发展的高度，更要注意与国际发展趋势接轨，突出新时代、新视野、新需求、新作为。

三、社会心理指导师培训管理

（一）培训形式与时间

采取全日制职业教育、网络教育、自学和实习督导相结合的教学方法，根据初级培养目标，实施理论、技术实操、案例督导和个人成长四个环节教育。初级、中级、高级培训时间分别为160学时、240学时、800学时。

（二）培训师资

培训教师由心理学专家、社会学专家和社会工作专家组成，强调从现实层面给学员以实操性指导。

（三）场地设备

具有满足教学需要的标准教室和具有学员实施检测条件的软硬件实验室。

（四）培训对象

具备一定的心理学知识与技能的社会工作者；有志于从事社会工作的心理专业人员；心理学、社会学和教育学等院校专业毕业生等。

四、社会心理指导师申报条件

政府机构、基层社区、群工组织等相关部门的管理人员及业务骨干，社会心理服务机构或社会组织的管理人员及工作人员，高校社会工作者及相关专业教师，其他有志于在社会心理服务领域发展者，追求生活品质的心理学爱好者，社会工作及心理学相关专业学生等符合相应社会心理指导师申报条件的，都可报考。

（一）初级

具备以下条件之一的，可申报社会心理指导师初级考试：

（1）具有心理学、教育学、社会工作专业大专以上学历；

（2）心理学、教育学、社会工作专业普通高等学校在校生，经社会心理指导师岗位能力初级培训达规定标准学时数；

（3）其他专业大专及以上学历，毕业满3年，经社会心理指导师初级正规培训达规定标准学时。

（二）中级

具备下列条件之一，且参加社会心理指导师岗位能力中级培训达规定课时数，经考核合格后获得社会心理指导师中级岗位能力培训证书的，可申报社会心理指导师中级考试：

（1）已获得社会心理指导师初级证书，且有1年以上相关岗位工作经验；

（2）具备心理学、教育学、社会工作专业大专及以上学历或同等学力，毕业满2年；

（3）具备心理学、教育学、社会工作专业中、职高学历或同等学力毕业，且有2年及以上相关岗位工作经验。

（三）高级

具备下列条件之一，且参加社会心理指导师岗位能力高级培训达规定课时数，经考核合格后获得社会心理指导师中级岗位能力培训证书的，可申报社会心理指导师高级考试：

（1）已获得社会心理指导师中级证书，且有1年以上相关岗位工作经验者；

（2）具备心理学、教育学、社会工作专业大专学历或同等学历，有3年及以上相关岗位工作经验；

（3）具备心理学、教育学、社会工作专业本科及以上或同等学历，有2年及以上相关岗位工作经验。

五、社会心理指导师考试管理

初级：理论知识考试，采用闭卷笔试方式，时间为120分钟。

中级：理论知识考试，采用闭卷笔试方式，时间为120分钟。技能操作考核，时间为30分钟模拟实操，内容为中级五项专业技术。

高级：5 000字以上案例答辩论文，采取评分表考核，对社会心理指导师所做过的案例成效进行检验。来访者反馈评价，对社会心理指导工作的评价和对个案心理与行为问题改善的评价。

理论知识和技能操作考试均实行百分制。两项成绩都达到60分以上者为合格。

理论知识考试考评人员与考生的配比为1∶20，每一个标准教室不少于2名考评人员。技能操作和案例考试，专家为3人一组现场打分。

各科目满分100分，合格标准为60分。

第二节　社会心理指导师督导

专业督导由高级社会心理指导师，或由已经获得心理、社工督导资质的人员担任，为初级和中级执业者，提供理论指导、专业技术和案例监督，以确保来访者的利益，促进被督导者的专业发展。

一、专业督导作用

接受督导，是社会心理指导师获得职业工作资格的前提条件之一，也是社区心理指导师不断自我完善、保持持续的专业竞争能力的必要途径。从业人员除了教育背景和统一参加考试外，还要求申请者具备一定的接受有督导资格的专家督导的工作或培训经历，一般不少于两年。

专业督导作用。第一，对申请者进行筛选，防止不符合要求者进入本行业；第二，帮助申请者掌握基本的职业要求，包括知识、技能、职业伦理道德等，并保证申请者所服务的对象的合法权益；第三，为专业人员提供持续提高和发展的机会，促进整个行业的健康发展。

个别督导一直被认为是职业发展的基石。被督导者都要经历某种形式的团体督导和体验个别督导。这些督导对被督导者的职业产生很大影响，因此，每一名社会心理指导师都要积极选择和接受一种或多种方法的技能督导。

督导内容。评估被督导者的学习需要；改变、塑造，或者支持被督导者的行为，评价被督导者的表现。对被督导者的学习需要进行程度评价，帮助发现被督导者才能。

二、被督导必须确立的基本观念

（一）理论和实践相结合

这是社会心理指导师培训中应坚持的一个重要原则。理论所反映的是事物的本质和规律，是事物的共性。客观事物是千差万别的，有着生动的、丰富的个性，是共性和个性的统一。因此，社会心理指导师必须运用心理学理论，对具体情况进行具体分析，把心理学理论和活生生的具体生活事件有机地结合起来，做到理论和实践的具体统一。每一位居民的心理及生活事件都是在变化、发展的，因此，心理理论的运用一定要随着居民心理状态的发展进行适时调整及运用，以符合变化了的客观情况，做到理论和实践在时间发展上的统一。因此，社会心理指导师必须掌握心理学相关理论。没有理论，就谈不上联系实际。同时，要从实际出发，实事求是，把心理学理论知识和来访者的生活事件紧密联系起来，解决实际问题。

（二）个案指导与整体指导相结合

个案指导是心理指导工作中最常用的一种工作方法。在心理测验、诊断、指导等环节，都是一对一的服务，有利于个案深层次问题的改善及解决。整体指导在心理服务中主要体现在团体咨询中。团体心理指导是在团体情境中提供心理帮助与指导的一种形式。它是通过团体内人际交互作用，促进个体在交往中通过观察、学习、体验、认识自我、探讨自我、接纳自我，调整和改善与他人的关系，学习新的态度和行为方式，以发展良好的生活适应的助人过程。对于在社区工作的社会心理指导师来说，工作范畴既会涉及个案，也会涉及一些同质性很高的群体，比如儿童群体、青少年群体、恋爱婚姻困惑群体、老年人群体、残疾人群体、失独群体等，这样工作的时候既要采用个案方法，也需要团体咨询，所以对于社会心理指导师来说，这两种知识和技能都必须牢牢掌握，并在实践中慢慢探索，灵活运用。

（三）量化评分与效果优先相结合

量化评分是通过将评分内容化为可以量化的数量，经过测量这些相关数据，并以量化统计方法来分析结果数据，最终达到评价目的的一种方法。一般在培训中常用的量化评分方法有：测验法、问卷法、实验法等。同时要注重培训效果。在工作中，使知识目标、技能目标、情感目标有机相融、和谐统一。准确把握所培训科内容的重点、难点。紧密联系来访者的生活实际，激发学习者积极思维。营造宽松、民主、平等的学习氛围，有效地组织学习者进行学习。

（四）目标明确与重视反馈的原则

培训目标是关于培训将使学生发生何种变化的明确表述，是指在培训活动中所期待得到的学生的学习结果。在培训过程中，培训目标起着十分重要的作用。培训活动以培训目标为导向，且始终围绕实现培训目标而进行。培训目标就是课堂培训过程中的教与学的互动目标。课堂培训目标的主要内容为"双基"及情感因素，即基础知识、基本技能及情感的创设。因此培训设计的培训目标中的三个方面为：知识、技能、情感。培训反馈是师生之间教与学的互动活动，在这个过程中教师是培训信息的传输者，学生是反馈信息的接收者。学生在接收培训信息后，要对接收到的培训信息进行加工与处理，将其输出并传递给教师，教师则根据学生输出的培训反馈信息进行分析，做出培训判断与决策。培训反馈的目的在于缩短当前成就与成功标准之间的差距。对学生而言，培训反馈可以有效地帮助学生强化正确、改正错误，找出问题所在，改进学习方法等。对教师而言，培训反馈能使教师在培训过程中及时掌握培训效果，调整培训计划、改进培训方法，使培训达到预期目标，从而有效地提高培训质量。

第三节　社会心理指导师伦理守则

职业道德是指从业人员在职业活动中应该遵循的行为准则。社会心理指导师职业道德是指在社区心理活动中应遵循的职业行为准则和规范。

伦理守则指人与人相处的各种道德准则，包含内在的价值理想和外在的行为规范。

职业文化指在特定职业中形成的具有普适意义的文化。现代性的职业有共同的经济制度、政治制度与社会文化基础，形成职业制度、习俗与道德、职业精神、职业纪律和职业礼仪等。

一、职业道德

社会心理指导师以社会工作理念，满足居民心理发展需求，属于社会工作体系中心理专业助人者，具有心理与社工双重职业道德要求。

社会心理指导师需要付出时间和精力，需要有对来访者的理解、同情、关怀及耐心，给来访者创造一个安全、温暖、自由的气氛。

必须保护来访者的切身利益，尊重他们的人格和意愿，尊重隐私、保守秘密。绝不能把来访者所谈的隐私与他人随意议论取乐。

接受来访者各种正面和负面的情绪体验，以强烈的责任心，诚恳坦率地和来访者谈心，使他们愿意袒露内心的隐私和秘密，获得他们信任。

社会心理指导师应不断学习本专业知识，促进自身的专业发展，提高专业服务水平；注意加强自身的修养，不断完善自己，提高自己的心理健康水平。

社会心理指导师应明确了解自己的能力界限和专业职能的界限，不做超越自己能力和职能范围的事情。

二、伦理守则

（一）对来访者的责任

社会心理指导师的工作目的是使来访者从其提供的专业服务中获益。社会心理指导师应保障来访者的权利，努力使其得到应得的服务并避免伤害。

（1）社会心理指导师不得因来访者的性别、民族、国籍、宗教信仰、价值观、性取向等方面的因素歧视来访者。

（2）社会心理指导师在咨询关系建立之前，应使来访者明确了解心理服务工作的性质、工作特点、收费标准、可能的局限以及来访者的权利和义务。

（3）社会心理指导师在进行心理服务工作时，应与来访者对咨询目标、方式等问题进行讨论并达成一致意见，必要时应与来访者达成书面协议。

（4）社会心理指导师应明确其工作的目的是促进来访者的成长、自强自立，而并非使来访者在其未来的生活中对其产生依赖。

（二）与来访者关系

社会心理指导师应尊重来访者，按照道德规范与来访者建立良好关系。

（1）社会心理指导师应清楚地认识自己的职业角色对来访者构成的潜在影响，不得利用来访者对自己的信任或依赖谋取私利。

（2）社会心理指导师在正常收费以外，不允许收受实物或以其他方式作为其专业服务的回报，因为它们有引起冲突、剥削、破坏专业关系的潜在危险。

（3）社会心理指导师要清楚地了解双重关系对专业判断力的不利影响，避免与来访者发生双重（或多重）关系。在双重（或多重）关系不可避免时，应采取预防措施，例如签署正式的知情同意书、寻求专业督导、做好相关文件的记录等，以确保双重关系不会损害自己的判断并且不会对来访者造成危害。

（4）社会心理指导师不得与当前来访者发生任何形式的亲密关系，也不得给有亲密关系的人做心理服务。一旦业已建立的专业关系超越了专业界限，应立即终止并采取适当措施。

（5）社会心理指导师在与来访者结束服务关系之后，不得与来访者发生任何亲密关系，确保此关系不存在任何给来访者造成伤害的可能。

（6）当社会心理指导师认为自己不适合对某个来访者进行工作时，应对来访者明确说明，应本着对来访者负责的态度将其介绍给另一位合适的专业人员。

（7）社会心理指导师应尊重其他专业人员，与相关专业人员建立一种积极合作的工作关系，以提高服务水平。

（三）保密原则

（1）社会心理指导师应尊重个人隐私权，无论是在个体还是在集体咨询中，都有责任为来访者保守秘密。

（2）社会心理指导师有责任向来访者说明保密原则，以及这一原则在应用时的限制。在团体中就声明保密原则。

（3）社会心理指导师应清楚地了解保密原则的应用有其限制。下列情况例外：

社会心理指导师发现来访者有伤害自身或伤害他人的严重危险时；

来访者有致命的传染性疾病且可能危及他人时；

未成年人受到性侵犯或虐待时；

法律规定需要披露时。

（4）在遇到特殊情况时，社会心理指导师有向对方合法监护人预警的责任；社会心理指导师有遵循法律规定的义务，但须要求法庭及相关人员出示合法的书面要求，并要求法庭及相关人员确保此披露不会对专业关系带来直接损害或潜在危害。

（5）社会心理指导师只有在得到来访者书面同意的情况下，才能对服务过程进行录音、录像或演示。有关信息（包括个案记录、测验资料、信件、录音、录像和其他资料）均属于专业信息，应在严格保密的情况下进行保存，经过授权才可以接触这类资料。

（6）在工作中，一旦发现来访者有危害自身和他人的情况，必须启动危机干预方案，防止意外事件发生。如与其他人进行磋商，应将有关保密信息的暴露程度限制在最小范围之内。

（四）注意问题处理

社会心理指导师在专业工作中应遵守有关法律和伦理，努力解决自身心理困境和从业难题，在遇到问题时可以向同行及督导寻求建议或帮助。

（1）社会心理指导师一旦觉察到自己在工作中有失职行为或对职责存在误解，应采取合理的措施加以改正。

（2）社会心理指导师若发现有人违反了职业规范，应予以规劝。若规劝无效，应通过适当渠道反映其问题。如果对方违反伦理的行为非常明显，而且已经造成严重危害，或违反伦理的行为无合适的途径解决或根本无法解决，社会心理指导师应当向合法管理机构举报，以维护行业声誉，保护来访者的权益。如果社会心理指导师不能确定某种特定情形或特定的行为是否违反伦理规范，可向管理组织寻求支持。

三、职业文化

社会心理指导师具有稳定性与专业性的职业文化。

（一）构建和谐

巩固社会和谐的思想道德基础，着眼于增强公民、企业、各种组织的社会责任，把和谐社区、和谐家庭等活动，以相互关爱、社会服务为主题，广泛吸引群众参与，注重促进人与人、人与环境的全面和谐。

（二）人文关怀

承认人的生命是一种精神和文化的存在。无论是在推动社会发展还是实现自身发展方面，人都居于核心地位或支配地位。承认人的价值，追求人的社会价值和个体价值的统一、作为手段和目的的统一。心理工作是促进人的自由全面发展。人的全面发展应当是自由、积极、主动的发展，加强人文关怀和心理疏导，引导人们正确对待自己、他人和社会，正确对待困难、挫折和荣誉。

（三）尊重主体

来访者是自身生活的主体，也是整个社会生活的主体，因而也是改善来访者的生活、提高其生活品质。必须关心来访者多方面、多层次的需要。不仅关心物质层面的需要，更关心精神文化层面的需要；不仅创造条件满足生存需要、享受需要，更着力于满足自我发展、自我完善的需要。

（四）助人自助

社区心理指导工作提倡"主动帮助、助人自助"的理念，唤醒和帮助那些处于心理困难和危机中的人们走出困境，自立自强，重返生活舞台。受助者获得生活的能力后，也会关心他人、帮助他人，为社会做贡献。

（五）平等友爱

欣赏他人、与人为善、有爱无碍、平等尊重，这便是友爱精神。社会心理指导师的博爱跨越了国界、民族、文化差异和贫富差距，让社会充满阳光般的温暖。

第四节 社会心理指导师个人修养

社会心理指导师个人修养是指在工作过程中应遵循道德规范、职业理念、伦理守则，包括具体的行为准则和戒律等。

一、社会心理指导师道德规范

（一）总则

社会心理指导师必须具备专业资质，并被专业机构所聘用，在从事社区心理指导工作时应遵纪守法，遵守社会心理指导师职业道德准则；应注意加强自身的修养，不断完善自己，提高自己的专业能力和心理健康水平；应明确了解自己的能力界限和专业职责的界限，不做超越自己能力和职责范围的事情。

（二）对来访者的责任

社会心理指导师的目的是使来访者从其提供的专业心理指导中获益。社会心理指导师应保障来访者的权利，努力使其得到适当的心理指导并避免受伤害。社会心理指导师不得因来访者的性别、宗教信仰、价值观、性取向等方面歧视来访者。在建立关系前，应使来访者了解社区心理指导工作的性质、特点、收费标准、可能的局限以及自身的权利和义务。在进行心理指导时，应与来访者在目标、方法等问题上进行讨论并达成一致，必要时应写下书面协议。

（三）与来访者的关系

社会心理指导师应尊重来访者，按照道德规范和法律要求与来访者建立健康良好的指导关系。社会心理指导师应认清自己的职业角色，不得利用来访者对自己的信任或依赖谋取私利。如社会心理指导师认为自己不适合对某个来访者进行工作时，应对来访者说明情况，将其介绍给另一位合适的专业人员。作为社会心理指导师，应尊重其他社区专业人员，与相关专业人员建立一种积极合作的工作关系，以提高对来访者的指导服务水平。

二、社会心理指导师职业理念

社会心理指导师应基于科学理论和专业技术基础，在专业界限和个人能力范围之内，以负责任的态度进行工作；应不断更新并发展专业知识，积极参与自我提升的活动，促进个人在生理上、社会适应上和心理上的健康，以更好地满足专业责任的需要。

（一）专业服务理念

社会心理指导师应在自己专业能力范围内，根据自己所接受的教育、培训和督导的经历和工作经验，为不同人群提供适宜而有效的专业服务。

（二）开放学习理念

社会心理指导师应充分认识到继续教育的意义，在专业工作领域内保持对当前学科和专业信息的了解，保持对所用技能的掌握和对新知识的开放态度。

（三）职业督导理念

社会心理指导师应保持对于自身职业能力的关注，在必要时采取适当步骤寻求专业督导的帮助。在缺乏专业督导时，应尽量寻求同行的专业帮助。

（四）自我完善理念

社会心理指导师应关注自我保健，当意识到个人的生理或心理问题可能会对来访者造成伤害时，应寻求督导或其他专业人员的帮助，必要时应限制、中断或终止社区专业服务。

（五）适当暴露理念

社会心理指导师在工作中需要介绍自己的情况时，应实事求是地说明自己的专业资历、学位、专业资格证书等情况。在需要进行广告宣传或描述其服务内容时，应以确切的方式表述其专业资格。

（六）适应社会理念

社会心理指导师通过公众媒体（如讲座、演示、电台、电视、报纸、印刷物品、网络等）从事专业活动，或以专业身份提供劝导和评论时，应注意自己的言论要基于恰当的专业文献和实践，尊重事实，注意自己的言行应遵循专业伦理规范。

（七）诚实客观理念

当社会心理指导师需要向第三方报告自己的专业工作时，应采取诚实、客观的态度准确地描述自己的工作。

（八）合理取酬理念

社会心理指导师不得利用专业地位获取私利，也不得利用心理咨询、教学、培训、督导的关系为自己获取合理报酬之外的私利。

三、社会心理指导师伦理规范

（一）价值中立原则

相信每个人都有着积极、奋发向上、自我肯定、无限成长的潜力。社会心理指导师只要给来访者提供适当的心理环境和气氛，给来访者无条件积极关注，来访者自己就能自我理解，改变对自己和他人的看法，产生自我导向的行为，并最终成为功能完备的人。

（二）保密原则

社会心理指导师应尊重来访者的个人隐私权，无论是对个体指导或是集体指导成员，在授课举例、给领导汇报工作、与他人聊天时等都有责任采取适当的措施为来访者保守秘密。

（三）知情同意原则

社会心理指导师有义务和责任告知来访者以下情况：指导的特点、性质、预期疗程、费用、保密范围等。来访者应当具有法律所要求的行为能力，在做出知情同意的过程中，不受外界的利诱或胁迫，其决定是自愿自主的。

第五节　社会心理指导师法规限制

社会心理指导师要依法开展工作。主要所涉及的法律有《中华人民共和国精神卫生法》《中华人民共和国民法通则》《中华人民共和国劳动法》《中华人民共和国未成年人保护法》《中华人民共和国婚姻法》《中华人民共和国消费者权益保护法》等；政策依据有《关于加强心理健康服务的指导意见》《全国社会心理服务体系建设试点工作方案》。

一、服务对象与内容限制

（一）普通职业人群服务内容

各机关、企事业和其他用人单位要把心理健康教育融入员工思想政治工作，制订实施员工心理援助计划，为员工提供健康宣传、心理评估、教育培训、咨询辅导等服务，传授情绪管理、压力管理等自我心理调适方法和抑郁、焦虑等常见心理行为问题的识别方法，为员工主动寻求心理健康服务创造条件。对处于特定时期、特定岗位、经历特殊突发事件的员工，及时进行心理疏导和援助。

（二）儿童青少年服务内容

学前教育机构应当关注和满足儿童心理发展需要，保持儿童积极的情绪状态，让儿童感受到尊重和接纳。特殊教育机构要针对学生身心特点开展心理健康教育，注重培养学生自尊、自信、自强、自立的心理品质。

中小学校要重视学生的心理健康教育，培养积极乐观、健康向上的心理品质，促进学生身心可持续发展。

高等院校要积极开设心理健康教育课程，开展心理健康教育活动；重视提升大学生的心理调适能力，保持良好的适应能力，重视自杀预防，开展心理危机干预。

组织学校、家庭、社会携手，开展"培育积极的心理品质，培养良好的行为习惯"的心理健康促进活动，提高学生自我情绪调适能力，尤其要关心留守儿童、流动儿童心理健康，为遭受学生欺凌和校园暴力、家庭暴力、性侵犯等儿童青少年提供及时的心理创伤干预。

（三）社区群体服务内容

关注老年人、妇女、儿童和残疾人心理健康。各级政府及有关部门尤其是老龄办、妇联、残联和基层组织要将老年人、妇女、儿童和残疾人心理健康服务作为工作重点。

充分利用老年大学、老年活动中心、基层老年协会、妇女之家、残疾人康复机构、有资质的社会组织等宣传心理健康知识。

通过培训专兼职社会工作者和心理工作者、引入社会力量等多种途径，为空巢、丧偶、失能、失智、留守老年人、妇女、儿童、残疾人和计划生育特殊家庭提供心理辅导、情绪疏解、悲伤抚慰、家庭关系调适等心理健康服务。

鼓励有条件的地区适当扩展老年活动场所，组织开展健康有益的老年文体活动，丰富广大老年人精神文化生活，在老年人生病住院、家庭出现重大变故时及时关心看望。

加强对孕产期、更年期等特定时期妇女的心理关怀，对遭受性侵犯、家庭暴力等妇女及时提供心理援助。加强对流动、留守妇女和儿童的心理健康服务。鼓励婚姻登记机构、婚姻家庭纠纷调解组织等积极开展婚姻家庭辅导服务。

发挥残疾人社区康复协调员、助残社会组织作用，依托城乡社区综合服务设施，广泛宣传心理健康知识，为残疾儿童家长、残疾人及其亲友提供心理疏导、康复经验交流等服务。

通过开展"志愿助残阳光行动""邻里守望"等群众性助残活动，为残疾人提供心理帮助。护理院、养老机构、残疾人福利机构、康复机构要积极引入社会工作者、心理咨询师等力量开展心理健康服务。

重视特殊人群心理健康服务。健全政府、社会、家庭"三位一体"的帮扶体系，加强人文关怀和心理疏导，消除对特殊人群的歧视，帮助特殊人群融入社会。

要高度关注流浪乞讨人员、服刑人员、刑满释放人员、强制隔离戒毒人员、社区矫正人员、社会吸毒人员、易肇事肇祸严重精神障碍患者等特殊人群的心理健康。加强心理疏导和危机干预，提高其承受挫折、适应环境能力，预防和减少极端案（事）件的发生。

加强严重精神障碍患者服务。各级综治、公安、民政、司法行政、卫生计生、残联等单位建立精神卫生综合管理小组，应多渠道开展患者日常发现、登记、随访、危险性评估、服药指导等服务。

动员社区组织、患者家属参与居家患者管理服务。做好基本医疗保险、城乡居民大病保险、医疗救助、疾病应急救助等制度的衔接，逐步提高患者医疗保障水平。做好贫困患者的社会救助工作。

建立健全精神障碍社区康复服务体系，大力推广"社会化、综合性、开放式"的精神障碍康复模式，做好医疗康复和社区康复的有效衔接。

二、执业限制法律条款解读

（一）《关于开展社区矫正试点工作的通知》

最高人民法院等四部门联合印发的《关于开展社区矫正试点工作的通知》指出，社区矫正的任务规定："通过多种形式，加强对社区服刑人员的思想教育、法制教育、社会公德教育，矫正其不良心理和行为，使他们悔过自新，弃恶从善，成为守法公民。""帮助社区服刑人员解决在就业、生活、法律、心理等方面遇到的困难和问题，以利于他们顺利适应社会生活。"这是社区矫正工作的具体要求。

（二）《中华人民共和国精神卫生法》

《中华人民共和国精神卫生法》第二十三条，明确规定"心理咨询人员不得从事心理治疗或者精神障碍的诊断、治疗"。依据第七十六条规定，心理咨询人员违法从事心理治疗，将受到经济和行政处罚，一旦造成严重后果，还将承担相应的民事责任。

（三）《中华人民共和国民法通则》

社会心理工作属于民事活动的范畴，社会心理指导师为来访者提供心理指导服务，应当遵循《中华人民共和国民法通则》的相关规定。

《中华人民共和国民法通则》第三条、第四条、第六条和第七条明确了民事活动的一般性原则。社会心理指导师作为社会心理工作的民事行为主体应当熟悉并遵守上述法条。

第十一条、第十二条、第十三条、第十八条、第十九条明确了完全民事行为能力人、限制民事行为能力人和无民事行为能力人三类人员的界定，明确了法定代理人的确定规则。社会心理指导师在工作中，应当明确区分来访者的民事行为能力类别，当为限制民事行为能力人和无民事行为能力人提供帮助时，一定要依照法律得到法定代理人的同意。

第八十八条规定了在民事活动中合同当事人的权利和义务。鉴于社会心理指导师在提供服务前往往会签订相关合同，上述法条为指导师履行义务和维护权益提供了基本遵循。

第一百条和第一百二十条规定了公民姓名权、肖像权、名誉权、荣誉权不受非法侵害。社区心理指导工作中容易涉及来访者的上述权利，社会心理指导师应熟悉相关法条，避免出现侵权行为。

（四）《中华人民共和国劳动法》

社会心理指导师从事心理指导工作，并与社区签订服务协议，其行为受《中华人民共和国劳动法》的约束，权益受《中华人民共和国劳动法》的保护。

《中华人民共和国劳动法》第二条和第三条规定了劳动者的基本权利。社会心理指导师在从事社会心理工作时属于与用人单位形成劳动关系的劳动者，依法享有劳动者的基本权益。

（五）《中华人民共和国未成年人保护法》

作为社会心理指导师服务的对象之一，未成年人受《中华人民共和国未成年人保护法》的特殊保护。社会心理指导师应当掌握《中华人民共和国未成年人保护法》有关未成年人享受个人隐私权，其信件不得隐匿、毁弃和私自代为开拆的规定。社会心理指导师在为未成年人进行心理指导的时候，往往会掌握未成年人的个人隐私，有时还会获得未成年的书信等私密信息，这就要求心理指导师遵照上述法律条文进行处理，不因不知法而侵害未成年人的合法权益。

（六）《中华人民共和国婚姻法》

为社区人员提供婚姻关系心理指导是社会心理指导师的工作范畴之一，社会心理指导师应当掌握《中华人民共和国婚姻法》中相关的法条,如第二条、第三条和第四条规定了我国实行的婚姻制度和婚姻中的禁止行为。社会心理指导师在从事家庭婚姻关系心理指导时,应以《中华人民共和国婚姻法》为准绳,避免介入家庭财产分割与签订协议等。

(七)《中华人民共和国消费者权益保护法》

社会心理指导师在从事社会心理工作时可能存在为来访者提供服务,并收取报酬的情况。这种情况下,心理指导师的活动受《中华人民共和国消费者权益保护法》的约束,应遵循《中华人民共和国消费者权益保护法》的相关法条,如第八条、第九条、第十一条、第十四条、第十五条和第十八条关于消费者享有的权利和经营者(服务提供方)的义务的规定。社会心理指导师应掌握《中华人民共和国消费者权益保护法》的相关规定,保证消费者对提供服务的知情权、选择权等其他权利,也应当依照《中华人民共和国消费者权益保护法》保障自身合法权益。

参考文献

1. 辛自强. 社会心理服务体系建设的定位与思路[J].心理技术与应用,2018(5).

2. 俞国良. 社会转型:心理健康服务与社会心理服务[J].黑龙江社会科学,2018(4).

3. 郑红渠. 加强社会心理服务体系建设,不断创新和提高社会治理水平[J].传播力研究,2018(16).

4. 吕小康,汪新建. 中国社会心理服务体系的建设构想[J].心理科学,2018,41(5).

5. 陈雪峰. 用第三方评估促进社会心理服务体系建设[J].心理技术与应用,2018,6(10).

6. 王俊秀. 社会心理学如何响应社会心理服务体系建设[J].心理技术与应用,2018,6(10).

7. 辛自强. 社会心理服务不等同"治病救人"[J].北京观察,2018,335(9).

8. 辛自强. 社会治理中的心理学问题[J].心理科学进展,2018(1).

9. 张翼,汤朝晖,王竹. 特殊教育学校康复用房设计要点[J].华中建筑,2012(12).

10. 王成德,邢杰. 心理健康服务设备发展研究与应用[J].兰州文理学院学报(社会科学版),2018(2).

11. 陈侃,高岚. 沙盘游戏的理论与实践[J].教育导刊:下半月,2005(8).

12. 黄昊. 江西省市县级未成年人心理健康辅导中心调查与分析[D].南昌:南昌大学,2017.

13. 林胜洁. 温州市瓯海区农村新社区建设的现状及策略研究[D].南京:南京农业大学,2013.

14. Runners团队. 中国心理咨询行业发展研究报告摘录[J].社会心理科学,2015(Z1).

15. 心理咨询师国家职业标准[J].社会心理科学,2017(1)

16. 陈君楣. 表达性艺术疗法视阈下的在华留学生心理调适[J].艺术教育,2018(6).

17 杨莉萍. 社区心理学研究的几个基本理论问题[J].江苏师范大学学报(哲学社会科学版),2015(4).

18. 于华林,杨毅. 我国社区心理学研究述评[J].山东商业职业技术学院学报,2008(4).

19. 乐国安,沈杰. 20世纪80年代以来中国社会心理学的基本理论研究[J].南开学报,2001(2).

20. 池丽萍. 对社会心理服务体系建设实践的反思[J].心理技术与应用,2018,6(10).

21. 王思斌. 我国社会工作发展的新取向[J].学习与实践,2007(3).

22. 王思斌. 社会工作概论(第2版)[M].北京:高等教育出版社,2006.

23. 王思斌. 社会转型中的弱势群体[J].中国党政干部论坛,2002(3).

24. 王思斌. 中国本土社会工作实践片论[J].江苏社会科学,2011(1).

25. 郭丹阳. 中国农村互助养老模式可行性研究[D].福:福建师范大学,2013.

26. 张丽芬,肖飞. 社会工作介入肿瘤患者的行动研究[J].社会工作,2013(1).

27. 冉红芳. 社会工作方法在中学德育管理中的应用研究[D].重庆:重庆师范大学,2012.

28. 金明珠. 大一新生入学适应问题的学校社会工作干预研究[D].昆明:云南大学,2013.

29. 申荷永. 勒温心理学的方法论[J].心理科学,1990(2).

30. 李方方. 社会工作介入流浪儿童救助的路径研究[D].福州:福建师范大学,2013.

31. 黄苑泽. 社会工作方法对家庭夫妻暴力介入的作用[D].武汉:华中科技大学,2012.

32. 任文杰. 家庭暴力受虐妇女的社会工作介入探析[D].长春:吉林农业大学,2017.

33. 彭聃龄. 普通心理学(第4版)[M].北京:北京师范大学出版社,2012.

34. 林崇德. 发展心理学(第3版)[M].北京:人民教育出版社,2009.

35. 黄代翠. 心理健康教育辩证法研究[D].武汉:武汉大学,2012.

36. 刘素兰. 高校学生弱势群体心理健康教育研究[D].武汉:中南民族大学,2009.

37. 杨雨露. 高校心理咨询服务现状研究[D].兰州:西北大学,2017.

38. 汲新波. 高校大学生自我同一性问题研究[D].哈尔滨:哈尔滨工程大学,2005.

39. 顾爱勤. 我国当代大学生情感教育研究[D].哈尔滨:哈尔滨工程大学,2009.

40. 邵晓芸. 基于理性情绪教育的辅导课程对改善高中生不良情绪的效果研究[D].武汉:华中师范大学,2004.

41. 张烽. 浅谈人际关系的构成因素、特点和作用[J].郑州大学学报(哲学社会科学版),1998(2).

42. 邝红妹. 大学新生人际关系适应问题探析[J].中国电力教育,2008(21).

43. 孙俊娟. 河南省处级党政干部的领导心理健康及其相关研究[D].开封:河南大学,2009.

44. 沈大为. 大学生心理健康指导的对策研究[D].长春:吉林大学,2008.

45. 赵萍. 心理危机干预及实施[J].齐齐哈尔医学院学报,2007,28(13).

46. 邢仁德. 突发事件伤害的心理应激与危机干预[C]//第四届全国灾害医学学术会议暨第二届"华森杯"灾害医学优秀学术论文评审会学术论文集.2007.

47. 赵力非. 谈谈高校心理危机干预问题[J].现代教育科学,2009(7).

48. 姚玉红. 地震灾后心理危机高危人群及其干预[J].现代预防医学,2008,35(13).

49. 于艳玲. 高等院校应急管理体系的理论研究与实证分析[D].武汉:武汉理工大学,2010.

50. 李涛,张兰君. 高校危机事件后的心理危机干预模式[J].心理研究,2008,1(5).

51. 张博萍. 高校突发事件善后思想政治教育研究[D].重庆:重庆交通

大学,2010.

52. 郭斌. 106例抑郁症临床诊疗体会[J].中国伤残医学,2015(6).

53. 李锐. 创伤后应激障碍与心理健康及应对方式的关系[J].中国健康心理学杂志,2014,22(4).

54. 吴秀凤. 小学生自我意识特点与父母教养方式对其影响研究[D].南京:南京师范大学,2014.

55. 陈英敏. 初中生羞怯的结构、特点及遗传与环境的影响作用[D].济南:山东师范大学,2013.

56. 程雪. 三峡库区老年人心身健康状况及影响因素研究[D].重庆:重庆医科大学,2011.

57. 钟自珍. 美术治疗小组对智障人士人际交往能力提升的作用[D].兰州:兰州大学,2014.

58. 杨佩霖. 浅谈中国青少年社区矫正[J].法制与社会,2017(36).

59. 张仲明,李红. 心理教育同盟关系:心理健康教育新概念[J].南京师大学报(社会科学版),2009(2).

60. 闵佩珍,游永彬,陈爱生,等. 心理咨询与增强当事人的自我责任[J].南昌航空大学学报(社会科学版),2000(2).

61. 胡瑞. 军校突发事件青年学员心理危机干预研究[D].长沙:国防科学技术大学,2012.

62. 雷秀雅,丁新华,田浩. 心理咨询与治疗(第2版)[M].北京:清华大学出版社,2017.

63. 王军胜. 浅谈中小学生心理咨询与辅导的方法与技巧[J].北方文学(下半月),2010(4).

64. 文霞荣. 主动式倾听在对话教学中的价值[J].教育发展研究,2006(2).

65. 孙远. 提高高校辅导员心理健康教育能力的策略[J].教育探索,2012(3).

66. 李军,张殳. 大学生人际交往能力的探讨[J].山东青年政治学院学报,2007(1).

67. 崔艳侠. 当代大学生人际交往现状及能力培养[J].辽宁教育行政学院学

报,2011(3).

68. 李娜. 开发区管理中的政企沟通问题探析[D].上海:华东政法大学,2014.

69. 王虹. 思想政治工作中沟通的力量[J].金陵瞭望,2010(8).

70. 包宇婷. 开放式提问与封闭式提问分析与思考[J].新校园(中旬刊):2018(3).

71. 张掌然,张媛媛,等. 从心理问题学的角度透视心理技术[J].武汉大学学报(人文科学版),2008,61(4).

72. 许尔湘. 心理咨询中非选择性倾听技术的应用[J].新疆教育学院学报,2011,27(2).

73. 刘静,杨忠梅. 浅谈学校心理咨询[J].绥化学院学报,2004(3).

74. 于囡璐. 残疾儿童康复的社会工作介入研究[D].苏州:苏州大学,2010.

75. 王玉珅,曹国兴. 团体心理辅导在大学生职业生涯规划中的设定标准及实效性评估的探析[J].社科纵横(新理论版),2008(2).

76. 傅成仕,朱春阳. 高校贫困生心理困扰与思想冲突团体辅导方案[J].继续教育研究,2008(5).

77. 于晓溪. 试谈大学生进行团体心理辅导的必要性[J].科学技术创新,2012(8).

78. 杨琳琳. 团体心理辅导在高校辅导员工作中的积极效应[J].吉林广播电视大学学报,2013(3).

79. 安玲,刘文. 自信心研究新进展:结构、方法及展望[J].社会心理科学,2010(Z2).

80. 芦球,姚子雪婷,彭杰芳. 初探循证心理治疗在团体心理辅导中的应用[J].中国健康心理学杂志,2014(1).

81. 富伟丽. 团体辅导在初中德育工作中的应用[D].苏州:苏州大学,2010.

82. 焦宇杰. 初中生学业自我效能感与手机依赖的关系及干预研究[D].石家庄:河北师范大学,2018.

83. 蔡迎春. 一项改善大学生人际信任的训练实验[D].长春:东北师范大学,2006.

84. 杨五英. 团体辅导在学生管理工作中的应用[J].产业与科技论坛,2013(20).

85. 沈贵鹏. 心理教育活动论[D].上海:华东师范大学,2003.

86. 李淑娥. 关于加强对青少年训练过程中人格培养的研究[J].当代体育科技,2014(34).

87. 方宏建. 大学生人格培育的机理与方法研究[D].天津:天津大学,2010.

88. 陈瑜,裴涛. 团体心理辅导在高校学生工作中的应用[J].社会心理科学,2010(2).

89. 高爽. 团体辅导在高校思想政治工作中的应用[D].哈尔滨:哈尔滨工程大学,2007.

90. 周晓新,王雪,耿霞,等. 学习动机的激发和保持策略在网络课程设计中的应用[J].远程教育杂志,2007(6).

91. 杨立红. 新课改背景下初中课堂教学讲授法运用有效性研究[D].济南:山东师范大学,2011.

92. 贺方成. 研究性学习在高等职业教育教学中的应用研究[D].重庆:西南大学,2011.

93. 桂敏. 基于胜任力的企业培训教学设计流程研究[D].南昌:江西师范大学,2012.

94. 赵明明. 触屏手机游戏界面及交互设计研究[D].长春:长春工业大学,2013.

95. 刘晨晨. 小学英语课堂教学游戏性的研究[D].重庆:西南大学,2013.

96. 李涯. 以女性用户为主的手机游戏市场分析与营销策略研究[D].北京:对外经济贸易大学,2017.

97. 林春晴. 且游且渡——沙盘游戏中的过渡性客体[J].心理与健康,2018(7).

98. 高晓兰. 整合与超越——荣格象征理论研究[D].哈尔滨:黑龙江大学,2010.

99. 王巧敏,章小雷,黄钢. 沙盘游戏的应用现状[J].广东医学院学报,2009,27(1).

100. 吕小琳. 中华优秀传统文化教育的当代价值——从道德滑坡现象看[J].学理论,2014(35).

101. 任其平. 文化视域中的心理健康教育[J].安庆师范学院学报(社会科学

版),2007(2).

102. 李晓飞. 唱歌是心理健康的良药[J].成才之路,2007(21).

103. 唱歌:健康的"天然良药"——隐藏在"常识"中的科学谜团[J].北方音乐,2007(6).

104. 孟永生. 谈谈唱歌养生[J].医疗保健器具,2007(7).

105. 陈艳艳. 陕西民间鼓舞的历史演变与健身资源开发及利用研究[D].西安:陕西师范大学,2011.

106. 王丽霞,牛芳. 朔州"喜乐"的表演形式及文化价值[J].中北大学学报(社会科学版):2014(30).

107. 高浩,赵雨薇,石伟涛,等. 鼓圈治疗的研究进展[J].科技风,2018,346(14).

108. 孔青梅. 团体心理咨询与大学生思想政治教育有效结合的探索[D].广州:广东商学院,2011.

109. 陆丰. 奇妙疗法——心理剧[J].今日科苑,2007(9).

110. 王炳元,张媛,吉宇波,等. 角色扮演教学法的操作形式刍议[J].内蒙古医科大学学报,2014(S2).

111. 军文. 有趣的"心理剧"疗法[J].心理与健康,2004(3).

112. 祝卓宏. 接纳与承诺疗法在残疾人心理康复中的作用分析[J].残疾人研究,2013(4).

113. 张嫱,王淑娟,祝卓宏. 接纳与承诺疗法的心理病理模型和治疗模式[J].中国心理卫生杂志,2012,26(5).

114. 吴婷,朱丽莎,王分分,等. 学龄前儿童母亲心理灵活性与养育心理灵活性的关系[J].中国心理卫生杂志,2018(6).

115. 沈黎. 焦点解决短期治疗——后现代主义的社会工作理论新趋向[J].华东理工大学学报(社会科学版),2008(3).

116. 宁雁青. 焦点解决短期治疗在青少年心理危机干预中的运用[D].长春:长春工业大学,2014.

117. 马志国. 聚焦改变的技术——学校心理咨询中的改变技术[J].心理技术与应用,2014(10).

118. 高翔,戴艳,郑日昌. 焦点解决短期治疗(SFBT)简介[J].中国心理卫生杂志,2004,18(5).

119. 戴艳,高翔,郑日昌. 焦点解决短期治疗(SFBT)的理论述评[J].心理科学,2004(6).

120. 沈黎,刘斌志. 焦点解决短期治疗模式在青少年网络成瘾中的运用——后现代主义社会工作理论的介入视角[J].青年探索,2009(3).

121. 黄虹. 心理学视野下的绘画艺术[J].艺术教育,2012(8).

122. 滕爱凤. 基于素质模型的饭店员工招聘实证研究[D].锦州:渤海大学,2013.

1263. 宋睿苗. 萨提亚模式对初中生自我接纳与接纳他人的促进性研究[D].太原:山西师范大学,2012.

124. 陈薪屹. "房—树—人"绘画投射技术基本理论及在儿童心理辅导中的运用[J].中小学心理健康教育,2009(5).

125. 夏飞云. 形成性评价视野下的教学反馈研究[D].上海:上海师范大学,2018.

126. 徐茜,徐丽华. 国外形成性教学反馈的研究及启示[J].当代教育科学,2010(7).

127. 李敏智. 从职业文化谈就业教育学科化[J].广西中医学院学报,2008,11(3).

128. 中国心理学会临床与咨询心理学工作伦理守则(第一版)[J].心理学报,2007(5).

129. 仇乔石. 心理咨询中隐私权的保护[J].科技创新导报,2009(2).

133. 何光耀. 论心理咨询中价值中立原则的非普遍适用性[J].改革与战略,2007(3).

130. 费涛. 积极心理学视域下公务员心理健康服务体系的构建[J].农业部管理干部学院学报,2017(3).

131. 孙颖慧. 加强人力资源心理健康服务的思考[J].口岸卫生控制,2018(3).

132. 社会工作被纳入加强心理健康服务宏观指导意见[J].中国社会工作,2017(4).

社会心理服务体系建设人才培训教材

社会心理指导师

（中 级）

张青之 主 编

·北京·

国家行政管理出版社

《社会心理指导师》专家委员会

《社会心理指导师》编委会

主　编：张青之

副　主　编：林永和　杨智辉

编　　委（按姓氏笔画排序）：

适应新时代发展需要
加快培养高素质社会心理专业人才

（代序）

在中国特色社会主义进入新时代的历史时期，社会主要矛盾已经转化为人民日益增长的美好生活需要和不平衡不充分的发展之间的矛盾。因此，党的十九大做出了"加强社会心理服务体系建设"的战略部署，把满足人民群众对美好生活的向往，不断增强人民群众的获得感、幸福感，作为党和政府一切工作的出发点和落脚点。

北京市委社会工作委员会、市民政局贯彻落实习近平总书记"加强社会心理服务体系建设，培育自尊自信、理性平和、积极向上的社会心态"要求，按照市委、市政府的总体部署，依据中央和国家机关等多个部门印发的《关于加强心理健康服务的指导意见》《全国社会心理服务体系建设试点工作方案》，积极推进建立"市、区、街道、居村"四级社会心理服务体系，出台实施街道社区开展社会心理服务站点建设工作方案，编制社会心理服务站点建设规范，有序开展社会心态监测与分析，完成"回天"地区居民幸福感指数报告。在实际工作中，我们深刻认识到社会心理服务不仅要从微观层面促进公民的心理健康，而且要从社会情绪、社会认知、社会行为等方面做好教育引导，在各领域、各群体、各阶层的群众中，以共同的价值追求为基础，塑造良好的社会心态。同时，要准确把握社会心理服务体系的方向，构建党委领导、政府主导、社会参与、全民行动相结合的共建共享体制。坚持预防为主、突出重点、普惠实施、注重实效的原则，做好重点人群心理关怀、特殊人群危机干预、不同群体心理疏导工作，努力构建宣传教育更加广泛、服务管理更加规范、政策法规更加完善、支撑保障更加有力的服务机制。与此同时，我们更加深刻认识到人才是第一资源，是做好社会心理服务体系建设最重要的举措。千秋基业，人才为本。做好新时代人才培养工作是习近平新时代中国特色社会主义思想重要内容。提高基层社会心理服务能力，必须培养一支优秀的心理人才队伍。

2017 年以来，为满足基层需求，北京市委社会工作委员会在人力资源和社会保障部劳动科学研究所支持下，与中国社会工作联合会共同组织开展了以"岗位定训、在岗尽责"为主题的社区心理指导师能力试点系列培训。在近三年培训的基础上，专门组建了专家委员会，以社会心理学为理论基础，结合社会心理服务实践和培训中学员的具体需求，组织编写了《社会心理指导师》，初步构建了以社会心理学、专业社会工作理论与技术、心理专业技术为基本内容的培训系统。

《社会心理指导师》分为初级、中级两册，既有理论指导、外部借鉴，也特别强调立足国内实际，紧扣北京社会心理服务的生动实践，力求体现针对性、可操作性，适合北京市各区开展社会领域的心理服务工作者培训使用，将为缓解北京市社会心理服务人才短缺的局面发挥有益的作用。

社会心理服务体系建设是一项具有开创性的系统工程，对于提升人民群众心理素质，树立社会主义核心价值观，增强人民群众的获得感、幸福感和安全感，营造社会和谐稳定意义重大。让我们以此书的出版为新的起点，百尺竿头更进一步，努力开创首都社会心理服务体系建设新局面，也为我国社会心理服务事业发展贡献北京智慧和北京力量！

张青之

2020 年 5 月

前　言

天下纲纪：春生夏长，秋收冬藏，万物应运而成。

在国家推进社会治理改革和发展的新时期，党的十九大提出"加强社会心理服务体系建设"，社会心理工作迎来了快速发展时期。

2002年，我国建立心理咨询师职业认证制度。经过十几年的艰苦探索，其培育了百万种子，储备了强大能量，但同时也存在专业化不足、职业化不够、管理不完善等问题。2015年版《中华人民共和国职业分类大典》中取消了心理咨询师名录，全国停止了心理咨询师职业资格认定工作。

2016年12月30日，国家卫生计生委、中共中央宣传部等22个部委联合印发《关于加强心理健康服务的指导意见》，明确提出："各有关部门要积极设立心理健康服务岗位，完善人才激励机制，逐步将心理健康服务人才纳入专业技术岗位设置与管理体系，畅通职业发展渠道，根据行业特点分类制定人才激励和保障政策。""要通过培训专兼职社会工作者和心理工作者"，推动心理健康工作进入社区、走入农村。依据本项政策，中国社会工作联合会按照行业管理要求，推动社会心理指导师职业能力培训，着力培养一支立足社区、服务居民的心理专业社会工作者，以解决社区心理服务发展困境，建立社区与农村心理服务工作行业管理制度。

2017年6月，《社会心理指导师》项目专家组成立。专家组成员既有来自院校心理与社工理论研究教学的专家，又有科研机构负责人，临床心理治疗权威人士，还吸纳了政府机关、社会心理服务机构和社区人员。这种创新型专家组设计，既保证了理论构建的科学性与权威性，也保证了项目内容具有指导性、可操作性，使这项工作从根本上奠定了理论和实践相结合的基础。

2017年12月，社会心理指导师试点培训班在北京市丰台区启动，参加教学的有来自在京高校、科研院所和社会各界的专家30余人，学员包括社区工作者、社会组织人员、政府机关干部、学校心理教师等120多名，首批学员有56人通过专业考核，获得岗位能力证书。

该岗位能力培训设立初级、中级两个级别，从师资、教材，到教学管理和考试等各个环节，都充分体现了"双师"要求，把国务院善于"加快培养国家发展急需的各类技术技能专业人才，让更多有志青年在创造社会财富中实现人生价值"的要求，落实到心理专业人才培训中，以期在社会治理的最前沿建功立业。

社会心理服务体系建设站到历史新起点，肩负新使命。各级政府和社会组织不负重托，把心理专业人才培养好、管理好，为推进社会治理和社区建设，增强民生福祉，创造出一条具有中国特色的社区服务新思路，为社会心理服务体系奠定人才基础。

社会心理指导师专家委员会

2020年5月

目　录

第一章 社会心理指导步骤和项目实施流程

■**培训目标**

　　使学员了解社会心理指导接案、评估、计划、实施和结案五项工作流程，把握各个环节的重点内容，掌握社会心理指导的工作方法和程序，能够结合社会需要，制定和实施服务项目。

■**培训内容**

接案

制订计划

实施步骤

结案评估

■**培训时间**

8学时

■**考核重点**

接案阶段的主要任务

社会心理评估的主要手段

制定工作目标的原则

项目申报书的内容

评估的类型与方法

第一节   接案

接案是指社会心理指导师在心理服务工作过程中，与服务对象（个体、家庭、群体）进行初步接触，建立专业关系，并对其问题和需求进行初步评估和判断，达成工作同盟的过程。

个案是面向有特殊心理问题和困惑的个人或家庭展开个案咨询、个体疏导等服务，是一对一的个性化服务。

团体心理指导是针对社区中有相似心理困扰或共同心理需求的特定群体，开展多人参与的团体心理服务。如儿童、青少年、残疾人、老年人、妇女等群体的团体心理指导。

心理服务项目是由社会机构、政府单位发布或直接邀约的专项心理服务，以项目申报的方式进行。

一、接案概述

接案是社会心理服务工作的开端，是社会心理指导师与服务对象开始接触，了解其需要，通过与服务对象沟通达成共同解决问题的协议，并使其接受服务的过程。

接案是整个助人过程的基础和起点，是专业助人活动成功的前提。

（一）主要任务

接案的主要任务包括了解服务对象的求助过程、初步评估服务对象的问题、建立专业关系、决定是否服务与订立初步合约等。

（二）具体工作

接案的具体工作包括解释心理指导的目的，澄清社会心理指导师和服务对象双方的期望和义务，了解服务对象，促进服务对象的改变，了解服务对象求助的过程，促使服务对象进入角色，初步评估服务对象的问题，需要和工作任务，同服务对象以外的系统建立关系，决定如何展开推进工作等。

（三）步骤

（1）做好面谈的准备并拟订面谈提纲。

（2）准备资料。

（3）面谈。面谈是界定服务对象的需要和问题，澄清角色期望和责任，激励并帮助服务对象进入受助角色，引导服务对象从态度和行为上做出改变的过程。

（4）面谈技巧。面谈技巧包括介绍自己，"事实性"沟通，"参与式"倾听，积极回应等方面。

（5）问题和挑战。在面谈过程中服务对象不接纳、不信任、不联结的态度或语言，需要进行适当处理。

（6）收集资料。

（7）初步预估。

（四）建立专业关系

（1）确立双方共识的目标。

（2）有一个特定的时间架构，即有时间上的限制。

（3）以服务对象的利益为中心。

（4）建设专业伦理和专门技巧的权威。

（5）掌握工作方向，并控制自己的感情投入和采取的行动。

（6）使用技巧，如同感、诚恳、温暖与尊重、积极主动。

二、个案服务

（一）准备阶段

1. 环境准备

环境准备包括确定会谈的时间和地点，设计布置会谈环境，设计社会心理指导师的穿着打扮等。

2. 内容准备

内容准备指了解服务对象的来源，包括主动求助的、他人转介的、由居民主动接触而成为服务对象的自愿性服务对象和非自愿性服务对象。

3. 心理准备

心理准备指社会心理指导师无论面对什么样的服务对象，都应该做到接纳和尊重，要以无偏见和非评判的态度开展合作。

（二）会谈

1. 暖身

暖身是与服务对象建立良好的互动沟通模式，让双方更加轻松自如，从而激发服务对象面对问题的心理潜能的途径。

2. 角色澄清

角色澄清指社会心理指导师主动介绍自己的岗位责任和工作方式与范围，澄清双方的角色和期待，建立工作同盟。

3. 资料收集

会谈中应收集包括服务对象的个人资料、身体情况、心理特点与能力、家庭和社会支持环境等方面的资料。

（三）评估问题和需要

1. 评估问题

评估服务对象的求助意愿如何，是主动还是被动？

评估服务对象的主要问题是什么，是怎样产生的？

2. 评估需求

期望达到什么目标以及需要得到什么结果？

服务对象曾经为此寻求过什么帮助或自己做过什么努力？

3. 评估服务

社会心理指导师所掌握的资源或自己的能力能否为其提供必要的服务？

社会心理指导师对服务对象的要求和期望是否可以互相协调？

社会心理指导师决定是否接案，认为可以提供服务时订立书面的契约。

（四）团体服务

团体服务根据合约计划或实际需求，合理筛选服务对象成员，进行充分准备后才能开始团体服务。在团体服务过程中尤其注重激发团体成员的积极性，从而产生团体动力，最终推动成员改变。

1. 团体规划

在团体心理服务开展之前，完成对团体的方向、组员、环境、基本工作模式等要素的全面考量，制定周密的工作方案。工作方案包括以下五个方面的内容：

（1）团体类型方面包括成长型、支持型、治疗型、教育型四个类型。

（2）团体目标上，应基于对成员问题和需求的分析确定目标。

（3）团体结构应包括团体规模，即团体将由多少人组成、选择成员的方式、被选定成员需要完成的工作任务。

（4）确定工作时间，即确定团体组建的时间、团体的会期、聚会的频率、每次会期的长短。

（5）确定团体的带领者，即要充分考虑社会心理指导师的资质和能力。

2. 组建团体

根据不同服务项目，通过征集组建不同团体，对同一问题人群进行心理问题指导。

3. 团体工作环境的准备

（1）场地准备。包括检查房间的大小、温度、舒适度等要素；对包括灯光、通风、音响、录音录像等在内的设备进行检查；完成特殊场景的布置，如照片、装饰品、特殊道具等。

（2）活动材料准备。根据团体活动的内容，事先准备好团体活动所需的材料，如彩旗、卡纸、彩笔等。

（3）特别安排。如桌椅按需摆放，出入口路标设置，为小孩或老人做特殊安排。

第二节　制订计划

工作计划是指按照时间、地点、需求和目标等，做出具体实施程序和步骤。

计划设计是指规划每一个部分具体的行动和理由。一个设计优良的计划要具体说明做什么，为什么要做，谁去做，怎么做，等等。这一方面能给社会心理指导师提供明确的行动方案，另一方面能为服务对象定制行动指引。

一、制订计划的原则

（一）SMART原则

SMART原则是对一个目标的五个方面特性的要求，具体如下：

（1）specific，明确性原则。一个好的目标应该是具体的明确的，有明确的努力方向，不能笼统、模糊。

（2）measurable，可衡量性原则。可衡量性是指目标能够根据明确的数据指标进行衡量。

（3）acceptable，可接受性原则。目标能够被服务对象接受，说明是社会心理指导师和服务对象双方认可的。为此，社会心理指导师应与服务对象分享自己的看法，假如双方看法不一致，就需要协商，直到两人达成一致的看法，否则无法行动。

（4）realistic，实际性原则。

（5）time bound，时限性原则。

（二）目标的类型

（1）直接目标：与服务对象的心理问题直接相关，急需解决、直观明了的目标。

（2）中间目标：帮助服务对象认识自我、接纳自我、欣赏自我，使其形成健康的自我形象和适当的生活方式。

（3）终极目标：社区心理指导工作的最高境界，目的是推动服务对象的自我发展、自我实现，让理想自我和现实自我达成协调一致的状态。

当然，每个目标不是几次指导和服务就能够达成的，因此，每个社会心理指导师心中时刻要有方向，并持之以恒地为之努力。

二、制订计划的要求

（一）制订计划的基本要求

（1）有明确的目标。所有项目都是一个或几个确定的目标，以实现特定的功能、作用和任务。围绕目标的实现展开项目计划的制订。在制订计划时，必须先分析目标，明确任务。

（2）保证系统周密。计划本身是一个系统，由一系列子计划构成；各个子计划非孤立存在，而是彼此之间相对独立，又紧密相关。制订项目计划具有系统的目的性、相关性、层次性、适应性、整体性等基本特征，使项目计划形成协调的整体。

（3）考虑经济效益。项目计划的目标不仅要有较高的效率，而且要有较高的效益。所以，在计划中必须提出多种方案进行优化分析。

（4）进行动态控制。项目有寿命，项目的寿命周期短则数月，长则数年。在此期间，项目环境常处于变动之中，计划的实施可能会偏离项目基准计划，因此，项目计划要随着环境和条件的变化不断进行调整，以保证完成项目目标。也就是说，项目计划要有动态性，以适应环境。

（5）保持整体相关。项目计划是一个系统的整体，构成项目计划的任何子计划的变化，都会影响其他子计划的实施，最终影响到项目计划的整体实施。要充分考虑各子计划的相关性。

（6）明确职能。项目计划的制订和实施，不是以自身的利益及要求为出发点，而是以项目管理的总体及职能为着眼点，明确具体职能到项目管理的各个部门和机构。

项目计划是项目得以运作和展开的基础，是规定项目发展轨迹的重要指示性文件。所有成功的项目，包括优秀的团队，都离不开项目计划。

（二）制订计划方向

（1）计划应具有弹性和可调性。能够根据预测到的变化和实际存在的差异，及时作出调整。

（2）计划应具有创造性。充分发挥和利用想象力和抽象思维的能力，满足项目发展的需要。

（3）计划应具有分析性。探索研究项目中内部和外部的各种因素，确定各种变量，并分析不确定的原因。

（4）计划应具有响应性。能及时地确定存在的问题，提供计划的多种可行方案。

（三）制订计划内容

（1）题目、问题的提出，服务对象的基本情况。

（2）立项依据（概况、发展趋势、目的和意义），简要描述并列出主要问题和相关问题。

（3）可行性分析（工作基础和条件、知识产权等）。

（4）项目内容。服务对象要达到的结果，即社会心理指导师的工作目标。

（5）实施计划进程。每个阶段需要采用的方法、需要动用的资源和达到目标所用的期限。

（6）预期的成果。

（7）不确定性分析、风险分析、综合评价。

三、签订工作协议

工作协议是由社会心理指导师与服务对象共同承诺合作，以达成双方所同意的目标和计划，是促使双方关系具有承诺和责任要素的重要办法。工作协议的内容包括服务目标、服务的内容以及采用的方法，双方应该享有的权利和义务。例如，社会心理指导师应当遵守职业伦理，对服务对象的问题进行保密；服务对象要完成社会心理指导师布置的家庭作业，确保社区心理服务的时限；服务的时间、地点和次数；双方签字等。

第三节　实施步骤

项目是指在具体的时间内，为了实现与现实有关的具体目标，把待解决的问题分解为相互关联的任务，以便群体间相互合作，并有效组织和利用资源，生产出特定产品和提供特定服务，并将结果以作品形式表现出来的一系列事项。社会心理指导师主要完成社区、机构或者政府购买的社会化服务项目。

一、购买服务项目

政府购买服务是党政机关、事业单位和团体组织为完成社会管理与公共服务作用、更好地服务与保障民生，使用财政性资金采购社会组织、企事业单位提供的专门服务，并按程序实施监督管理的行为。政府购买社会工作服务，是政府使用财政资金，采取市场化、契约化方式，面向拥有专业资质的社会组织和企事业单位购买社会工作服务的一项重要制度措施。

2012年民政部、财政部联合印发的《关于政府购买社会工作服务的指导意见》就政府购买社会工作服务提出如下建议：社会工作服务是社会工作专业人才运用专业方法为有需要的人群提供的包括困难帮助、矛盾调解、人文关怀、心理疏导、行为矫治、关系调适、资源协调、社会功能恢复和促进个人与环境适应等在内的专业服务，是当代社会服务体系的重要组成部分。

以北京市为例，根据2016年北京市政府购买服务指南，北京市政府购买服务项目主要集中于五大类服务：社会基本公共服务类、社会公益服务类、社会便民服务类、社会治理服务类、社会建设决策研究信息咨询服务类，共计30个小类的项目。

在项目启动之前，需要对政府购买服务项目的类别和主要购买方向进行全面了解，结合自身专业优势和社会心理健康需求的现状，获取相应项目。项目获取的渠道：一是主动设计，然后与资助方或购买方进行洽谈；二是对方设计好了去投标或直接承接项目。

二、项目流程

政府购买社会服务的背景下，项目启动一般遵照下面的流程：

（一）确定购买项目

相关部门应在编制年度部门预算时，提出拟购买服务项目计划，并报同级财政部门；财政部门依据相关规定，对项目及其预算进行审核后纳入部门预算。

（二）选择服务提供机构

按照政府采购法律、法规的要求确定服务提供机构。

（三）签订合同

实施购买社会组织服务的部门根据政府采购结果，与服务机构签订合同，约定双方权利和义务。合同中除应明确服务范围、要求、期限、违约责任等内容外，还应按照资金支付与服务质量挂钩原则明确支付方式。采购合同报财政部门备案。

政府部门要按照合同管理要求，与服务提供机构订立购买服务合同，明确购买服务的范围、数量、质量要求以及服务期限、资金支付方式、违约责任等内容。

（四）组织实施

服务提供机构要严格按照合同规定提供各项服务，保证服务数量、质量和时效。实施购买社会组织服务的部门要对服务机构提供的服务实行跟踪监管，依据合同约定条款对服务机构提供的服务进行检查、验收；建立应急工作机制，制定应急服务预案，应对服务过程中的特殊情况。

财政部门要及时下拨购买经费，指导、督促服务承接机构严格履行合同义务，按时完成服务项目任务，保证服务数量、质量和效果。

（五）绩效考评

将政府购买社会组织服务工作纳入政府目标管理：实施政府购买社会组织服务的政府部门应及时做好绩效评估；财政部门应会同审计、监察部门，对政府部门实施购买社会组织服务的绩效情况进行年度抽检和考评。

（六）资金安排及支付

各政府部门购买社会组织公共服务的费用全部纳入部门预算，按部门预算的要求实施管理。年初预算未作安排但工作必须开展的项目，应调整预算安排。未列入部门预算的项目不予实施。在服务事项评估结束后，根据评估结果按合同约定支付资金。对资金量大、履约周期长的项目，可根据合同约定分期支付。

根据上述政策安排的一般流程，在项目启动阶段，社会心理指导师的任务主要包括四个方面：识别服务对象的心理问题或需求、制定方案、收集资料、确定要解决的具体问题或具体需求。

三、项目策划

项目策划是项目发掘、论证、包装、推介、开发、运营全过程的一揽子计划。项目策划的目的是建立并维护用以定义项目活动的计划。项目策划一般要遵循可行性原则、社会性原则、经济性原则、灵活性原则，完成对下列要点的设计与规划：项目名称、项目实施背景、项目目标和实施范围、需求状况、资源整合、进度安排、执行团队、成本预算和社会效果。

四、项目申报书

项目申报书是提出项目申请最重要的支撑材料，在申报书中要说清楚项目实施的必要性、可行性，项目实施的已有基础、具体方法和途径、进度安排、预期效果、计划完成时间，项目实施涵盖的范围、实施的规模、服务的人群，以及项目的创新之处等。一般来讲，一个完整的项目申报书字数控制在4 000~6 000字。比较规范的项目申报书包括如下内容：

（1）项目背景。

（2）理论基础。

（3）目标。

（4）服务策略。

（5）工作计划。

（6）所需的人力、物力、财力。

（7）资金来源与预算。

（8）与其他团体、机构的合作。

（9）预期的困难与应变措施。

（10）评估方案。

（11）进一步的行动或建议。

项目方案开发的主要元素和说明

表1-1

序号	元　素	说　明
1	方案的名称	充分体现方案目的和内在精神
2	方案开发小组的成员	考虑不同利益集团的代表性,可能的话,可以考虑包括方案的准参与者
3	方案的意义	借助需求评估的结果 文件回顾 社会意义
4	方案的目的	产出 结果 影响
5	方案的潜在参与者	人口和社会特征 预期潜在参与者的需求
6	方案的干预内容	招募阶段: (1)招募参与者的标准 (2)招募过程 (3)招募者的角色 干预阶段: (1)干预方法 (2)干预活动 (3)干预地点

续表

序号	元素	说明
6	方案的干预内容	(4)干预时间、时限 (5)实施者的角色 结束阶段： (1)结束的标准和过程 (2)结束的时间、时限 (3)实施者的角色
7	方案的成本效益	方案的成本预算
8	方案在机构中的地位	方案的改进 方案与机构使命、远景的关系 方案的经费来源以及责任性
9	方案管理、实施人员的能力和培训需要	管理者的专业要求、培训需要 实施者的专业要求、培训需要 评估者的专业要求、培训需要
10	方案与其他机构的关系	共同服务潜在的参与者 分工协作
11	方案与社会政策的关系	配合当时的社会政策 倡议社会政策的改革 倡议新的社会政策

五、项目评估

社会心理服务项目的评估作为实务过程的基本性步骤，对改善服务和以更系统、更科学、更可靠的方式呈现项目的公信力具有决定性作用。社会心理服务评估的类型包括四种。

（一）需求评估

需求评估指社会心理指导师对潜在或实际服务对象的需求进行评估。作为社会心理服务的需求评估，其评估的范畴是围绕服务对象心理层面的特点和需求进行评估，通过该评估可以了解服务对象心理层面问题的性质和程度，进而为确定社会心理指导师及机构是否应该为其提供心理指导服务，是否具备服务能力提供科学依据。需求评估的最终目标是促使潜在服务对象成为现有服务对象，并为下一步的服务指明方向和目标。

（二）方案评估

方案评估是方案开发的重要基础，是基于科学性、可行性、有效性等原则，对多种方案进行评估并从中选择最适当方案的过程。方案评估作为方案设计的一部分，要针对服务对象的需求而且要围绕服务的合理设计开展讨论与证明。因为这一过程涉及人力、物力、财力、时间等许多资源，所以要完成服务目标就必须预先对这些资源进行合理安排，形成各种方案。这就要对服务方案进行评估，并选择最好的方案来执行。

（三）过程评估

过程评估是在服务过程中进行的，是对整个社会心理指导过程的监测。通过过程评估可以清晰地了解在服务过程中各重要环节的实际情况，检验方案实施过程与方案设计的吻合程度，并根据需求以及具体情况调整具体的行动方案。

（四）结果评估

结果评估是在服务项目结束之后对服务结果的评估，主要包括效果评估和效率评估。效果评估是评估社会心理指导所达到的效果，主要考察服务对象的改变程度、服务对象问题解决的程度、服务目标达成的状况、服务对象的满意度状况等方面。效率评估则将评估的关注点放在资源投放与产出的比率上，旨在获得和确定社会心理服务资源的使用效率。各项社区心理指导服务都要进行结果评估，这不仅仅是社会心理指导服务有效性、科学性的重要体现，也是对机构、对服务对象、对整个社会进行的交代，同时还是社会心理指导师进行工作和反思的重要机会。

第四节　结案评估

结案是指介入计划已完成、介入目标已实现、服务对象的问题已得到解决，或者服务对象已经可以自己解决问题时，双方根据协议结束工作关系所采取的行动。

一、评估程序

无论社会心理指导服务的时间有多长，总是有结束的期限，结案与评估阶段需要做的就是社会心理指导师结束与服务对象之间的关系，并对整个服务过程进行回顾、总结和评估，其目的是强化并稳固服务对象已有的变化，增强服务对象自身解决问题的能力。因此，结案和评估是一个事先计划的活动。

（一）个案结案评估

1. 结案条件

结案条件包括社会心理指导师和服务对象都认为目标已经达到，问题得以顺利解决；服务对象认为自己离开社会心理指导师后有能力解决自己的问题。社会心理指导师和服务对象希望结案；服务对象出现了一些新的问题，需要其他机构或者社会心理指导师为其继续提供服务；因为一些不可预测的原因，社会心理指导师或服务对象要离开机构。

2. 结案对象

（1）矛盾的心理。在结案阶段，服务对象一是为自己的问题得到解决或者自己的能力得到提升而感到高兴；二是也会出现因为要结束一个可以信赖的关系而感到难过和不舍；三是自己将要独自面对未来，难免会心生忐忑、信心不足甚至焦虑不安。因此，面对结案，服务对象可能会产生矛盾的心理。

（2）焦虑紧张或行为退化。面对将来可能要面临的困难处境，有些服务对象感到没有足够的信心和资源去应对，面临结案时，出现焦虑紧张的情绪，甚至比较极端地表现出行为退化。

（3）否认结束或者拒绝接受结束的提议。有些情况下也会出现服务对象以自己的问题没有得到解决，或者觉得自己仍没有能力面对以后的生活等为由，拒绝和否认工作关系的结束。有时可能指责社会心理指导师的判断是错的，表现出愤怒、悲伤或者失望等情绪反应。可见，结案的过程和处理结案时服务对象的情绪是非常重要的。

3. 结案技巧

为了保证社会心理指导服务的效果和质量，顺利进入结案阶段从而推动服务对象在前面阶段取得的成绩，我们在结案阶段也要讲究工作方法和技巧。

结案技巧包括提前告知，稳定并进一步增强服务对象已经获得的成就，探讨影响服务对象问题解决的因素和处理服务对象与社会心理指导师分离的情绪。

在结案阶段，服务对象表现出一定的负面情绪是正常的，所有人在面对一段良性关系结束的时候，都会产生不同程度的失落感，关键是对负面情绪应正确认识和排解，避免影响到正常的生活。

4. 结案评估

（1）效果评估。效果评估包括目标评估（社会心理指导师与服务对象应在结案阶段讨论目标是否实现，以及实现的程度如何）和服务对象满意度评估两个方面。

（2）过程评估。过程评估是针对社会心理指导服务过程中，围绕目标实现所使用专业方法和技能的科学性与有效性的评估。过程评估的重点也集中在两个方面：一方面是整个服务过程对推动目标实现的合理性和科学性，另一方面是对社会心理指导服务方法和技能的有效性的评估。

5. 跟进计划

结案并不意味着完全终止服务，社会心理指导师应根据需要与服务对象讨论结案后的跟进服务，与服务对象确定适合的跟进方式。

（二）团体结案评估

团体心理服务的评估过程基本流程如下：

1. 评估主体

团体评估主体有三类：一是社会心理指导师即团体带领者、组织者自评；二是团体成员自评；三是观察员测评。

2. 评估对象

评估对象包括社会心理指导师、团体成员、与团体相关的机构和个人（如参与者的父母、师长、同学等）。

3. 评估内容

（1）从社会心理指导师角度的评估包括以下内容：

对团体成员了解如何？

能否有效协助团体成员取得进步？

与团体成员关系如何？

能否有效推进成员参与活动？

处理冲突和问题的效果如何？

维持团体氛围效果如何？

（2）从团体成员角度的评估：

参与团体目标达成情况如何？

是否获得改善与提升？

参与程度、探索程度、防御行为、协助性行为（倾听、自我表露、同理）、破坏性行为（防卫、独占）的情况。

（3）从团体整体角度的评估包括以下内容：

是否协助组员成长？

团体目标达成的情况如何？

团体效果如何？

团体活动方案的可行性、有效性和执行过程的状态。

二、评估方式

（一）基本方法

1. 实验法

实验法是指在评估过程中，评估者通过引入或操作一个变量（自变量），以观察和分析它对另一个变量（因变量）所产生的效果而进行的评估方法。实验法的要素包括两个方面。一是自变量与因变量。自变量又称实验刺激，因变量则往往是评估所需要测量的变量。二是前测与后测。在实施实验刺激之前的测量为前测，实施实验刺激之后的测量为后测。

2. 单一系统法

单一系统法是指在单一体系中跨越不同时段，重复收集资料，并依据此资料进行评估的方法。单一体系主要针对一个组员或整个小组，将小组先行设定的行为基准线的资料和介入后所收集到的资料相比较，然后将两份资料进行对比，以检验个人或小组目标完成的状况。

3. 目标达成评估法

目标达成评估法是指在小组刚开始，由工作者和组员一同制定一个明确、具体又可量化的个人或小组目标，将目标列出，并按任务目标完成的程度划分为五个等级，依次为情况恶劣、低于期待、与期待持平、高于期待、非常理想。每个等级有一个分数，依次为–2、–1、0、1、2。工作者和组员在每个目标下填上一些行为指标，观察行为改变的具体程度并予以记录，以此为根据计算工作效果分数，并对工作实施前后的分数进行比较，最后得到小组的表现。

（二）终期评估文件要求

1. 终期报告

撰写项目终期汇报，佐证材料要充分，避免内容空洞。可从项目背景、运作团队、主要制度、措施、做法、特点、项目运作后取得的成效与不足、财务情况等方面描述。

2. 台账资料

（1）前期调研（报告需佐证材料、问卷设置合理程度）。

（2）项目前期宣传（推广环节）。

（3）项目风险（对项目进行过程中可能出现的风险进行事前预估）。

（4）绩效考核（签到签收表、完成情况统计表等）。

（5）总体实施方案（计划表）。

（6）服务流程。

（7）人员名册（机构、团队的名册，最好能明确职位职责）。

（8）志愿者、讲师凭证要充足（签收表）。

（9）项目反馈（项目服务成果要描述明显、满意度要明显，涉及社会公众评价）。

3. 财务资料

财务资料的要求如下：

（1）财务要规范，电算化，进行装订。

（2）报销凭证要规范。

评估文件还包括标书、合同、申请表和打分表。

（三）机构建设

机构情况：

（1）建立与项目相匹配的制度。

（2）人员调动要与购买方及时汇报。

（3）组织资质。依法设立，具有独立承担民事责任的能力，符合国家有关政事分开、政社分开、政企分开的要求。

（4）机构设置。要求治理结构健全，岗位职能明确，具备提供服务所必需的设施和专业技术。

（5）制度建设。要求内部各项管理和监督制度齐全、完善，并能有效执行；具有独立、健全的财务管理、会计核算和资产管理制度；与项目实施相匹配的管理服务制度完备有效，涵盖项目全过程。

机构建设内容还包括年度检查、评估等级、信用记录。

（四）项目运作

1. 实施方案

项目实施方案与招标计划一致，服务内容、人群、方法、区域和项目进度方面要有较强的可操作性、科学性、风险可控性及可持续性。培训类项目应制定详细的培训教案。

2. 项目管理

严格执行阶段性计划，合理安排项目进度，制定项目风险预测与应急方案，建立合理的项目绩效考核与管理制度和规范合理的服务流程。

3. 专业团队

项目实施中应具有一定数量的专业技术人员，大专及以上学历或具有国家认可的社会工作职业资格人员达到50%及以上。工作人员、志愿者职责分工明确。

4. 规范运作

项目在调研、策划、合作、实施、控制五个方面执行能力突出。项目执行事前有计划、事中有落实、事后有小结。对实施过程中存在的不足，有及时的整改措施并且记录完整。

5. 人员培训

制定项目工作人员、志愿者培训方案，且有具体内容和安排。工作人员、志愿者按方案接受专业培训的记录要完整、规范。

6. 宣传推广

项目实施中应制定有宣传方案并有效落实，通过印发宣传资料、制作展板、借助媒体等多种形式，广泛宣传实施项目、典型案例，营造良好的舆论氛围。按要求及时公开重要信息。

（五）资金管理

1. 资金使用

资金使用按照"费随事转"原则，实行专账管理、专款专用、专人负责。符合财政部印发的《政府购买服务管理办法》及政府采购等有关规定。有截留、挪用、滞留资金及弄虚作假、转包等违法违规行为的不得分。

2. 预算决算

预算制定科学合理，决算报告全面、真实。

3. 财务管理

财务管理需要严格执行《民间非营利组织会计制度》等相关规定。对购买服务的项目资金进行规范的财务管理和会计核算。建立健全财务报告制度，按要求向购买主体提供项目资金使用和执行情况、成果总结等材料。配有财务资质人员并依法纳税。

4. 审批程序

项目重大开支的评估论证、资金拨付有完整的审批程序和手续，项目资金支出符合合同约定。

5. 会计信息

及时提供会计资料，项目完成后及时决算与审计，固定资产及时入账。

6. 成本控制

项目资产的配置、使用和处置符合相关规定。实际成本小于或等于预期成本，且全部符合要求得满分；超出预期成本酌情扣分。

（六）服务质量

1. 服务数量

在政府购买公共服务项目合同约定期限内，完成规定的服务内容和数量；有客观原因需要调整的应得到购买主体的书面认可。

2. 服务过程

根据服务对象的需要与特点开展便民服务。注重收集和采纳服务对象、社区及相关部门意见，不断提升服务质量。及时上报项目进展情况及有关数据报表，自觉接受有关部门和社会监督。积极配合做好项目评估和绩效考核工作。

3. 服务成果

服务成果得到购买主体确认（培训类项目由相关主管部门考核，合格发证率不低于90%；讲座辅导类项目，服务对象认同率90%及以上），无安全责任事故，无服务投诉等。

4. 项目台账

建立台账，及时收集整理各项活动资料，做到项目原始资料完整、齐全。全面、真实地记录服务活动的全过程，确保项目实施过程中各类信息有案可查。

（七）社会效益

1. 服务对象的评价

对项目提供服务的公平性、可靠性及对服务人员的服务态度和质量进行满意度测评。

对项目的社会效益还有来自服务区域的评价。

2. 社会公众的评价

社会公众对项目的知晓率、关注度，对项目提供服务的意见和建议；报刊、互联网、公众媒体的报道情况。

3. 购买主体及相关部门的评价

购买主体及相关部门对项目提供服务的社会性、有效性、可靠性等方面进行满意度测评，对提供的服务工作进行整体评价。

第二章 社会心理学

■**培训目标**

掌握社会心理学的相关概念和基本原理,从而理解社会影响对行为的作用,更好地理解社会行为的原因。学习群体心理的基本知识,并能将所学的知识应用于实际生活。

■**培训内容**

社会心理学概论

自我概念

社会影响

社会关系

■**培训时间**

8学时

■**考核重点**

社会化的分类及概念

社会知觉的图式及概念

归因的几种基本理论

印象形成的线索和偏差

利他行为的影响因素

态度改变的影响因素

人际吸引的影响因素

群体对个体心理的作用

第一节 社会心理学概论

个体无意识是指个体与生俱来的本能和生命早期被压抑的欲望。

集体无意识是指在种族发展过程中积累起来的一些行为与心理特征。

强化是学习论的内核，指人们习得一种具体的行为是因为此行为经常伴随着积极的情绪能满足某种需要，或者可以避免某种消极的后果。

模仿是指人们通过观察他人的态度及行为，习得社会态度与行为。

一、社会心理学的定义

社会心理学是系统研究社会行为的科学，涵盖了人与人之间相互作用的所有领域，包括与社会现象直接相关的各种行为。

二、社会心理学的研究领域

（一）个体过程

对个体过程的研究主要包括对态度及态度改变、归因、认知过程与认知失调、个体知觉与自我意识等的研究。

（二）人际过程

对人际过程的研究主要包括对侵犯和助人行为、人际吸引与爱情、从众和服从、社会交换与社会影响等的研究。

（三）群体过程

对群体过程的研究主要包括对团体过程与组织行为、跨文化的比较、种族偏见、环境心理学等的研究。

三、社会心理学简史

（一）学派时期的社会心理学

（1）精神分析学派的心理社会观。古典精神分析最致命的弱点是忽视了外在社会因素对人格发展的影响，把人格的发展看成是一个独立于外部世界的封闭的体系。阿尔弗雷德·阿德勒的个体心理学认为成长过程中的自卑感才是推动人格发展的动力，用补偿作用、权力意志、生活风格和社会兴趣等外部因素解释人格的成长与发展。卡尔·荣格的分析心理学认为无意识还可以分为个体无意识和集体无意识。其中，集体无意识指在种族发展过程中累积起来的一些特征，它从核心的层次上决定人类的行为与心理特征。荣格的集体无意识实际上是强调社会文化积淀对个体的作用。

（2）行为主义理解的心理与社会。行为主义实际上最强调外部环境对人类行为的影响，强调通过控制社会环境来控制人类行为。

（3）人本主义心理学。强调内在因素的作用，并不重视人的社会性。

（二）社会心理学的产生与发展

（1）产生阶段。1908年，社会心理学正式建立，以英国心理学家威廉·麦独孤和美国社会学家罗斯同时出版的《社会心理学》为标志。

（2）起步阶段。美国经济大萧条时期，社会心理学者成立了"社会问题的心理学研究协会"，对社会问题进行深入的研究。"二战"时期，德国的种族主义兴起引起了社会学家的关注和研究。

（3）发展阶段。"二战"后期对利他行为和侵犯行为、人际吸引与爱情等问题进行了研究。

（4）危机阶段。20世纪70年代，心理学家开始对实验社会心理学进行反省，对研究的外部效度提出质疑。

（5）繁荣阶段。20世纪80年代后，社会心理学家的研究开始贴近现实。

四、社会心理学的基本理论

（一）生物理论

威廉·麦独孤、西格蒙德·弗洛伊德和康拉德·劳伦兹着重指出生物因素对人类行为的效应。该理论认为，人的许多生物特点是从出生就有的，本能特质影响着人类的社会行为。生物理论强调本能和遗传差异两个因素对人类行为的决定作用。

（二）学习理论

学习理论强调早期的学习决定了行为方式。该理论认为在任何情境下每个人都会习得某种行为，多次学习后还会稳固为习惯。以后当相同或类似的情境再次出现时，个体将采取经常使用的方式做出反应。学习的三种机制分别是联结、强化和模仿。

（三）诱因理论

诱因理论认为行为决定于个体对行动的可能结果所作的诱因分析，认为人们以行为后果的有利或不利为判断基础而决定采取什么行为。

（四）认知理论

人的行为决定于他对社会情境的知觉与加工过程。认知失调论主要解释当人们态度与行为不一致时，人们如何改变自己的态度或行为，以使二者协调一致。角色理论强调个体的行为是由其社会角色提供的，从角色、角色期望、角色技能等方面的相互关系去解释行为的原因。

第二节　自我概念

自我图式指我们用来组织和指引与自己有关的信息的一套自我信念。

自我觉知是指个体把自己当作注意对象时的心理状态。当我们将注意力集中于自身时，我们会根据自己的内在标准与价值观来对自己现在的行为进行评价和比较。

自尊是人的自我概念中与情绪有关的内容，指一个人如何肯定与赞扬自己，是自我评价的重要维度。

自我效能指一个人对自己有能力完成特定任务的信念。

焦点效应是指人们在自我观察的时候，会高估自己的突出程度，把自己看作一切的中心，从直觉上高估别人对自己的注意度。

自利偏差，也称自我服务偏见，当人们加工和自我有关的信息时，会出现一种潜在的偏见；我们一边轻易地为自己的失败开脱，一边欣然接受成功的荣耀；在很多情况下，人们觉得自己比别人好。

一、自我

（一）个体自我

个体自我是指从自己的行为推断自己、从他人的行为反应推断自己、通过社会比较推断自己、通过自我意识来推断自己。

（二）自我提升和自我确认

自我提升是指个体以一种有利于对自己做正面评价的方式收集和解释有关自我的信息。自我确认是指个体寻找和解释情境，以证实自我概念的过程。

（三）自我效能

自我效能展示了一种积极思维的力量。自我效能感高的人行为更坚韧，较少焦虑和抑郁。

（四）自我障碍

自我障碍是指人们提前准备用来解释自己预期失败的一系列行为。其直接影响了如何归因。

（五）自我检控

自我检控是指人们在与他人交往的过程中，通过观察他人自我表演的线索来对自己的自我表演加以控制，也就是说根据别人的表现来决定自己的行为。自我检控高的人善于自我表演，能根据情境和他人的需要来塑造自己的行为；自我检控低的人不看重情境与他人的影响，表达的是自己真实的态度与感受。

（六）自证预言

自证预言也称自我实现的预言，指我们对他人的期望会影响到对方的行为，使对方按照我们对他的期望行事。

二、自我偏差

（一）焦点效应

焦点效应对应的是透明度错觉，即人们认为自己隐藏的情绪一旦外露，就会被别人发现的错觉，实际上别人可能不会发现。

（二）自利偏差

自利偏差的作用使人们把成功归因于自身的才能和努力，却把失败归因于外部因素；与别人比较时，也倾向于自己比他人更好。

（三）盲目乐观

盲目乐观是指人们对自己的认知有时候会出现盲目乐观的倾向。对一些可能的失败，人们往往不去采取明智的预防措施。

（四）虚假一致性和虚假独特性

人们过高地估计别人会赞成自己的观点、支持自己的立场，这种现象称为虚假一致性。人们倾向于认为自己的智慧和品德超乎寻常，以满足自己的自我形象，称为虚假独特性。

三、自我与文化

（一）依赖型自我

人们注重自我与他人间的内在联系，强调关注他人，与他人保持和谐互动关系。依赖型自我的显著特点在于它拥有更多的公共成分，与他人的区分度也相对较低，与其他一些重要的个人或团体成员之间有一定的重合。

（二）自我概念

人们更多地用社会角色或社会类别、团体自我来描述自己。在自尊方面更多的是自我批评，对他人归因方面更多考虑情境因素的影响。

（三）自我的三成分模型

自我由三个成分组成，即私人自我（个人对自己的特质、状态或行为的认识）、公共自我（普通他人对自己的观点的认识）、团体自我（团体成员对自己的认识），每个人的自我都拥有这三个部分。在集体主义文化下，人们更多地提取到团体自我的内容；在个人主义文化下，人们更多地提取到私人自我的内容。

（四）自我四元论

社会取向与个人取向是人类与环境互动最基本、最重要的两种模式。与生活环境互动的方式中最主要的是社会取向，包括四种次级的取向，即关系取向、权威取向、家族取向和他人取向。

第三节　社会影响

社会化是指个体在与社会交互过程中，通过对社会知识的学习、社会经验的获得，以及社会技能的掌握，对其进行自我整合和建构，从而形成与社会相适应的心理与行为方式。

社会认知是指个人在社会环境中对他人的心理状态、行为动机和意向做出推测和判断的过程。

角色图式是指在某种特定的社会情境下，根据角色规范和社会预期扮演特定角色时，可能出现的一系列行为的心理框架。

事件图式是指人们对社会情境中会出现何种情况的一般预期的认知表征，是对社会事件的心理分类。

晕轮效应，又称光环效应，是指人们在对一个人的某种人格特征形成好或坏的印象之后，倾向于据此推论该人其他方面的特征。

刻板印象是指人们对某个社会群体形成的一种概括而固定的看法。

归因错误是指人们在考察某些行为或后果的原因时高估个人倾向性因素而低估情境性因素的双重倾向。

从众是指个人在社会群体的压力下，放弃自己的意见，转变原有的态度，采取与大多数人一致的行为倾向。

服从是指个体按照社会要求、群体规范或他人意志而产生的行为，这种行为是在外界压力的影响下被迫发生的。

利他行为是指在毫无回报的情况下，自愿帮助他人的行为。

一、社会化

历代的社会学家为人性及人类行为究竟是由遗传所决定（即本能论），还是由后天教化所决定（即环境论）的问题所困扰，并为此争论不休。

（一）个体社会化的遗传基础

（1）语言能力。人类的语言能力是人社会化的生物基础。语言使人们之间可以通过口头语言或书面语言传递信息、交流情感、沟通思想。语言是上代人传递给下代人信息的中介，通过上代人的信息，下代人可以吸收到社会化所需要的元素，使文化得以传承。

（2）思维能力。思维和语言有着密切关系。语言系统是人类思维的工具，人类能够利用言语和符号进行学习和记忆，并把所获得的经验感受、知识技能用语言的形式加工，从而使人脑有了更高的抽象和概括能力，拓宽了人类在周围世界中发展的范围，逐渐建立了诸如数学、哲学和各种科学的概念系统，这些反过来又极大地促进了人类思维的发展。

（3）学习能力。人类的学习能力有着目的性和指向性。通过学习掌握基本生活技能、完善自我观念、培养社会角色，主动地把社会文化内化为自己的价值观，从本质上把握事物的特性，理性地指导社会行为。为培养出合适的社会人，社会也会提供个人学习的机会和条件，使个体自我完善，反过来推动社会的发展。事实上，人的学习能力不仅包含了先天素质因素，而且包含了社会教化和个体后天努力等相互作用的因素，只有当个体与社会相互促进才能达到比较理想的效果。

（4）人有较长的生活依赖期。人的生理机制和心理活动是人类长期发展的产物。正是这种依赖性使一个人生下来就开始了社会化的第一步，而不得不生活在社会中，与他人建立最初的交往关系，潜移默化地接受周围环境的影响和生活方式，养成适应其生活环境的习惯。由于这一时期个体在生理上、心理上完全依赖于抚养者，对其怀有依恋和敬畏的感情，甚至视其为权威性人物，这种情感可能导致个体对抚养者的完全模仿和绝对服从，在个体社会化中具有重要的影响作用。因此，个体在依赖期的学习被认为是个人能否取得社会人的资格、成为合格的社会成员的一个重要环节。个体在依赖期的学习首先是自我认识，认识自己所处的生活环境以及自己在其中所处的位置，了解与周围环境之间的社会关系，学习怎样与他人相处。其次是学习各种生活技能、知识文化，为承担社会所赋予的责任打下坚实的基础。人的这种生活依赖期，一方面为被迫地接受社会化、成为社会人提供了足够的空间；另一方面也为人类传递和创造文化，提高人的素质提供了可能性。

（二）个体社会化的外在条件

社会化除了人的内在因素以外，那些影响和作用于个体的所有外部社会环境也是社会化关键因素。这些因素主要是文化、家庭、学校、同辈群体、工作单位和大众传播媒体等。

（1）文化。文化是一个非常泛泛的概念，它既涉及文学、艺术、教育、科学等精神财富，又涉及社会的政治、经济、风俗、习惯传统等，是社会整体性的产物。特定的社会文化对其成员的共同人格和行为方式的生成起着决定性作用，使他们的思维方式、观念形态、行为方式与生活实践自然地符合它的规范，并以价值观念形态稳固于民族心理意识之中，发挥程度不同、功能不一的社会影响。

不同文化背景下的育儿方式对儿童社会化有不同的影响。例如，1970年，美国心理学家布朗芬布伦纳完成了对美国和苏联两种文化儿童养育方式的比较。他发现：由于美国注重"个人价值"，父母对孩子的管教少，儿童的自由时间多，个性发展空间比较大；苏联则注重"集体主义"的价值观，父母关心孩子的时间比较多，国家也直接参与儿童的教育和培养。因此，苏联在培养儿童遵守社会规范、关心集体方面比美国要强很多。

（2）家庭。家庭的教育反映了社会文化的要求，父母在与子女的关系中，将自身内化了的社会规范、价值标准、风俗传统潜移默化地传给子女。作为个体社会化的起点，家庭的功能作用主要在于：家庭是社会结构的初级单位，在整个社会结构中占据着独特的地位。对每个人来说，家庭是最早的社会关系，从一出生家庭就给予了他血缘、种族、宗教、经济条件、政治地位、地域文化等社会特征，而各种社会关系也要通过家庭这个中介作用于儿童。

儿童期是人一生中社会化的关键时期，对个人今后的智力水平、个性特征、道德情操的形成和发展将产生深远影响。这一时期儿童在家里的时间约占其全部生活时间的2/3，最基本的社会化主要是在家庭中进行的，故父母的文化素养、教育方式对儿童个体心理和观念的影响具有相当强的渗透性。

处于依赖期的儿童在生理和心理上对家庭的感情最为强烈，父母对儿童有强大的支配能力和权威作用。子女为获得精神和物质的需要，取悦父母，就比较容易接受父母的教育，学习和模仿他们的行为。家庭启蒙教育对儿童日后的社会化有着举足轻重的作用。

（3）学校。对于学校里的儿童和青少年来说，在社会化方面，学校和教师的作用逐渐超过了家庭和家长的教育影响，成为儿童和青少年社会化最重要的社会环境因素。学校作为社会化的环境条件之一，其特点主要有：

首先，学校是专门为社会化目的而设立的学习机构，在这个特定的环境中为学生提供有组织、有目的系统性接受教育的各种条件。学校社会化强调专门的学习，带有半强制性，具有更强的指导意义，并强调生活技能的培养。

其次，学校使青少年适应了组织生活。学校是一个有组织的社会群体，它有一系列的规章制度。学生必须学习和遵守这些行为规范和准则，按照规范的要求扮演自己的社会角色，并理解和把握这种组织群体中的人际关系。在学校里，学生第一次参照他人的评价来评估和调整自己的行为。

最后，在科学技术飞速发展的今天，学校在对青少年传递知识、培养技能的同时，还起着人才筛选和过滤的作用，并在一定程度上影响他们今后的职业取向和人生价值的实现。

（4）同辈群体。同辈群体是指在年龄、兴趣爱好、家庭背景等方面比较相似的人自发结成的群体。同辈群体是个人社会化的一个重要环境因素。

首先，在同辈群体中的大部分活动不是由某位权威人物提前安排的，个体以一种独立的形式，在平等的基础上和他人进行交往。这种活动可以使儿童显著提高自身的独立意识，学会有弹性地扮演多种社会角色，增强人际交往和解决人际冲突的能力。

其次，个体在同辈群体中接受非常多的亚文化的影响，因而可以摆脱比如家庭或学校环境中权威人物的影响，在群体中进行交流，相互理解。

（5）工作单位。一个人结束自己的学校生活后，就进入了社会，在工作单位开始了自己的职业生涯。这个过程意味着个人社会化在工作单位这一新的社会环境中又开始了一个新的阶段。

（6）大众传播媒介。大众传播媒介是指社会组织为在广大社会成员之间传递信息、互通情报采用的各种通信手段，如广播、电视、报纸、书籍、杂志等。大众传播媒介通过新闻报道、舆论宣传、知识教育、生活娱乐、广告等方式，为广大社会成员理解和接受社会所倡导的价值观念、奋斗目标、社会规范和行为方式等，提供了一个广泛的社会环境条件。

二、社会知觉

人们对客观事物或他人的整体性的认识叫作知觉，它不同于感觉（指人们对事物个别特性的认识）。社会知觉是知觉的特殊形式，它仅指与人有关的知觉。在心理学研究中，社会知觉常常包括我们对他人的知觉、对自己的知觉、对自己或他人行为原因的知觉等。

（一）个人知觉

当我们刚刚认识一个人的时候，总是要根据有限的信息对这个人形成印象，如这个人是否是一个有能力的人抑或他的性格怎样等，这个过程被称为个人知觉。

（1）第一印象。在与陌生人交往的过程中，我们所得到的有关对方的最初印象叫作第一印象。第一印象中最重要、最有力的是评价，即在何种程度上喜欢或讨厌对方。第一印象包含很多维度，如友善、健康等，所有这些维度都离不开评价，评价是我们对他人形成印象的基本维度。

评价事物时有三个基本方面：评价，即对他人或事物从好与坏方面加以评定；力量，即对他人或事物从力量的强弱方面加以评定；活动性，指对他人或事物从主动方面加以评定。

（2）整体印象。第一个模型是平均模型，该模型认为在印象形成过程中，以简单平均的方式处理所获得的有关他人的信息。平均模型是我们对他人形成印象时采取的最为简单的模型。第二个模型是累加模型，指人们对他人片段信息的整合方式是累加而非取平均值。第三个模型是加权平均模型，人们形成整体印象的方式是对所有特质取平均，但对较重要的特质给予较大的权重。

（3）个人知觉中的偏差。人们由于心理发展水平、实践经验和对外界信息的期待等的不同，在评价他人时可能出现偏差。如晕轮效应（也称光环效应），评价者对一个人多种特质的评价往往受其某一特质高分印象的影响而普遍偏高，就像一个发光物体对周围物体有照明作用一样。

（二）个人知觉的线索

（1）情绪。我们常常根据他人的情绪来推断其内部的心理状态，所以情绪是我们了解他人最主要的线索。对于他人外在、可见的特质，知觉的准确性极高；而对他人的内部状态，比如感觉、情绪、人格等，靠知觉就比较困难。

（2）视觉线索。通常人们通过三种信息渠道来展示与自己有关的信息。最常用的是语言沟通，即一个人说话的内容。其他两种是非语言形式，它们提供的是更微妙的线索。非语言沟通包括视觉线索和超语言学线索，前者指人的面部表情、手势、身体姿势及外观行为；而后者指谈话内容之外的全部信号，如频率、振幅、速度、音质等。

影响非语言沟通的因素主要包括三个方面：

一是距离。一般来说，当某人对另一个人友善、亲密时，倾向于较短的距离。人们希望让他人觉得自己友善时，也会选择较小的距离。因此，我们可以从别人选择的距离来了解他人对我们的态度。

二是身体姿势。身体的不同姿势传递着不同的信息，比如高兴的时候可能手舞足蹈，害怕的时候可能会畏畏缩缩。体态语言之所以有意义，主要是因为观察者与被观察者都了解交往的背景和文化。如果抛开了特定的文化环境，就可能造成误会。

三是目光接触。人们也可以用目光传递一些特定的信息。目光接触的意义以背景的不同而有很大的差异，如好莱坞电影中常常从一对男女目光接触开始来描写恋爱、万缕深情。接触表示感兴趣，中断表示不感兴趣。当与人谈话时，缺少目光接触会让人觉得你对他不感兴趣。当一个人向他人传达坏消息时，会有意避免目光接触。当人们觉得自己处于困境时，也不希望成为关注的焦点。

（3）超语言线索。超语言线索是指语言中除谈话内容以外的线索，表现为一句话有多种含义。与语言线索相比，非语言的线索常常会暴露一个人的真正企图。也许一个人的谎言很成功，但他的欺骗企图经常从非语言线索中暴露。说谎者经常从焦虑、紧张、神经质等超语言表达中不经意地暴露自己。研究发现，当人们说谎时，声音的平均音调比说实话时高，这种差别不大，听觉无法区分，但音谱仪能测出来。回答简短、反应间隔长、讲话错误多、紧张等均被认为是说谎者的特征。身体姿势比脸部更易透露出欺骗的企图。

尽管非语言的线索能在一定程度上揭示他人说谎的企图，但在实际生活中，人们侦测他人是否说谎的能力并不是很强。

三、自我知觉

个人知觉也包括个体对自己的知觉，它是指个体对自己的形象、态度以及价值观等的知觉。自我知觉以及与自我知觉有关的内容是社会心理学研究的重点之一。

（一）自尊

自尊是人的自我概念中与情绪有关的内容，指个人如何肯定与赞扬自己，是自我评价的重要维度。拥有自尊是个人人格成熟的重要标志。个人拥有自尊有两条途径：一是让个体有自己控制环境的成功经验；二是让他人对自己有积极的评价。个体提高自尊的方法包括学会用自我服务的办法去解释生活，用自我障碍的策略为失败找借口，使用防卫机制否认或逃避消极的反馈，学会向下比较以及采用补偿作用，在自己某一方面的能力受怀疑时转到自己擅长的领域中去。

（二）自我表演

自我表演也叫自我展示，指人们在别人对自己形成印象时表现出来的各种行为。在日常生活中，人们总是想让他人对自己有一个良好的印象，所以自我表演的方式也是多种多样。包括：

（1）自我抬高，通过行动或语言把自己的正向信息呈现给别人。

（2）显示，向他人显示自己的正直和有价值，引起他人内疚。

（3）谦虚，故意低估自己的良好品质、成就或贡献。

（4）恳求，向他人表达自己的不足与依赖，引起他人同情。

（5）恫吓，用威胁的方法使他人接受自己的观点。

（6）逢迎，说他人喜欢的话，俗称"拍马屁"。

四、社会认知

社会认知的定义是，人们根据环境中的社会信息形成对他人或事物的推论。在社会认知过程中，分类与图式是最重要的。

（一）分类

在认知他人的时候，人们并不是把某个人当成独立的个体，而总是立即并自动地将之归到某一类当中，这个过程就是分类；它是自发的、即时的。分类标准往往以他人或事物与原型的相似性来分类，也就是将被分类的物体与该类物体的一个典型或理想的范例相比较，这个范例就是原型。

我们对于他人的分类，最初的分类标准是性别，即首先会把其归入男性或女性，其次才对其做进一步的分类。

（二）图式

图式是指一套有组织、有结构的认知现象。它包括对所认知物体的知识、有关该物体各种认知之间的关系及一些特殊的事例。分为以下几类：

（1）个人图式是指我们对某一特殊个体的认知结构。如人们对毛泽东就有一个个人图式，这个图式的内容包括：有勇气、自信、百折不挠等。

（2）自我图式是指人们对自己所形成的认知结构，它与自我概念有着紧密的联系。比如认为自己聪明，有同情心，喜欢帮助别人，这些都是自我图式的内容。

（3）团体图式是指人们对某个特殊团体的认知结构，有时候也叫团体刻板印象。团体图式使我们将某些特质归于一个特殊团体的成员所共有。比如人们常常根据刻板印象认为山东人勤劳、诚实，认为美国人乐观、爱帮助他人。

（4）角色图式是指人们对特殊角色者（如教授）所具有的有组织的认知结构，如人们常常认为教授知识渊博、满头银发等。

（三）图式化处理

为了节省时间与精力，人们常常用图式化的方式去处理大量的信息。图式的重要性就在于它有助于人们快速而经济地处理大量信息。具体功能包括：

（1）解释新信息，从而获得有效的推论。

（2）提供某些事实，填补原来知识的空隙。

（3）对未来可能发生的事情的预期加以结构化，以使将来有心理准备。图式化的处理也有不足之处，它使人们觉得不需要去详细分析与解释特质。

总之，社会认知是一个复杂的过程，这个过程中有诸多问题需要注意。如在认知过程中刚刚获得的信息与认知者原有认知结构之间的关系、信息的重要性、信息的易获得性以及认知者的期望、动机、情绪和情境等都会对社会认知过程和结果产生影响。

五、归因问题

归因是指人们推论他人行为或态度产生的原因的过程。在两种情况下人们才会归因：一是发生出乎意料的事情，如飞机失事、恐怖袭击等；二是有令人不愉快的事情发生，如人们身体患病、被别人责备等。

（一）对他人行为的归因理论

人们找出事件原因主要因为以下两个方面：一方面是形成对周围环境一贯性理解的需要，另一方面是控制环境的需要。为了满足这两个需求，必须有能力预测他人将如何行动。因而，每个人都试图解释别人的行为，并都具有针对他人行为的理论。原因包括两种：一是内因，如情绪、态度、人格、能力等；二是外因，如外界压力、天气、情境等。

归因有两个原则。一是共变原则，是指某个特定的原因在许多不同的情境下和某个特定结果相联系，该原因不存在时，结果也不出现，可以把结果归于该原因，这就是共变原则。比如一个人总是在考试前不愉快、抱怨世界，其他时候却很愉快，我们就会把不愉快和考试连在一起，把是否愉快归于考试而非人格。二是排除原则，是指如果某一方面的原因足以解释事件，我们就可以排除另一方面的归因。比如一个凶残的罪犯又杀了一个人，我们在对他的行为进行归因的时候就会排除外部归因，而归于他的本性等内在因素。

（二）三维归因理论

三维归因理论也叫立方体理论，即任何事件的原因最终可以归于三个方面：行动者、刺激物以及环境背景。

（三）对自己行为的归因

对自己行为的归因主要涉及人们如何看待自己的问题，被称为自我知觉理论。人们往往不清楚自己的情绪、态度、特质和能力等，因此对自己的推论也依赖于自己外显的行为。也就是说，我们试图使用本质上相同的资料以及相同的归因过程，对我们自己的行为进行因果关系的推论。

（1）对自己态度的归因。一般情况下，人们会认为人是靠内省及不断检讨自己意识里各种不同的认知和情感因素而形成自己的态度。因此人们实际上是通过观察在不同压力环境下的自己的行为而了解自己的态度，并非经过对内在感受的内省。

（2）对自己动机的归因。如完成一件报酬高的工作时，常常使人们做外在归因，即自己之所以做工作是因为报酬高。而完成相同的工作却只有微薄的报酬时，人们往往进行内在归因，即自己喜欢这项工作。因此，最少的报酬将引发对工作最大的内在兴趣，因为个体将工作成就归于内在兴趣而非外在奖励。如果从事一项工作的理由被过分正当化的话，不知不觉会伤害到他参与该活动的内在兴趣。如果给予从事自己喜欢的工作者外在酬赏会降低其内在兴趣，那么施与外在威胁以避免其从事某项特殊行为应该会增加兴趣。

（3）对自己情绪的归因。人们经由考虑自己的生理状态、心理状态及引起这些状态的外在刺激而认定自己的情绪。人们对自己情绪的知觉取决于人们所经历的生理上的激起程度和人们所使用的认知标签名称，如快乐、愤怒等。

六、社会动机
社会动机是直接推动个体活动以达到一定目的的内部动力。

（一）动机的特性
（1）动机的强度。动机的强度有两个衡量指标：一是动机的能量，即强烈程度；二是动机的持续性。

（2）动机的清晰度。个体对可见到的或可预见到的某一特殊目标的意识程度。

（3）动机的更替性、活动性、复杂性。动机的表现为对其行为的发动、加强、维持或中止。

（二）动机的功能
动机的功能包括三个方面：
（1）激发个体活动，对其行为具有推动作用。
（2）维持个体活动，对其行为具有强化作用。
（3）引导个体朝向一定目标，对其行为具有定向作用。

（三）动机与活动效率
（1）动机强度与工作效率之间的关系不是一种线性关系，而是倒"U"形曲线，即中等强度的动机最有利于任务的完成。

（2）耶克斯·多德森定律：动机的最佳水平随课题的性质不同而不同。在比较容易的课题中，工作效率随动机的提高而上升；随着课题难度的增加，动机的最佳水平有逐渐下降的趋势。也就是说，在难度较大的课题中，较低的动机水平有利于课题的完成。

七、从众

由于受到来自他人或者群体的真实的或者想象的压力，一个人的行为或意见发生了改变。出现从众的原因有两个，一个原因是他人的行为可能使我们确信自己的判断是错误的，另一个原因是我们可能希望在群体中逃避惩罚。所以，对于同一问题，最初的回答者的动机是希望自己做出正确的判断，而别人的最初动机是希望赢得他人的好感。

（一）从众减弱

从众减弱是指群体成员中有一个人做出了不同于多数人的回答，那么群体带来的压力就会减弱。

（二）影响从众心理的因素

影响从众心理的因素包括如下几点：第一，群体的权威性，如由专家组成的群体。第二，无论从个人主义，还是从集群主义的意义上看，群体成员对个体来说是重要他人。第三，群体成员在某一方面和个体是类似的。第四，个体为获得奖励或者避免惩罚而做出的某种依从行为。一般来说，个体行为的持续时间与他所得到的奖励承诺或者所面临的惩罚和威胁有关。第五，个体自愿与施加者保持一致，而对社会影响产生的某种认同反应。此外，依从的持续时间和个体与最早引起依从行为的个人或群体相处时间成正比，同时，当个体做出坚定的承诺时，依从的持续时间也会增加。在做出依从行为的时候，如果我们在这种行为或者这种行为的后果中发现，尽管引起依从的原因（奖励或惩罚）不再出现，但继续这种行为也是有价值的。即依从行为本身不能够产生持久的行为，但它却有可能为那些能够产生较为持久效应的事件的出现创造条件。

八、说服

（一）中心路径

中心路径指对观点加以权衡，对相关的事实或数据加以考虑，在对问题进行系统化梳理的基础上做出决定。

（二）边缘路径

边缘路径指没有经过多少思考，仅仅依据那些简单的、往往不太相关的线索对观点做出正确、错误或吸引的反应。

（三）可信性

我们的意见会受到那些可靠而且值得信任的人的影响。如果一个宣传者所坚持的立场与他的个人利益相一致，那么其可信性会增加；如果一个宣传者看起来并不试图影响我们的意见，那么其可信性会增加；如果我们喜欢并且认同某人，那么在不太重要的观点上，我们可能会忽略正当性而受其影响，甚至我们明知对方试图影响我们或者想从中获利，但我们仍会接受其影响。

第四节　社会关系

态度是指个体对某一特定事物、观念或他人稳固的心理倾向。

曝光效应指人们对其他人或事物的态度随着接触次数的增加而变得更积极的一种现象。

亲和需求是指一个人寻求和保持许多积极人际关系的愿望。亲密需求是指人们追求温暖、亲密关系的愿望。这两种动机合称为亲和动机。

人际吸引是指个体与他人之间情感上相互亲密的状态，即一个人对他人所持的积极态度，是人际关系中的一种肯定形式。

亲密关系是指两个人彼此能相互影响对方，并且相互依赖。

社会感染是指在群体中，个体的情绪会很快传递给团体的其他成员，从而使处在群众中的个人表现出一些独处时不敢表现的行为。

去个性化是指群体中的人们感到自己被淹没在群体中，丧失了对自我的控制，失去了通常的所谓个性感，并进而丧失了他们的个人身份。

偏见是指人们以不正确或不充分的信息为根据而形成的对其他人或群体的片面甚至错误的看法。

自证预言是指个体使得目标对象产生符合预期行为的现象。

一、态度的 ABC 结构

分析态度结构涉及三个维度，即情感（affect）、行为意向（behaviour tendency）、认知（cognition）。态度的心理功能包括适应功能、知识功能、自我保护功能、价值表达功能。

（一）态度的学习与形成

态度的学习有三种机制：联结、强化、模仿。态度的形成阶段包括顺从、认同、内化。情感因素与态度形成曝光效应对态度转变起到积极的作用。认知因素对态度形成的影响指向行为的态度，由两方面因素决定：一是人们对行为结果的信念；二是对这些信念的评价。文化因素的影响：西方文化下人们的态度更多基于对自己的关注，东方文化下人们的态度更多基于对自己在社会团体中的地位的关注。

（二）有关态度改变的理论

有关态度改变的理论包括海德的平衡理论和认知失调理论。态度转变的方法有参与活动法、登门槛技术、群体规定论、沟通信息法、全面宣传法。

（三）影响态度转变的因素

影响态度转变的因素包括传达者方面、沟通信息方面、态度主体方面。

（四）说服模型

只有人们注意到说服信息、理解信息内容，并接受了这些信息的时候，说服才能发生。说服的中心和外周路径模型：认知反应理论说明了人们为什么接受说服而改变态度，该理论认为，在对说服信息做出反应时，人们的想法也起着一定作用，信息提供了令人信服的论据就更可能说服他人。说服可通过两种途径产生。当人们有动机、有能力对问题进行深入思考时，就会更多地使用"中心途径"，也就是关注论据。如果人们没有足够的动机和能力去仔细思考，通常会采用"外周路径"，即关注那些使人不经过很多考虑就接受的外部线索。说服模型中包含外部刺激、说服对象、说服过程和结果这几个因素。

（五）影响说服效果的因素

影响说服效果的因素包括说服者的因素（专家资格、可靠性、受欢迎程度）、说服信息的因素（所倡导的态度与原有态度之间的差距、信息唤起的恐惧感、信息的呈现方式、信息呈现顺序和关联性）、被说服者的因素〔人格特性、心情、卷入程度、动机水平、自身的免疫情况、个体差异（认知需求、自我检控和年龄、自我在说服中的角色）〕、情境因素。

二、人际关系的形成过程

人际关系形成过程有注意阶段、接触阶段、融合阶段。人际关系恶化的过程有冷漠阶段、疏远阶段、终止阶段。

（一）人际关系形成原因

人际关系的建立源于人际吸引，为克服个体寂寞与孤独感而相互亲和。

（二）人际交往原则

人际关系促进与强化遵循社会交换、联结原则。

（三）人际交往影响因素

影响人际关系质量和进程的因素包含个人特质、相似性、互补性、熟悉性、接近性。

（四）人际亲密关系

亲密关系有零接触、知晓、表面接触、共同关系。亲密关系的实质是把他人融入了自我概念，形成依恋。其中爱情关系建立由激情、亲密、承诺三者组合。

三、群体心理动力

群体心理动力包括群体对个人心理的作用（归属感、认同感、社会支持）和团体凝聚力的影响因素（需要的满足、团体目标、团体活动和领导者）。

四、社会心理现象和行为

（一）人际侵犯行为

人际侵犯是一种行为，而不是意图，常伴有侵犯性的情绪。

（二）敌对性侵犯

敌对性侵犯指源自愤怒，将痛苦或伤害施加他人，达成某种目的的活动。

（三）侵犯行为学习

学习在侵犯行为产生中起重要作用。愤怒情绪只是侵犯行为产生的前提因素，侵犯行为可经由学习而获得，强化和模仿对侵犯行为学习具有重要作用。

（四）去个性化侵犯

大多数群体性暴力事件中，侵犯行为广泛蔓延，其主要原因是去个性化，个体自我控制系统的作用减弱或丧失，个体失去对自己行为的责任感。

（五）侵犯行为控制

利用惩罚、降低挫折、学习抑制、替代性宣泄、示范合理化行为、培养沟通与解决问题的技巧，达到控制侵犯情绪与行为。

（六）偏见

偏见与态度有关，但又不同于态度。偏见是与态度的情感要素相联系的倾向性。对他人的偏见评价建立在其所属的团体之上，而不是认识上。偏见既不合逻辑也不合情理。它的行为成分体现在歧视上。消除偏见的方法有社会化、受教育、直接接触、自我检控。

第三章 积极心理学

■培训目标

了解积极心理学的研究范围和意义，把握积极心理学的主要思想观点，理解和掌握建立积极人际关系的要点，学会用积极的取向处理实际问题。

■培训内容

积极心理学概论

积极的主观体验

积极的人格特质

积极的人际关系

■培训时间

8学时

■考核重点

积极心理学

积极体验

积极的个人特质

积极的人际关系

积极的取向

第一节　积极心理学概论

积极心理学是一种以积极品质和积极力量为研究核心，致力于使个体和社会走向繁荣的科学研究。

积极心理学是心理学领域的一场革命。它利用心理学目前已比较完善和有效的实验方法与测量手段来研究幸福，倡导心理学的积极取向，研究人类的积极品质，充分挖掘人固有的潜在的具有建设性的力量，促进个人和社会的发展，使人类走向幸福。

一、积极心理学的产生与发展

"积极心理学"在1998年由美国心理学家马丁·塞利格曼教授首先提出。他呼吁心理学不仅要关注疾病，也要关注人的力量；不仅要修复损坏的地方，也要努力构筑生命中美好的东西；不仅要致力于治疗痛苦的创伤，也要致力于帮助健康的人们实现人生的价值。

2000年1月，塞利格曼和米哈里·契克森米哈赖在《美国心理学家》上共同发表了《积极心理学导论》，成为积极心理学正式诞生的标志。文章具体介绍了积极心理学兴起的主要原因、主要研究内容以及未来的发展方向，论述了积极心理学的研究成果，即积极体验、积极人格和积极的社会组织。

积极心理学在随后的十多年发展非常迅速，影响着社会的许多领域，并掀起一场积极运动。积极心理学的一些观点已经渗透进社会学、教育学、经济学、管理学等领域，并对其中的理论产生了重大影响。一些有影响力的积极心理学专著也相继出版，成为普及积极心理学的重要手段，为社会大众所喜欢。

二、积极心理学的研究对象和任务

积极心理学作为"一门关于人的潜能与美德的科学"，其研究领域涉及三个层面。

（一）在主观层面上，研究积极的主观体验

积极心理学主张幸福是人类追求的终极目标。积极的主观体验主要研究主观幸福感、积极的情绪体验、心流等，研究个体对待过去、现在和将来的积极

主观体验。

（二）在个体层面上，研究积极的个人特质

积极心理学研究了人格中关于积极力量和美德的人格特质，研究了智慧与知识、勇气、正义等6种核心美德以及包括好奇心、热情、善良等24种积极人格特质。

（三）在集体层面上，研究积极的组织系统

积极心理学研究家庭、学校、商业机构、社区和社会等组织系统，提出这些系统的建立都要有利于培育和发展人的积极力量和积极品质，要以人的主观幸福感为出发点和归宿点。

积极是人类固有的一种本性，但这并不意味着人类的积极本性在任何情况下都能自发地表现出来，也就是说，人的心灵中的积极种子能否顺利发芽、开花、结果，还要依赖于后天的其他条件。积极心理学研究的正是人类心灵中积极种子的基因与性能、为这颗积极种子浇水施肥的方法和途径，以及如何营造一种能使人类积极种子生长发育的良好环境。

在三个研究层面上，积极的主观体验促进积极的人格特质培养，而积极的人格特质在积极的社会关系中能够更好地体现出来。

三、积极心理学的主要观点

（一）实现心理学的价值平衡

积极心理学主张心理学的平衡性，对积极和消极的层面都进行研究，使心理学自身价值得到回归。心理学的价值应该是人的平衡发展。传统的心理学因社会动荡的原因，在战争过后关注点走向了偏离，形成现在人们一提到心理学就觉得是"治病"，觉得和自己没什么关系。这让本该为全人类服务的心理学逐渐成为只为少数人群服务的科学。积极心理学强调积极的品质、积极的力量，都是正面的思想理念。积极心理学与传统心理学的相互结合，正好可以平衡心理学的价值，使心理学的价值得到回归。

（二）强调要研究每个人的积极力量

积极力量是指能够给人带来正向、具有建设性并能发掘人潜力的力量。积极心理学研究个体的主观体验，主要研究主观幸福感、积极情绪、心流等。积极心理学在人格研究中特别强调研究人格中的积极特质、存在于个体本身固有的人格力量。

（三）提倡对问题做出积极的解释

传统心理学在面对心理问题时侧重解决问题，而积极心理学会对所发生的问题给予积极的解释。为防止此种问题的发生，积极心理学注重培养人们的积极品质，从根本上消除问题，不让问题再次发生。积极心理学认为问题可以为人们发掘自身潜在能力和积极力量提供机会。

积极心理学之父马丁·塞利格曼提出了以品格优势为基石，以积极情绪、投入、人际关系、人生意义、成就五个方面为支柱的"幸福大厦"模型，为我们提供了追求美好人生的路径。

四、积极心理学的价值与意义

今天的人类拥有了比以往任何时候都更先进的科技、更丰富的物质、更完善的教育、更充分的自由，按理说人们应该比过去生活得更加幸福，可现实是出现心理困惑和心理问题的人数却变得越来越多，人们的幸福感并没有同步提升。随着网络传播的易得性，新闻热点偏重于负面的消息，人们的攀比心理更容易被激发等原因，使地区差异、城乡差别、贫富差异等问题更容易诱发各种社会矛盾，导致了各种心理问题的发生。

以往传统心理学把目标定位于消除人们心理和社会的各种问题，关注点在问题人群和社会中的问题，过分强调心理学的矫治功能，期望问题消除的同时能给人类和社会带来繁荣。这种类似医学的方式使得个体的许多正常的积极功能受到了极大的限制，如自我完善、自我激励、自我实现等。

今天的社会已经不同于先前，人类一切活动的目的不再仅仅是生存，而是生活得更幸福。一个和平繁荣的社会必然要关注积极，积极是帮助人们驱散消极、实现幸福的有效途径。

积极心理学可以在日常生活中激发积极情绪，让普通民众体会到更多的幸福感；可以让人们关注积极视角，找到更多迈向成功的资源、方法与机会；可以让人们乐观正向，减少抱怨，与家人、朋友、同事的关系更和谐；可以增加一个人面对困难与挫折的心理韧性；可以在工作中积极面对压力，保持良好心态，提高工作效率。通过倡导并实践积极心理学，可以帮助人们真正到达幸福的彼岸。

让所有的人都可以幸福生活是和谐社会所追求的目标，而积极心理学正是达成这个目标的有力保证。

第二节 积极的主观体验

心理学的使命之一是"帮助普通民众生活得更充实幸福"，积极的主观体验是实现这个使命的重要途径。

积极的主观体验是积极心理学的三大研究领域之一，是目前积极心理学研究成果最丰富、对人们生活影响最大的领域。积极的主观体验主要内容有主观幸福感、积极情绪、心流等。

一、主观幸福感

什么是幸福？这是一个很难回答的问题。每个人都会有自己的答案，因为它涉及多方面、多层次的因素。每个人生活的环境、所接受的教育、秉持的价值观各不相同，对幸福的理解和认识也有所不同，但是，这并不妨碍人们将幸福作为生活追求的最高目标。幸福是一种主观性很强的体验，同样的境遇，有的人感觉很幸福，有的人却不以为然，因此，心理学家提出了主观幸福感的概念。

主观幸福感是指个体根据自定的标准对生活质量进行总体性评估而产生的体验，它是一个人积极主观体验的核心。

二、影响幸福感的因素

影响幸福感的因素分为生理因素、环境因素、社会因素等。生理因素包括遗传影响、人格因素，环境因素包括财富、健康、工作、居住条件等，社会因素包括婚姻状况、人际关系、社会比较等。

（一）遗传影响

人们对幸福的感受，从遗传基因上就存在着差异。

（二）人格因素

人格因素是影响主观幸福感最重要的因素之一，与主观幸福感高度相关。

对于人格因素对幸福的影响，人们可以通过培养自己的积极人格特质来提升自己的幸福感。

（三）财富

很多人会认为一旦有钱了，幸福就随之而来。研究证明，经济收入在人们比较贫穷时对幸福感有较大影响，而人们的基本需求一旦得到满足，经济状况对幸福感的影响就比较小了。

（四）健康

一般人会认为健康是幸福的重要条件，但研究结果发现，人们对自己健康状况的主观评价与幸福感相关，但是医生给出的客观评价与幸福感不相关，严重疾病除外。

（五）人际关系

在社会生活中，积极的人际关系会对幸福产生深刻而正面的影响。积极心理学的创始人之一克里斯托弗·彼得森对积极心理学的描述是"他人很重要"。

还有其他的因素也影响到主观幸福感，如社会文化、教育背景、社会比较、性别、年龄、婚姻状况、信仰等。相对而言，内部因素会在很大程度上影响个体的主观幸福感。

索尼娅·柳博米尔斯基在《幸福有方法》中认为幸福的决定因素如下：

（1）幸福定位点，50%由人类的遗传基因决定，是我们与生俱来的；

（2）环境决定10%，包括经济因素、教育背景、工作、健康状况、婚姻状况、长相等客观因素；

（3）有目的的行为决定40%，如日常生活中那些具有主观能动性的活动。

因此，幸福的关键是在日常生活中践行积极的行动及思维，这是我们力所能及的，也是可以控制的。通过努力，我们将拥有提升40%主观幸福感的机会。

三、主观幸福感的提升

幸福是人的终极追求。日常生活中那些具有主观能动性的活动，是提升幸福感的有效途径。通过发挥自己的优势和美德，用有目的的意志力行动去发挥潜能，实现人生价值的幸福才是长久的幸福。

实验证明，以下方法能够达到提升幸福感的目的。

（一）激发积极情绪

积极的情绪体验是主观幸福感的核心，可以把积极情绪看成是对自己的一笔明智而健康的投资，学会随时随地激发自己的积极情绪，从而获得幸福的生活。激发积极情绪是最重要的提升幸福的方法，将会在本节第五部分单独表述。

（二）维护人际关系

寻求归属感是我们内心最基本的渴望，因此，维系自己与他人之间的亲情、友情及爱情也是人类进化的结果。社会关系与幸福之间的因果关系是相辅相成的，改善和培养与他人之间的关系，将收获积极的情绪体验和幸福。幸福感的提升，也有助于自己和他人建立高质量的人际关系，让幸福和人际关系形成良性循环。

（三）多行善事

多行善事不仅受惠者受益，施惠者也会大大受益。行善让人感到幸福。行善最大的好处是对自我认知的影响。行善时，个体会认为自己是一个乐于助人、富有同情心的人。这种自我认知可以增加自信，展现自我价值，彰显自我能力，拥有掌控生活的感觉。

（四）积极应对压力

面对生活中的压力与挑战，应采取积极视角和积极行动以应对压力，迎接挑战，克服困境。面对无法改变的事实，可以尝试改变看待事情的角度，从事情中寻找好的方面。任何事情都有积极的一面，关注重点从问题视角转变成积极视角时，幸福感会提升。

（五）品味当下

懂得品味当下生活的美好是获得幸福的重要因素。人们经常忽视自己当下拥有的快乐与美好，心里想着另外的事情。将注意力集中到当前所做的事情上来，仔细品味每一件事情中的美好感受，幸福的感受会不请自来。

（六）表达感恩

表达感恩之情是获得幸福的一种基本策略。世界著名的感恩研究专家罗伯特·埃蒙斯把感恩定义为"一种对生活油然而生的惊喜、感谢和欣赏"。感恩的关键是关注当下，感谢今天的生活，感谢所拥有的一切。

还有很多提升幸福的方法，如体育锻炼、冥想、谅解别人、与朋友聚会等。找到适合自己的方法，经常运用，同样的生活，将会带来更加幸福的感受。

四、积极情绪的价值

积极情绪是指所有能激发个体产生接近性行为或行为倾向的情绪。它能够激活一般的行为倾向，同时对于认知具有启动和扩展效应，能够建设个体的资源，撤销消极情绪产生的激活水平；能够提升组织绩效，对身体健康具有促进作用。积极情绪对于个体的适应具有广泛的作用与意义。

弗雷德里克森提出了积极情绪的扩展与建构理论，发现积极情绪具有巨大的潜能和力量。积极情绪所激发和扩展的心理定向，有助于建构资源，促进在有益特质上不断发展。积极情绪的价值有以下几方面：

（一）积极情绪扩展注意广度，开拓我们的视野

当个体面临问题时，积极情绪让思维变得开放，能够考虑到在其他情况下看不见的可能性，着眼于大局，找到解决问题的办法。

（二）积极情绪使思维活跃，增加了创造力

拥有积极情绪时，思维变得更加敏捷，改变了思考和行为的方式，更多的想法浮现在脑海，更多的行动成为可能，更容易地找到具有创造性的最佳解决方案。

（三）积极情绪促进身体健康

积极情绪帮助个体建立抵御与预防疾病的免疫机制，抑制与压力有关的激素分泌，平息消极情绪引起的心血管应激反应。积极情绪还与长寿密切相关。

（四）积极情绪让我们面对困难更有韧性

困难和逆境不可避免会带来消极情绪，消极情绪会钳制自己的精神，把人往下拉，以致陷入恶性循环。积极情绪可以赶走消极情绪，让人尽快穿越黑暗，走向促进成长的良性循环，克服困难，东山再起。

（五）积极情绪促进人际和谐

积极情绪能够拉近人与人之间的距离。拥有积极情绪时，个体更乐意花时间与人沟通，更愿意向他人提供帮助。个体的好心情和善举会感染他人，他人

会回馈以友善，进而促进了人际的和谐。

那么如何善用积极情绪，过一个欣欣向荣的人生？研究证明，当积极情绪与消极情绪的比率高于3∶1时，积极情绪的扩展和建构效应才能显现出来，才能看到积极情绪在生活中展现的惊人效用，享受欣欣向荣的人生。这个结论对家庭婚姻和各种组织同样适用。

积极情绪会让思维与心态更加开放而有接纳性，引导个体去探索未知领域，不断成长。积极情绪是每个人天生拥有的宝藏，是可以随用随取、促进幸福的心理资源。

五、积极情绪的激发

芭芭拉·弗雷德里克森在《积极情绪的力量》中描述了积极情绪的十种常见形式，分别是喜悦、感激、宁静、兴趣、希望、自豪、逗趣、激励、敬佩和爱。

希望拥有欣欣向荣的生活，不能简单地期望积极情绪总能如期而至，需要找到一些具体行为去激发自己之前并不存在的积极情绪，让自己的积极率超过3∶1。以下方法可以帮助我们激发自己的积极情绪：

（1）慢下来，用心而不只是用感官去看、去听、去感受围绕在自己身边的美好，与所感受到的美好建立联系，陶醉其中，真诚体会由衷产生的积极情绪。

（2）从坏事情中寻找好的方面，重新构建和诠释所遇到的不愉快甚至悲惨的情况，以积极的方式思考生命的意义。

（3）在好事情中寻找好的方面，将积极的事情变得更加积极。养成与家人分享好消息的习惯能增加积极情绪。

（4）关注日常生活中看似平凡、沉闷和普通的事情，把它们作为值得珍惜的礼物重演，转变成福气去细细欣赏和感受。

（5）关注日常生活中自己对别人的小小善意，对每一个善意做统计。善意和积极情绪相辅相成，认识到自己的善意举动，能够启动这种良性循环。

（6）找到能够完全投入的活动，给自己放松玩乐的权利，追随你的激情。

（7）经常为自己构想最美好的未来，把它写出来或者画出来，将之形象化。

（8）了解自己的优势，让自己每天都有机会运用自己的优势，做自己擅长的事情。

（9）建立与家人、朋友温暖和可信赖的关系。培养对他人的关爱，花更多的时间与他们在一起。

（10）适度地进行室外活动，享受自然的美好。户外活动可以让你看得更远，并拓展你的思维，让你对更多的事物感觉良好。

（11）进行正念、冥想、静修等练习。这些练习能打开你的心灵，引发深刻而由衷的积极情绪。

六、心流体验

在我们工作、学习、玩游戏、写作或跑步的时候，可能有过这样的经验：因为太过沉浸于手上的事情，而忘记了吃饭，忘记了时间的流逝，甚至感觉不到自己的存在。我们常常用"忘我"这个词来形象地形容这种状态。很多这样的时候，我们其实已经进入了心流。我们可能不知道的是，心流不仅是一种非常专注的状态，也是一种能够在日常生活中感受到"幸福感"的实操方案。

心流由积极心理学的奠基人之一契克森米哈赖提出，是指人们从事具有挑战性但有控制感、需要大量技能但觉得能够做好的内在激励性活动时，所体验到的一种独特的积极心理状态，是人们获得幸福的一种可以自我掌控的途径。

心流体验主要有以下几个特征：

（1）棋逢对手：挑战性活动的难度与个人能力平衡。太低的挑战性导致厌倦，太高的挑战性导致焦虑。只有那些动用了全部智慧和技巧恰能达成的挑战才会让人拥有心流体验。

（2）浑然忘我：全神贯注投入活动中，不再注意周围的事情，在忘我状态中感受到前所未有的专注与满足。

（3）时光飞逝：感觉时间过得很快，主观感受到的时间和实际时间不一致。

（4）享受体验：不计较能否获得外在物质性奖励，活动本身成为最大的奖励，更注重自身在活动中身心满足的内在体验。

心流就是幸福由自己说了算，学会掌控意识，建立内部的奖励系统，无须外在条件，让自己随时体验幸福的感觉。

第三节 积极的人格特质

人格特质指的是在不同时间、不同情境中保持相对一致的行为方式的倾向。特质不同于状态，状态是暂时的，与具体场合有关；特质是持久的，在很多场合起作用。

一、积极的人格特质

积极心理学主张人格特质不仅要研究问题人格的特质和影响人格形成的消极因素，更要致力于研究人的良好人格特质以及影响人格形成的积极因素，特别是研究人类积极的现实能力和潜在能力在人格发展中的作用，即从人类的积极力量出发研究人格特质。

积极心理学定义了六大核心类美德及其24项人格优势作为积极的人格特质。乐观、自我控制可以构建我们的优势和美德，并促进我们迈向更幸福的生活。

二、美德和人格优势

在积极心理学研究中，彼得森和塞利格曼在2004年构建了人格优势的价值实践分类体系。该体系提炼出人类本性中的六大核心美德和24种人格优势。这六大核心美德是世界上普遍存在和倡导的，即智慧、勇气、人道、正义、节制和超越。24种人格分别是创造力、好奇心、好学、开放性思维、洞察力、勇敢、坚韧、正直、活力、社会责任感、公平、领导力、爱、善良、社交智慧、宽恕、谦逊、谨慎、自我控制、鉴赏、感恩、乐观、幽默和信仰。这24种人格优势是可以单独定义和测量的，也是实现六大核心美德的途径。

以下简单介绍6类美德和24种人格优势的定义及表现。运用并培养这些人格优势，将有助于实现美德，获得持久的幸福。

（一）智慧

智慧就是对生活情境、人事具有深刻而广泛的知识，并对如何运用这些知识有发人深省的辨识力。智慧这一美德帮助人们在生活中获得和运用知识的各种优势——好奇心、好学、开放性思维、创造力和洞察力。

1. 好奇心

好奇心是一个人对新经验和新知识发自内心的渴望，能激发人们去探索和接近目标。有好奇心的人对正在发生的事情感兴趣，乐于探索和发现。

2. 好学

好学是指热爱学习，掌握新的技术、主题和知识。好学的人可以在没有外部诱因的情况下，全身心投入到某项学习活动中。

3. 开放性思维

开放性思维能全面透彻地从各个方面思考问题、检查问题。具有开放性思维的人能够根据事实调整自己的思想，全面公平地衡量各种证据。

4. 创造力

创造力能够思考出新奇而有效的方法做事情。有创造力的人面对事情所产生的想法和行为既不同寻常，又有适应性，能够给自己和他人的生活带来便利。

5. 洞察力

洞察力能够给他人提供指引，在重要的问题上有独到的见解。有洞察力的人能够以多种方式看世界、认识自己和他人，表现出出众的学识、判断力和给予建议的能力。

（二）勇气

勇气是指在很不利的条件下，还能为达成理想目标而勇往直前。拥有勇气，我们才能在面对最坏的自己或他人时仍然屹立不倒。勇气是令人敬仰的美德，这种美德包含了勇敢、坚韧、正直、热情等优势。

1. 勇敢

勇敢是指在危险情境中，理性评估风险，即使有恐惧，仍努力去争取有利的结果。勇敢的人对认为正确的事，虽然害怕但是仍能够面对危险，挺身而出。

2. 坚韧

善始善终，即使存在艰难险阻，也要坚持完成自己的行动。坚韧的人遇到困难不退缩，是一个人完成学习、工作、事业的持久力。

3. 正直

以诚恳的方式说出事实，不加以掩饰和伪装，对自己的感觉和行为负责。正直的人，可以接纳自己的行为和感受，并为它们负责。

4. 热情

充满激情和力量去追求生活，充满生机和活力，极具感染力地激发周围人的活力。热情的人体验着有目标、有意义的生活，精力充沛、活力四射。

（三）公正

公正意为公平正直，没有偏私。

1. 公平

公平是指公平地对待每一个人，不让个人的情感影响到针对别人所做出的决定。公平的人，处理事情合情合理，让参与社会合作的每个人承担着他应承担的责任，得到他应得的利益。

2. 社会责任感

社会责任感是指一个人对公共利益负有义务感，并在情感上认同这种义务感。社会责任感强的人具有良好的团队精神，热心公益，有使命感，信任他人。

3. 领导力

鼓励团体中的每一个人把工作做好，同时促进良好的集体关系。拥有领导力的人能影响他人追随自己，有效管理群体事务。

（四）人道

人道是一种有关人际的美德，在人际关系的相处中表现出更多的慷慨、不求回报的善行和对他人的体谅。人道包含善良、爱和社交智慧三个优势。

1. 善良

善良是指照顾别人的感受，不求回报、不计得失地实施助人的行为。善良的人乐于助人，有同情心，对他人的痛苦感同身受，愿意牺牲自己帮助别人。

2. 爱

爱让人重视并经营亲密关系，并在亲密关系中相互分享，相互照顾。拥有爱的人，愿意付出时间与精力去维护与家人和朋友的关系。

3. 社交智慧

能够感知别人和自己的意图和感受，知道在不同的社会场合应该怎样做。拥有社交智慧的人，能够准确理解自己和他人的心理状态，建立信任，说服他人，促进合作。

（五）节制

节制是一种善于控制、避免过度的美德。节制常常体现在人们对饮食、抽烟、游戏等行为上的自制，会给我们带来丰厚的回报。节制包含谨慎、宽恕、谦虚和自控力。

1. 谨慎

谨慎是一种对未来的认知能力，在决策之前就更多考虑行动的长远后果。谨慎的人一般能抵挡短期利益诱惑，高瞻远瞩，慎重做出选择。

2. 宽恕

原谅那些曾经做错事的人，重新给他人一次机会，也是原谅自己过去的错误。宽恕的人不记仇，积极正面看待伤害自己的人和行为，以德报怨。

3. 谦逊

让成绩自己说话，不过分地表现自己，不认为自己比别人都强。谦逊是准确评价自己，认可自己的长处和成绩，也接收自己的短处和失败。

4. 自我控制

调节自己的感受和行为，控制自己的欲望和情绪。能够自我控制的人，不会根据本能做出反应，而是控制自己的想法、感受、欲望和冲动，做出恰当的反应。

（六）超越

超越让人认识到自身的渺小，提升自我，与更高的事物产生联系，在生活中制造意义。超越包含鉴赏、感恩、乐观、幽默和信仰五个优势。

1. 鉴赏

从自然界到艺术和科学领域，再到日常生活的每一天，发现和欣赏美丽、卓越和富有技巧的表现。有鉴赏力的人，注意并欣赏日常生活、大自然、科学中一切美好的事物，能够在生活中找到更多的乐趣和意义。

2. 感恩

感恩是自己因为他人的行为而获益后的感觉或者因个人的拥有而感恩。感恩的人能够敏锐地观察和感受到生活中发生的每一件好事，并花时间去表达自己的感恩之情。

3. 乐观

期待未来最美好事情的发生，并努力去达成这一愿望，相信未来的美好是能够实现的。乐观的人相信只要自己付出努力，想要的结果就一定会实现。

4. 幽默

幽默是一种诙谐愉快的认知，能够笑对生活中的挑战和难题。幽默的人，可以从逆境中看到光明，通过逗乐和搞笑娱乐自己和他人。

5. 信仰

信仰是拥有对人生价值的信念，并以此来规划自己的行为，感受生命意义。有信仰的人内心充实，有敬畏感，追求人生的意义。

三、乐观

乐观是积极心理学领域最重要的概念之一，是一种重要的积极人格特质，也是积极的思维方式。乐观能够增强生活的洞察力，找到获得幸福生活的重要途径。

积极心理学之父塞利格曼提出乐观归因理论，认为乐观是一种解释风格，乐观的解释风格就是将坏结果归因于暂时的、特定的、外部的因素，将好的结果归因于长久的、普遍的、内部的因素。乐观的解释风格是可以培养和学习的，变得乐观，看到的世界将发生改变。乐观的解释风格是构建美好人生的有力工具。它可以保护个体不受抑郁侵害、提升成就水平，使身体更强健，走向更幸福的人生。

如何才能培养出习得性乐观呢？习得性乐观的主要技巧是在失败的情境中改变具有破坏性的想法。使用情绪ABC理论，调整我们在失败感受挫折时的情绪，从更积极的角度来看待问题，可以增强对不利环境的控制力。

心理学家埃利斯创建了情绪ABC理论。该理论认为激发事件A只是引发情绪和行为后果C的间接原因，而引起C的直接原因则是个体对激发事件A的认知和评价而产生的信念B。人的消极情绪和行为结果C，正是由于经受这一事件的个体对它不正确的认知和评价所产生的错误信念B所引起。

同样一件事，对不同的人，会引起不同的情绪体验。例如，同样是报考英语六级，结果两个人都没通过。甲觉得自己准备不够充分，准备下次再考；而乙却认为是自己能力不足导致，伤心欲绝。甲乙面对相同的A，导致不同的C，是因为对诱发性事件所持的信念B不同。在这些想法和看法背后，有着人们对一类事物的共同看法，这就是信念。培养乐观解释风格，就是在日常生活中关注自己对坏事情的看法和信念，将坏结果归因于暂时的、特定的、外部的因素，用乐观的解释和合理的信念代替悲观的解释和不合理的信念。

持有乐观解释风格的人，无论是上学的学生、职场的成人，还是医院的患者，都能以比较积极正面的态度面对生活，对未来抱有期待和希望。乐观可以说是身心疾病的防护墙、幸福与成就的促进剂，乐观对于个体的健康与幸福意义重大。

四、自我控制

自我控制是非常重要的积极人格特质，也称自我管理、自我调节、意志力或自控力。自我控制是指个体为了追求目标、达到特定的标准，而对自己的反应进行控制和调节，即控制自己的注意力、情绪和欲望的能力。

最新的神经科学研究表明，大脑是可以塑造自己的，学习可以改变大脑的神经回路，我们可以像锻炼肌肉一样锻炼大脑，我们可以训练我们的大脑来增强自我控制能力。

心理学家在自我控制方面的研究成果非常多，其中凯利·麦格尼格尔的《自控力》中给出了一些经过证明有效的自我控制能力的训练方法：

（1）冥想：冥想可以提升注意力、克制冲动。持续8周的日常冥想训练可以使相应大脑区域的灰质增多，从而带来自我控制能力的长久改变。

（2）深呼吸：将呼吸频率降到每分钟4~6次。放慢呼吸能激活前额皮质，增加抗压性，做好意志力储备。

（3）锻炼：锻炼是自我控制力提升的良药。每次5分钟的锻炼就可以改善心情、减缓压力。锻炼形式不限，只要是能够让你离开椅子的活动都可以。

（4）睡眠：睡眠不足会影响身体和大脑吸收葡萄糖，让人感到疲惫，影响自控力。尽量保持充足睡眠，需要时打个盹也能让你重新集中注意力。

（5）放松：放松可以激活副交感神经系统，提高免疫力。放松不是看手机或闲谈，而是指真正意义上的身心休整，心率、呼吸放缓，肌肉放松。

（6）等待10分钟：当你面对诱惑时，让自己等待10分钟再拥有它，这10分钟，可以想想你的长远目标，或者让自己远离这个诱惑。

（7）加入团体：寻找一个与你目标相同的群体加入进去，置身于与你共享承诺与目标的人群当中，你会觉得自己的目标才是社会规范。

（8）转变叙述：把"我不要"变成"我想要"。例如，把"不要迟到"变成"我想要提前5分钟到"，你会变得更有动力。

每个人天生就有自我控制的能力，我们需要做的只是找到它，发掘它，训练它。自我控制的关键是集中注意力，记住自己真正想要的是什么。自我控制能力将帮你克服困难，实现最重要的目标。

第四节　积极的人际关系

人际关系是指人与人之间通过直接交往形成的相互之间的心理联系。它强烈地影响一个人的身心健康、成功和幸福感。

人是社会动物，不能离群索居。人际交往构成了人生的主要内容，个体在各种人际关系的交往中不断发展与成长。人际关系反映了个人寻求满足其社会需求的心理状态。人际关系可以满足人的基本社会需求，例如，爱、归属、控制的需求；可以帮助个体通过别人评价了解自我；可以建立社会支持，帮助个体克服困难与逆境。良好的人际关系也反映了个体的心理健康水平。

人际关系是积极心理学非常重要的关注点，也是积极心理学运用的重要领域。良好人际关系的追求是人类幸福的基石。积极的人际关系会给幸福带来深刻正面的影响，积极的人际关系也是积极的组织系统所要达成的重要目标。

一、关系中的积极认知与积极体验

积极认知是积极心理学视角下的认知过程，指个体在一定程度上对未来抱有积极预期的思维过程，与个体的行为存在内部关联。积极的认知包括积极归因、乐观解释、接纳与尊重和共情。

（一）积极归因

积极归因是使用积极心态对自己和他人的行为进行归因。关系中积极归因的人会将对方良好的行为归因于其内在的、稳定的因素，把对方的不良行为归因于情境等外部因素。

（二）乐观解释

在关系中擅用乐观解释风格的三种维度。用暂时的、特定的、外部的原因来解释关系中不好的事情，用永久的、普遍的、内在的原因来解释关系中好的事情。

（三）接纳与尊重

认识到人与人之间的差异，接纳彼此不同生活环境所带来的烙印，接纳不同的行为风格，接纳不同的观点和想法，接纳对方暂时的消极情绪。在关系中要尊重彼此的价值观、思想感情、内心体验和生活追求。

（四）共情

共情即换位思考，指站在别人的角度设身处地理解和感受对方。他人感觉到被理解时，更容易敞开心扉，更容易建立信任关系。

在关系中，创造积极体验比给予物质和金钱对关系提升的作用更持久。在关系中的积极体验与消极体验的比率，弗雷德里克森建议是3∶1，戈特曼建议是5∶1。例如，说一句抱怨的话造成的消极影响，至少要用3~5句赞美或者褒扬的话引发的积极影响才能够抵消。而且这些褒扬的话不能以暗示的方法表达出来，必须明确说出来，这样才能让彼此的关系向积极的方向前进。

二、关系中的积极沟通方式

沟通是构建和促进人际关系的重要手段，积极的人际关系建立在积极的沟通之上。在沟通中，积极倾听、使用积极语言表达和积极主动回应是最重要的三个部分。实践这些积极沟通方式会为个体构建积极的人际关系打下一个良好基础。爱的语言是积极沟通的综合表现。

（一）积极倾听

积极倾听是指在倾听中不仅要听对方说了什么具体的内容，还要理解他人语言背后的观点感受，体会对方的需求与渴望，并站在对方的角度思考和处理问题，最终通过沟通达成目标。

萨提亚的冰山理论认为，人们所看到的只是行为的世界。人们在经历事情的时候，在6个层次上同时有着体验，分别是行为、应对、感受、观点、期待和渴望。像漂浮在水面上的冰山，行为或者语言只是露在水面上很小的一部分，暗涌在水面之下的人们看不到的更大的冰山体，则是人们内在的应对、感受、观点、期待和渴望。

人们总是倾向于听到自己想听到的，看到自己想看到的。当我们能够抱着积极的态度去倾听，感受到对方语言背后的感受和渴望，让对方感受到被关注、被认可、被接纳、被理解、被尊重时，这样的积极倾听才能成为积极沟通的基础。

（二）使用积极语言表达

积极语言是指能激发个体情绪，使其发现自己的优点及潜能，关注使人生美好的有利条件，促进个体美德及积极品质的形成、有利于形成积极人际关系的鼓励、赞美和期望的语言。

在沟通中使用积极语言。首先，要积累自己的积极词汇系统。在日常生活中注意收集和整理积极词汇，有需要时才可以准确使用。如把"好""不错"等指向不够明确的词汇改成更有针对性的"令人振奋""让人惊喜"。其次，把消极的评价词汇用积极正面的方法代替。如"小气"改用"节俭"，"懒散"改用"懂得放松"。最后，用肯定的语气进行表述。如"不要紧张"改为"放松一些"，"太马虎了"改为"下次检查再认真一点"。

先觉察自己在沟通中是否使用了积极语言表述，再进行针对性改进。让积极语言成为日常的沟通方式。

（三）积极主动回应

在沟通中的积极主动回应也是建立积极关系的沟通方式。当对方发生一件好事情时，采用积极主动的方式来回应。

例如，朋友很开心地告诉你，他升职了。我们有四种回应方式：

消极被动回应："知道了。你昨晚看球了吗？那场球踢得太烂了！"

消极主动回应："如果薪资没有提升太多，升职意义不大。你的上级不太好相处，升职后压力会更大的。"

积极被动回应：挺好的，恭喜你啊！

积极主动回应："这么棒啊！升职之后是什么职位？竞争一定很激烈吧？你计划如何去庆祝？要不周末找几个朋友聚一下分享这个好消息？"

积极主动回应能加强和延伸对方的积极情绪体验，促进关系的积极提升。

（四）爱的语言（非暴力沟通）

马歇尔·卢森堡博士在非暴力沟通中指导我们转变谈话和聆听方式，不再条件反射地进行反应，而是去明白自己的观察、感受和愿望，有意识地使用语言，既诚实清晰地表达自己，又尊重与倾听他人。

非暴力沟通模式的四个要素：

（1）观察：在沟通时，先要清楚地表达观察到的事实结果，而不是判断或评价。加入评价会让对方倾向于听到批评并反驳。例如，"孩子没有按承诺写完作业"是观察，"他是个不守信用的孩子"是评价。

（2）感受：表达自己的感受而不是想法。建立表达感受的词汇表，使沟通更为顺畅。例如，"你迟到了，我很难过"是感受，"你迟到了，我觉得你不在乎我"就是想法。

（3）需要：感受的根源在自身，是自己的需要和期待导致了感受。在沟通中直接表达需要，对方更有可能做出积极回应。例如，"我想和你好好聊一聊"是需要，"你到家就一直在看手机，我都没时间和你说话"是指责。

（4）请求：用具体的描述，明确提出我们的请求，表达我们希望别人做什么而不是不做什么。例如，"今晚你喝饮料好吗？"是具体的请求，"你今晚不要再喝酒了！"是表述不做什么。

非暴力沟通举例："你今天迟到了30分钟，又联系不到你，我很担心你的安全，我希望能及时联系到你。下次如果手机没电又不能及时赶过来，你能否借别人的手机给我打个电话？"

三、重要人际关系的积极构建

（一）构建积极的亲密关系（夫妻关系）

爱情作为一种积极的情感和关系，对人生的丰富和心理健康具有重要的意义。研究证明，"不幸婚姻的承受者患病概率大约增加35%，平均寿命缩短4年"。"如果健身爱好者从每周的健身时间里匀出10%的时间来'锻炼'他们的婚姻而不是身体，他们在健康方面获得的好处将是在跑步机上的3倍。"抽出更多的时间，用更积极的方法来经营亲密关系，可以让婚姻更幸福。

约翰·戈尔曼在《幸福的婚姻》中用非常翔实的大数据来解读亲密关系，认为幸福的婚姻基于夫妻间深厚的友谊和对彼此行为及婚姻的积极诠释。他给出了维持婚姻稳定和幸福的七项法则。

法则一：完善你的爱情地图。爱情地图是指你的大脑中存放所有关于配偶的相关生活信息的地方，包括配偶生活中的重要人物、生活中的重大事件、目前的压力和烦恼、恐惧和渴望、期望与抱负等。亲密关系的彼此了解不仅能产生爱情，还能产生平安长渡过婚姻风暴的力量。

法则二：培养你的喜爱和赞美。夫妻的喜爱与赞美系统是指夫妻双方各自都保留了一些最基本的感觉，觉得对方值得尊重、敬佩甚至喜爱。对维持一桩有价值、长久的感情生活而言，喜爱和赞美是两个非常重要的因素。当你的喜爱和赞美系统顺利运转起来时，你的婚姻就有了缓冲期和充电器。

法则三：彼此靠近而非远离。为了赢得配偶的关心、喜爱或支持，彼此要定期做出沟通尝试，只有彼此靠近，才能联结感情、增进浪漫、迸发激情、拥有美好的生活。现实生活中的浪漫是靠互相保持联系这种看似非常平淡的方法激发起来的，它促使你知道自己是受到配偶重视的，你们是彼此靠近的。

法则四：让配偶影响你。最幸福稳固的婚姻是那些丈夫与妻子互相尊重，不反对分享权力，两人共同做决定的家庭。当夫妻两人意见不一致时，他们会积极寻找共同点而不是固执己见。认真听取配偶的话，考虑对方的意见。越接受配偶的影响，就越有可能找到让你们都满意的解决方法。

法则五：解决可解决的问题。婚姻冲突有两类，一类是可以解决的，另一类是永远存在的。工作压力、子女教育、婆媳关系、金钱观念、家务活等问题都是引发婚姻冲突的常见问题，这类冲突是可以解决的。

法则六：化解僵局。婚姻中的大部分冲突是永久性的，占比69%。彼此对人生深层次的需求和梦想是造成僵局的原因。当你选择了一位长期的生活伴侣时，同时也选择了一系列特殊的、无法解决的问题，要学会化解僵局，和问题一起生活。

法则七：创造共同的意义。创造自己家庭的微文化，让婚姻有更深一层的意义感。通过沟通建立家庭的共同意义。夫妻间共同意义的基础是仪式、角色、目标和象征。

在婚姻生活中运用这些法则，会给婚姻带来巨大的、积极的影响。迈出积极的一小步，亲密关系将走向更积极幸福的方向。

（二）构建积极的亲子关系

让孩子形成安全依恋模式。父母或者婴儿的照料者敏感性较高，并给予婴儿持续的积极关注，个体就能够在生命早期体验到爱与信任，形成安全依恋，将依恋对象当作安全基地和避风港。孩子形成安全依恋模式能让他对未来挑战充满信心，还能和朋友及未来伴侣建立起安全和相互信任的关系，对人的毕生发展都有着重要的意义。

无条件接纳、欣赏、爱。无论孩子是什么样子的，都要接纳他、欣赏他、爱他，没有任何的附加条件。有些家长把学习成绩看得过于重要，或者把自己未实现的梦想寄托在孩子身上，如果达不到期望就觉得孩子不够好，对待孩子的态度就发生转变，这些都是有条件的爱。只有当孩子认为自己无论怎样，父母都会帮助自己、爱自己时，他才会形成足够的安全感和勇气、稳定的信心和自尊。

充分发挥孩子的潜能。积极发现孩子身上的闪光点，帮助孩子发现自己的核心优势品格，并提供环境让孩子发挥潜能，促进他的优势得到最大化的发挥。对孩子的负向行为可以忽略，但正确的行为要及时强化，让他们感受到取得进步、获得赞赏的喜悦，成为一个自主的、有创造力的、不断成长的人。

培养孩子的乐观品格。乐观的品格是让孩子受用一生的幸福经典。建立孩子乐观的解释风格有三项原则。一是让孩子有掌控感，生活中尽可能给孩子更多的选择；二是让孩子体会多样的积极情绪；三是父母要运用并教导孩子养成乐观的解释风格。

（三）构建积极的社会关系

家庭之外的其他社会关系包括朋友关系、同学关系、师生关系、同事关系、上下级关系等。这些关系是个体实现自我价值、克服挫折与困境、体会尊重与归属感的重要载体。

社会心理学家研究认为，人际关系相互吸引有以下因素：熟悉的、经常打交道的人，人格特质、价值观和信仰与我们相似的人，能够满足我们需要的人，能力很强的人，外表有魅力的人，喜欢我们的人。在工作生活中可以运用这些因素来指导我们的行为，获得友谊和良好关系。

亲社会行为、感恩及宽容对于构建积极的社会关系有稳定的正向影响。

亲社会行为是指助人、慈善、捐赠及自我牺牲、获得回报的可能性非常微小的行为，通常对他人有益或者对社会有积极影响。在亲社会行为中，人们对自我的评价积极正面，容易产生积极情绪，易于与他人建立联系。

感恩在积极心理学中是一个非常重要的概念，既是一种积极的人格特质，又能带来积极的情绪体验，是积极人际关系的核心内容。感恩不仅可以促进关系的稳固，更能使人们在关系中体验到幸福。

宽容是一种积极的人格特质，是对人、对事的接纳和包容，在人际关系中有利于化解人际冲突，对保持心理健康和幸福感有着积极的作用。当人际关系中面临他人不经意的冒犯或者伤害时，宽容的人不夸大他人的敌意，能看到他人的善意、接纳人性的不完美。这样人的情绪平和，不容易引发人际冲突。

第四章 社区心理评估

■培训目标

通过讲解社区心理评估，使社会心理指导师能够掌握评估方法、区分心理评估重要对象、了解重点人群心理特征，做好常见心理问题的评估，为开展社区心理服务打好基础。

■培训内容

社区心理评估方法

社区心理障碍

社区心理评估对象

■培训时间

16学时

■考核重点

社区心理评估方法

社区心理评估对象

个体心理评估方法

团体心理评估方法

心理评估工具

焦虑情绪与焦虑症

抑郁情绪与抑郁症

心理应激障碍

重点人群心理特征

第一节　社区心理评估方法

心理评估是指在生物、心理、社会等模式下，综合运用谈话、观察、测验的方法，对个体或团体进行全面、系统和深入的心理分析过程。

社区心理评估是指社会心理指导师对社区居民心理需求、不同群体的心理维护和心理问题预防，利用科学的评估手段和方法进行分析与综合，做出精准结论。

心理评估的目的是通过详细地收集与心理问题有关的资料，从中了解问题的成因，确定问题的性质，发现解决问题的切入点。心理评估是做出正确方案的基础，决定着下一步工作的方向。

一、个体心理评估

社会心理指导师能否正确、全面地认识来访者的心理问题，取决于掌握来访者相关资料。通常围绕三个方面收集资料：

（一）个人资料

（1）个人信息，包括年龄、性别、籍贯、教育程度、家庭情况、婚姻状况、职业、收入状况等。

（2）身体情况，包括来访者的健康状况、营养状况、既往病史、用药情况等。了解来访者的病史，有无残疾、遗传病或长期慢性疾病，目前的生理状况如何等。

（3）来访者的特点与能力，如来访者的心理状况、智力水平、认知能力、个性特点、自我概念、情感及行为方式等。

（二）人际支持系统资料

（1）来访者的人际关系状况，如与家人、朋友、同事的关系。

（2）来访者成长的背景，学习、工作和生活的环境，如家庭的经济状况，家人之间的关系形态、父母的影响以及邻里关系等。

（三）社区环境与互动质量

社区环境与互动质量包括社区属性、居住时间与户口属性、参加社会组织或团体活动情况、社会活动频度与权力属性。

个人与社区环境和工作环境的交互作用，是社会心理指导师关注的一个重要问题。同时，社区也是解决来访者问题的重要资源。因此需要了解来访者与环境的关系是如何建立和维持的。当来访者有问题的时候，环境可以提供帮助和支持吗？对这些问题的了解有助于我们更深刻地了解来访者，以及提供解决来访者问题的信息和资源。

个人心理评估的资料来源是多方面的，除了面谈、转介以外，也可以通过社区访谈等进行了解。包括走访来访者的家人、邻居、朋友，所在居委会以及相关的街道司法所、派出所等。

二、团体心理评估

（一）团体心理

（1）从团体动力的观点来看，团体是由两名以上成员组成的，成员彼此之间产生交互作用，而且有统一的目标。所以，构成团体的主要条件有4个：有一定规模，即成员在2人以上；彼此有相互的影响；有一致性的共识；有共同目标。

（2）团体心理指团体中大多数成员的共同情感与意志状态。如气质、情趣、爱好、利益或信念一致可形成团体心理。群体动力学的研究者——德国心理学家勒温认为，整体比部分重要，群体作为一种内在的关系组成的系统，其影响力或作用远大于孤立的个体。个体在群体中生活，不仅取决于个体的个人生活空间，而且也受群体心理场的制约。因此，团体心理比个别心理有更大的影响力和更好的辅导效益。

（二）团体评估程序和方法

1. 组织程序

团体评估程序和方法包括发布评估通知或者公告、组织一定数量的团队成员参加评估资格、选择评估方式和方法、审核初步评估意见并确定评估等级、确定评估结果并向有关组织送达结论。

2. 团体评估的方法

（1）调研。按照特定主题，对某些现象进行了解和研究，发现其特征的分布状况，得出相应结论。

（2）访谈。掌握访谈技巧有利于收集资料、发现问题、进行定性分析。在社区心理评估工作中，访谈方法可分为一对一的深度访谈和一对多的焦点组访谈。

（3）问卷调研。通过设计问卷、收集资料，用以描述调查对象的状况，探讨不同变量之间的关系，描述各种变量发展变化及趋势，解释不同现象之间的联系。问卷应充分考虑主题、被调查者类型、访问的环境和问卷长度；题目安排依照心理次序，使填答具有逻辑性；指导语或填答说明清楚，用纸和排版美观。

（4）实地测试。通过实地观察、笔试、口试等方式方法验证假设，目的是对团队进行诊断分析，界定团队类型，寻找问题点与突破点，确定团队分类标准。

（三）团体心理评估的对象

随着生活节奏变得越来越快，人们所承受的心理压力也越来越大，各行各业、各年龄阶段的人都有不同程度的心理压力。因此，有必要对团体心理困扰内容和有关因素进行评估。

1. *以来访者人群分类*

（1）儿童心理发展、异常行为、情绪障碍。

（2）中年人的职业枯竭。

（3）老年问题（孤独、临终、疾病）。

2. *以解决目标问题分类*

（1）家庭问题（亲子关系、夫妻关系、代际关系）。

（2）成瘾行为（毒品、药物和网络）。

（3）社区人际关系。

（4）邻里与职业群体竞争问题。

三、心理评估工具

（一）标准化测验

标准化测验是用定量的方法收集来访者的资料，依据一定的心理学理论，使用一定的操作程序，通过科学、客观、标准的测量手段对人的特定素质进行测量、分析、评价，给人的能力、人格及心理健康等心理特性和行为确定出一种数量化的价值。主要的心理测验有智力测验和人格测验。

智力测验，如吴天敏修订完成的中国比内测验，张厚粲修订的瑞文标准推理测验，林传鼎、张厚粲修订的韦氏儿童智力测验。

人格测验，包括客观测验和投射测验。客观测验有艾森克人格问卷、明尼苏达多项人格调查表、16 种人格因素问卷。投射测验有主体统觉测验、房—树—人测验、句子完成法测验。

（二）评定量表

心理评定量表的用法及评分方法较为简便，多用于检查对某方面心理问题障碍的存在与否或者其程度如何。通过观察对某个人的某种行为或特质确定一个分数，用来表达评定结果的标准化程序叫作评定量表。主要工具表有明尼苏达多项人格调查表、个人健康状况调查表和青少年团体个性健康调查表心理测试标准版。青少年团体个性健康调查表心理测试标准版的内容：认识自身潜能，增强自信；克服心理惰性，磨炼战胜困难的毅力；启发想象力与创造力，提高解决问题的能力；学会管理情绪，积极乐观；懂得时间管理、学会探索学习技巧；认识群体的作用，增进对集体的参与意识与责任心；改善人际关系，学会关心与信任，更为融洽地与群体合作；学会感恩，加强与家人的亲情联结；珍爱生命，形成正确的价值观；学会承担责任，培养领导能力。

（三）行为观察记录

观察法是在社区心理服务中获得信息的常用手段。观察法有两种：一种是按观察目的、观察者的经验来组织观察内容和程序，另一种是按照目的采用一套定型的程序进行观察。观察记录清单中根据不同项目，记录相应内容。

（四）个案会谈列表

个案会谈是社会心理指导师与来访者面对面的、有目的的专业谈话。通过个案会谈，获取相应需求内容清单，评估来访者各个方面的心理功能，并进行相关的服务项目。在社区心理服务中，个案会谈占有重要地位，对于获取信息，了解并分析来访者的经历、问题及成因，建立专业关系非常重要。

第二节　社区心理障碍

心理障碍是指一个人由于生理、心理或社会原因导致各种异常心理或异常人格特征等。以情绪障碍、人格障碍、适应障碍、应激障碍、社会功能障碍等为主要特征。

一、情绪障碍

（一）焦虑

焦虑是个体对即将来临的可能会造成危险或威胁的情境所产生的紧张、不安、忧虑、烦恼等不愉快的复杂情绪状态。焦虑分为理性焦虑和非理性焦虑。

理性焦虑是指感受到压力或受到刺激而出现焦虑情绪，且焦虑的程度与客观事件或处境相符、持续时间合理，这是一种个体的保护性反应。

非理性焦虑是指没有明确或者具体事由，或者为未来担忧，或者追求完美不允许自己出差错。

焦虑内在感受是综合性的，是莫名其妙的、不易辨别的。焦虑程度通常分为三个级别：轻度、中度和重度。

轻度焦虑表现为皱眉头、烦恼、担心、时时牵挂某事。一般多为生活中的各种"小事"引起。比如出发时动身晚了，怕赶不上火车；工作中突然接到上级要来检查的通知，而自己确实存在一些小问题等。

中度焦虑表现为坐立不安、焦躁、害怕。中度精神紧张也十分常见，比如从来没有上台的人忽然被要求当众表演。

重度焦虑表现为四肢发凉、心跳加快、出汗、肌肉颤动，频繁坐下站起，整天惶惶不可终日、阵发性极端恐惧等。重度焦虑持续时间过长，是病理性焦虑，称之为焦虑症状。若焦虑症状符合相关诊断标准，可以诊断为焦虑症。几乎所有的焦虑症都是重度焦虑，但不是所有的重度焦虑都是病态的，危险面前的急性焦虑反应就是自然的。

（二）抑郁

抑郁情绪是一种正常的情感反应，一般是基于一定的客观事件而表现出的低落、苦恼等，会随着事件的结束而消失。

抑郁状态，一般指有抑郁情绪的一些表现，但从程度、时间等标准判断，还不能确诊为抑郁症的一种状态。抑郁状态及时处理会完全消失，如果不及时处理，可能会迁延为抑郁症。

抑郁症是以显著而持久的心境低落为主要特征的精神疾病。其特点是发病没有明确性原因，心境低落与处境不相符，持续时间长，情绪低落的程度也从闷闷不乐到悲恸欲绝再到悲观厌世，产生自杀企图或者是自杀行为。抑郁症不经治疗很难缓解。

抑郁障碍特征表现为对日常活动丧失兴趣，无愉快感；精力明显减退，无原因的持续疲劳；言语动作迟钝或易激怒，自我评价过低，自责内疚，联想困难，或自觉思考能力显著下降，反复出现轻生念头或有自杀行为；失眠、早醒或睡眠过多；食欲不振或体重明显下降；性欲明显减退。

抑郁程度分类分为轻微抑郁、中度抑郁、重度抑郁。

轻微抑郁表现为情绪性低落，精力不旺盛。

中度抑郁主要表现为显著而持久的情感低落，抑郁悲观，无愉快感；思维迟缓，联想速度缓慢，反应迟钝；记忆力下降，主动言语减少，语速明显减慢，声音低沉；生活被动、疏懒，不想做事，人际接触交往减少。

重度抑郁表现为兴趣减退、心境恶劣、认知功能减退、思路闭塞，自觉"脑子好像是生了锈的机器""脑子像涂了一层糨糊一样"。重度抑郁如果出现，常伴有自责自罪，感觉痛不欲生、悲观绝望、度日如年、生不如死，出现罪恶妄想或疑病妄想，甚至出现幻觉。

（三）恐惧

恐惧反应即恐惧表现为激动不安、惊叫、呼救、逃跑、呼吸加快、出汗、全身肌肉紧绷等。恐惧也可通过心理感受来判断，如濒死感、即将失去控制或发疯、非真实感等幻觉。

恐惧感的产生一般有一个明显的、必然的刺激，多为危险事物、事件或场景。如地震、战争、事故死亡等，猝然降临时使人心生恐惧。

恐惧的分类：

（1）单一恐惧。对某一具体的动物、事物等有一种不合理的恐惧。比如蜘蛛恐惧、公交恐惧、飞行恐惧。

（2）场所恐惧。又称广场恐惧、旷野恐惧、聚会恐惧等，是恐惧中最常见的一种，约占60%。多起病于25岁左右，35岁左右为另一发生高峰年龄，女性多于男性。

（3）密集恐惧。对密集排列的相对小物体很敏感，感觉头晕，恶心，头皮发麻。

（4）社交恐惧。害怕在小团体中被人审视，导致对社交情境的回避，经常宅在家里；通常伴有自我评价低和害怕批评，在集会、公共场合不愿被人注视、不敢与人对视；有脸红、手抖、恶心或尿急等生理反应，一旦在公众场合出现小失误，就觉得无地自容。

（5）学校恐惧。学生害怕上学，甚至公开表示拒绝上学。表现为心神不安，面色苍白，全身出冷汗，心率加快，呼吸急促，甚至有呕吐、腹疼、尿频、便急等。如果父母强迫去上学，其恐惧加重；倘若父母同意暂时不去上学，则马上缓解。多见于7~12岁的小学生。

（6）离别恐惧。非常害怕分离，遇到亲人离别、同学毕业、朋友分开等情况时，感觉到非常痛苦、担心。离别恐惧属于儿童时期心理特征，也可能延续到成年。原因可能是父母没有处理好离别关系，在儿童需要关爱时没有给予支持，或溺爱让孩子形成依赖性格。

二、人格障碍

人格障碍是指个体明显偏离正常且根深蒂固的行为方式，具有适应不良的性质，其人格在内容、品质或整个人格方面异常。人格障碍不仅使个体自身遭受痛苦也使他人遭受痛苦，还会给个人或社会带来不良影响。

（一）人格障碍特征

人格障碍开始于童年、青少年或成年早期，并一直持续到成年乃至终身。没有明确的起病时间，不具备疾病发生发展的一般过程。

（1）行为模式。人格显著、持久地偏离了所在社会文化环境应有的范围，从而形成与众不同的行为模式。这种偏离广泛存在，行为难以矫正，个体在大多情境中社会适应能力差或功能障碍。

（2）情感状态。在认知（如感知和解释事物的态度和方式）、情感、冲动控制、欲望满足、与人相处的方式等领域发生偏离，但其意识状态、智力均无明显缺陷。一般没有幻觉和妄想，可与精神病性障碍相鉴别。

（3）个性特征。有情绪不稳、自制力差、与人合作能力和自我超越能力差等特征。这种偏离稳定而长期存在的特征，通常开始于儿童晚期或青春期，偏离的行为不是因为其他精神障碍所致。

（4）社会适应。一般能应付日常工作和生活，能理解自己行为的后果，也能在一定程度上理解社会对其行为的评价，主观上往往感到痛苦。但是，对自身人格缺陷常无自知之明，难以从失败中吸取教训，屡犯同样的错误，因而在人际交往、职业和感情生活中常常受挫，以致害人害己。

（二）人格障碍区分

（1）偏执型人格。对他人普遍的不信任和猜疑，没有依据地猜疑他人在剥削、伤害或欺骗他；把他们的动机解释为恶意，这种猜疑起自早期成年；持久地认为他人对自己有恶意；感到自己的人格或名誉受到打击，并且迅速做出愤怒反应或反击；对配偶或性对象的忠贞反复地表示猜疑。

（2）分裂型人格。有认识或感知方面的歪曲，有古怪的思维、语言、行为；社交和人际关系方面有缺陷，没有亲密的人际关系；情绪冷淡或感情平淡，与亲友在一起感到很不舒服；对于赞扬或批评都显得无所谓。

（3）反社会人格。不顾或冒犯他人的权利；不守有关法律行为的社会准则，表现为多次做出可遭拘捕的行动；为了个人利益或乐趣多次说谎、应用假名或诈骗他人；冲动、易激惹或有攻击性，表现为多次殴斗袭击；不顾他人或自己的安全；不负责任，表现为多次不履行工作职责或义务；缺乏懊悔心，表现为在伤人或偷窃之后显得无所谓或做合理化辩解。

（4）边缘型人格。具有强烈的不稳定人际关系，在极端理想化到极端的贬低之间快速变化。显著和持久的不稳定心境，空虚、易被激惹，难以控制愤怒情绪，如常发脾气、殴斗；潜在的自我毁灭可能性，如药物滥用、鲁莽驾驶、狂吞滥饮；反复发生自伤行为、自杀威胁或者自杀行为。

（5）表演型人格。过分表达和吸引他人注意。表现出迅速变换而肤浅的表情；一直用躯体模样来吸引他人注意；说话拿腔拿调，使人有过分的印象却没有什么内容；显示出自我戏剧化、舞台化和过分夸大的表情；容易被他人或环境所影响，如自己未在人们注意的中心，会感到不舒服；与他人的关系看上去比实际上更为亲切。

（6）自恋型人格。夸大性的幻想或行为，需要他人赞扬并缺乏同感。具有自我重要的夸大感，如过分夸大成就和才能，在没有相应的成就时却盼望被认为是上乘；沉湎于成功、权力、光辉、美丽或理想爱情的无限幻想；认为自己是"特殊"的和独一无二的，只能被其他特殊的或高地位的人匹配；要求过分的赞扬；有一种荣誉感，不合理地期望特殊的优厚待遇或他人自动顺从自己的期望；为了达到自己的目的而占有他人的利益；缺乏同感，不愿设身处地地认识或认同他人的感情和需求；妒忌他人或认为他人都在妒忌自己，显示出骄傲、傲慢的行为或态度。

（7）回避型人格。因为害怕被别人批评、遭到不赞成或拒绝，不愿意与人们打交道，回避涉及较多人际交往与接触的职业活动。因为过分的自我否定评价，认为自己在社交方面笨拙、没有吸引力或比其他人差，而避免在新场合社交。具有自我无能感，害羞或怕被取笑，沉湎于被批评或拒绝情绪中，很少与人发展亲密关系。

（8）依赖型人格。具有顺从行为和依附行为，过分需要被人照顾，而且害怕离别。如果没有他人的大量劝告或自我保证，就难以做出日常决定；需要他人为其生活的大多数方面担当；因为害怕失去支持或赞成，难以表示不同意别人的意见；难以开始一项事业或从事独立的事情；独处时感到不舒服或失助；因为十分害怕不会照料自己，在一个亲密关系终结后迫切地寻求另一个作为支持和照料的依靠。

（9）强迫型人格。不惜牺牲变通性、公开性与效率，沉湎于追求有次序、十全十美，以及精神和人际关系都处于控制管理中。沉湎于追求细节、规则、列表、次序、结构或日程，甚至活动的主要方面被忽视；过分地献身于工作，以至于没有业余活动或朋友来往；在有关道德或价值观等方面谨慎小心、不可指责和不可变更；不会丢弃旧的或没有价值的东西；不愿与其他人共同工作，除非他们屈从于自己的要求；对自己和对他人都采取非常吝啬节约的开支方式，似乎要把钱积蓄起来以防灾荒。

三、适应障碍

适应障碍是因长期存在应激源或困难处境，加上人格缺陷，产生烦恼、抑郁等情感障碍，以及适应不良行为，如退缩、不注意卫生、生活无规律等，或者生理功能障碍，如睡眠不好、食欲缺乏等，使社会功能受损的一种慢性心因性障碍。适应障碍的发生是心理社会应激因素与个体素质共同作用的结果。适应障碍是一种短期的、轻度的烦恼状态及情绪失调，能影响到社会功能，但不出现精神病性症状。

（一）焦虑心境的适应障碍

焦虑心境主要表现为紧张不安、担心害怕、神经过敏、颤抖，可伴有心悸、窒息或喘大气后感觉舒服一点，坐立不安、出汗等。

（二）抑郁心境的适应障碍

抑郁心境主要表现为心境不良、对生活丧失兴趣、自责、绝望、哭泣、沮丧，严重时可有自杀行为。常伴有睡眠障碍、食欲减退、体重减轻。比重度抑郁程度轻。

（三）品行异常的适应障碍

品行异常的表现有不履行法律责任，违反社会公德，如打架斗殴，毁坏公物，粗暴对人，偷窃、离家出走，过早的性行为，饮酒等。

（四）混合型情绪的适应障碍

混合型情绪表现为抑郁和焦虑心境及其他情绪异常的混合综合症状。从症状的严重程度来看，比重度抑郁和焦虑症轻。如有些青年入伍或求学离开父母后，出现抑郁、矛盾、发怒和明显依赖表现。

（五）未分型的适应障碍

这是不典型的适应障碍，如表现为社会退缩但不伴有焦虑或抑郁心境，包括：

（1）躯体性不适应障碍，主要表现为有躯体主诉，如疲乏、头痛、背痛、食欲缺乏、慢性腹泻或其他身体不适等，体格检查无相应阳性体征，其他检查均正常。

（2）工作抑制的适应障碍，主要表现为突然难以胜任日常工作和学习，工作效率下降，工作学习能力减弱。严重时不能进行日常工作，甚至不能学习或阅读资料。

（3）退缩型的适应障碍，表现为离群、不参加社会活动，不注意个人卫生、生活无规律，在儿童期表现为尿床、语言幼稚或吮吸拇指等形式。一般无焦虑抑郁情绪，也无恐怖症状。

适应障碍表现多种多样，通常出现在应激性事件或生活改变发生后1个月之内，除长期的抑郁性反应外，在应激源和困难处境消除后，症状持续时间一般不超过6个月。

四、心理应激

心理应激是个体身心感受到威胁时的一种紧张状态，是由心理、社会（环境）因素引起异常心理反应而导致的精神障碍。

（一）急性应激障碍

急性应激障碍以急剧、严重的精神刺激作为直接原因，个体受到刺激后立即（可以是数分钟或数小时内）出现症状，表现有强烈恐惧体验的精神运动性兴奋，行为有一定的盲目性，或者表现为精神运动性抑制，甚至是木僵。如果应激源被消除，症状则会历时短暂，一般在几天至一周内完全恢复，且愈后良好，缓解完全。

亲自体验、目睹或遭遇某一件或数件涉及死亡或严重损伤，或者涉及自己或他人躯体的完整性会遭到威胁的事件，产生强烈的害怕、失助或恐惧反应，在体验这种令人痛苦事件之时或之后，会有以下表现：

（1）麻木、脱离或没有情感反应的主观感觉。

（2）对周围的认识能力有所降低，如"发呆"。

（3）现实解体。

（4）人格解体。

（5）分离性遗忘，即不能回忆此创伤的重要方面。

（二）创伤后应激障碍

创伤后应激障碍是指在遭受强烈的或者灾难性精神创伤事件后，延迟出现和长期持续的精神障碍。这类事件包括战争、严重事故、地震、被强暴、被绑架等。几乎所有经历这类事件的人都会感到巨大的痛苦，常引起个体极度的恐惧、害怕、无助之情绪体验。至少持续2天，最多不超过4周，并发生于创伤事件之后4周之内，又称延迟性心因反应。

（1）持续地重新体验到这种创伤事件。如反复的印象、思想、梦见、错觉、闪回发作或这种体验的生动再现感，或者是回忆到上述创伤事件时的痛苦烦恼。

（2）对引起创伤回忆的刺激作明显的回避。

（3）明显的焦虑或警觉增高症状。如难以入睡、易激惹、注意力不集中、警觉过高、过分的惊吓反应、坐立不安。

（4）具有明显的痛苦，在社交、职业或其他方面的功能缺损，影响了维续其必需的事业。例如，用很长时间告诉家人这些创伤体验以期获得帮助。

第三节　社区心理评估对象

社区关系是指社区居民之间的一种特殊的人际关系。

社区人群可按年龄、性别、职业等进行分类。

重点人群包括未成年人、老年人、残疾人、流动人口和社区矫正人员等。

一、社区关系

（一）邻里关系

邻里或同乡关系，是社区内的特殊人际关系，是社区内家庭与家庭、人与人，在共同地域与环境条件下，进行组织构建与交往中建立起来的联系。

（1）邻里关系特征。中国特色的邻里关系仅次于血缘关系，在社会治理中具有非常重要的作用。邻里作为一种社会存在，可以上溯到周代，《周礼》中就有"五家为邻，五邻为里"的说法。在《孟子·滕文公上》中就提到"死徙无出乡，乡由同井，出入相友，守望相助，疾病相扶持，则百姓亲睦"。亲睦、守望、相助是一种社会帮扶和救助机制，是整个社会和谐稳定的基础。

（2）邻里关系文化。《吕氏乡约》的四大纲领为德业相劝、过失相规、礼俗相交、患难相恤。其描述了建立在一定"地缘"基础上的邻里，在情感上相互关心、生活上相互照料、生产上相互照顾，形成了一种守望相助、患难与共的社会关系形态。

（3）邻里关系建立。社区邻里关系建立的意义在于增强归属感。社区居民把自己归入某一地域人群集合体的心理，既有对自己社区身份的确认，也带有个体的感情色彩，包括对社区的投入、喜爱和依恋。居民社区归属感最重要的因素是人际关系、社区环境及社区活动参与。邻里关系越好，居民对社区环境的满意程度越高，参与社区的活动越多，对社区的归属感也就越强。人口密度低的社区的居民比人口密度高的社区的居民，社区归属感相对较强。社区归属感是邻里关系形成和发展的重要因素。

（二）家庭关系

1. 关系分类

（1）恋爱关系。恋爱要素包括动机要素、情绪要素、认知要素。

（2）夫妻关系。关系类型分为自私型、纵容型、成熟型。

（3）离异关系。离异关系分为敌对型、冷漠型、依赖型、朋友型。

（4）再婚关系。婚姻重构后具有关系多重性、情感多重性。

2. 婚姻关系中的问题

（1）冲突危机。常见原因有性格和行为方式带来的冲突、需要的不满足带来的冲突和社会原因造成的冲突。婚姻冲突的应对方式分为建设型应对方式、破坏型应对方式和回避型应对方式。

（2）疲劳麻木。表现出漠不关心、疲劳、麻木等现象，主要原因有以下几种：责任感缺失，认为出现问题都是对方的错，自己不需要承担什么；猜忌，涉及婚姻关系核心问题，即不信任；控制，婚姻关系中的一方总认为要控制住对方，一切按照自己的设想才是最好的；固执，坚信婚姻关系就应该是一成不变，按部就班；偏移，认为婚姻关系得到法律和社会的认可，不必再更多地投入精力经营和维护，家庭内关注重点偏向工作或偏向孩子等。

（3）感情不忠。背叛了爱情和婚姻誓言，与婚姻和爱情之外的对象产生关系。

（4）婆媳矛盾。婆媳矛盾是家庭矛盾中最常见、最难解决的问题。由代际矛盾、赡养问题等多种原因导致。

值得一提的是，很多婚姻关系中的双方在冲突中变得习惯，争吵、辩论成为一种沟通模式，他们依然可以将婚姻关系经营到共同创造期。

（三）亲子关系

亲子关系主要指子女在组建家庭之前父母与子女之间的关系。

1. 亲子关系类型

（1）权威型（民主型）关系是一种理性 + 民主的亲子关系。这种关系中，父母以积极肯定的态度对待子女，尊重鼓励子女表达自己的意见和观点，对子女的行为表现奖惩分明。

子女独立性强，善于自我控制和解决问题，自尊感和自信心较强，喜欢与人交往，对人友好。

（2）专制型（控制型）关系是一种绝对控制的亲子关系。这种关系中，父母常以冷漠、忽视的态度对待子女，很少考虑子女自身的要求与意愿。对子女违反规则的行为表示愤怒，甚至采用严厉的惩罚措施。

子女焦虑、退缩和不快乐，在交往中遇到挫折时，易产生敌对反应。子女自我调节能力、控制能力和适应能力都差。

（3）放纵型关系是一类缺乏控制的亲子关系类型。这种关系中，父母很少向子女提出要求，对子女违反规则的行为采取忽视和接受的态度，很少发怒或者训斥子女。子女不成熟，随意性强，往往有较强的冲动性和攻击性，缺乏责任感、合作性差，很少为别人考虑，自信心不足。

（4）忽视型是一种缺少互动和控制的类型。这种关系中，父母缺少对子女最基本的关注，对儿童行为缺乏反馈，且容易流露出厌烦、不愿搭理的态度。子女与放纵型一样，具有较强的攻击性，很少替别人考虑，对人缺乏热情与关心。这类孩子在青少年时期更有可能出现不良行为问题。

2. 影响亲子关系的主要因素

（1）父母性格特征。

（2）父母教养方式。

（3）父母文化修养。

罪就成为一个很难去除的标签，可能会出现一时的犯罪被看成一世的罪犯。在这种错误标签之下，他会认为自己就是一个永远的罪犯，这样认识的不断强化，甚至会回到罪犯的犯罪生活中，导致矫正的失败。青少年处于青春期，心理敏感而脆弱，对别人的看法尤为在意，再加上其生活经验与自我认知的不足，因而比较容易想偏。

（2）失范理论。在实际的生活中，有的人不断努力，却始终难以达到心中的理想目标时，心态就会失衡，出现较为偏激的行为，甚至寻求非正常或非法的手段来实现自己的目标。在理想与现实脱节的情况下，社会所推崇的目标和社会所认可的手段必然存在一定的冲突，于是，失范出现了，犯罪也就产生了。如当其家庭经济情况不理想或者难以满足自身需求的时候，就会用采用不正当甚至非法的手段去实现自己心中所谓的理想。

（3）社会缺陷导致犯罪的观点。犯罪作为一种特殊的社会现象，必然有其存在的原因。这种原因可能是个人成长历史的原因，如个人家庭成长环境的影响，个人所受文化因素的影响等。但就个体的成长而言，个体犯罪行为之所以发生，有着内外两方面的原因，既有外部诱因的驱使，又有其生理、心理原因。在社区矫正的过程中，要想真正改变一个人，矫正犯罪人的外在行为是一个非常重要的环节，更需要通过再社会化的过程，由外及内，对犯罪人的心理产生积极的引导。

（4）冲突理论。例如，现实生活的贫穷会使人对生活产生失望不满的情绪，进而对整个社会提出反抗的要求，当这种要求不能得到积极回应的时候，犯罪的方法就成为解决这一冲突的最佳选择了。犯罪行为的出现，是综合因素相互作用的结果，不仅仅是个人原因造成的。贫民窟就是一个犯罪人员的聚居地，这里的人们没有理想信念，抢劫、贩毒等犯罪行为是这种地方的常态。

（5）青少年社区矫正。相对于传统的监禁，社区矫正更适合青少年。社区矫正，对于青少年而言，给了他们再次发展自己的机会；对于社会而言，体现了社会对犯罪青少年的宽容度。社区矫正给青少年的成长创造了相对好的氛围，避免了交叉感染。由于青少年自身的特点，容易受到周围环境的影响，小团体印记明显。青少年在社区改造，不会受到来自监狱中成年人错误

（4）父母夫妻关系。

（5）家庭结构。

（6）社会环境。

（四）人际关系

人际关系指人与人在进行沟通与交流中建立起来的心理与行为联系。社区中的人际关系，不仅在于普通的人际交往，还在于双方与多方在特定环境与地域范围内，通过长期探索建立起情感联系，有一定情感投入。

1. 人际关系建立与发展阶段

（1）定向阶段。涉及选择交往对象、与交往对象进行初步沟通等方面的心理活动和行为。

（2）情感探索阶段。双方探索了彼此在哪些方面可以建立情感联系。随着双方共同情感领域的发现，彼此沟通交流更广泛。此阶段有一定情感投入。

（3）情感交流阶段。双方关系发生重要变化，信任感、安全感开始建立，沟通深度和广度包括情感投入更深。彼此有真诚的赞许和批评。

（4）稳定交往阶段。双方在心理相容性方面进一步拓展，允许探入私密性领域，沟通和自我暴露广泛而深刻。

2. 人际关系取向

在人际交往中，每个人必须考虑自己的人际关系需要以及他人的人际关系需要。当人际关系需要得到满足时，就能建立一种和谐一致的关系。反之，不满及冲突的可能性增加。每个人都会有一种或多种关系，分为主动包容式和被动包容式、主动支配式和被动支配式、主动情感式和被动情感式。

3. 人际关系类型

（1）虚假相依是指相互作用的双方主要按自己的意图行事，与对方的反应很少相依。

（2）非对称相依是指一方的行为基于对方的行为，而对方的行为主要依据自己的意图。

（3）反应性相依是指不管个人原来的意图如何，只按对方说的去反应。

（4）彼此相依是指相互作用的双方，按照各自的意图，认真地对对方做出反应，是真正的相互作用。

4. 社区常见人际关系问题

（1）个人内部冲突，分为四种形式：接近—接近型、回避—回避型、接近—回避型和双重接近—回避型。

（2）"零和"冲突。在冲突中，一方的收获是对方的损失。这种形式的冲突完全是竞争性的。

（3）"非零和"冲突。在冲突中，一方的收益不一定是对方的损失。

（4）人际关系中常见的心理：自卑心理、羞怯心理、猜疑心理和嫉妒心理。

二、社区一般群体

（一）老年人群体

随着年龄的增长，老年人机体各个部分包括大脑在内都会逐渐老化，出现功能减退，如形态的老化、感觉器官功能的下降、神经运动机能缓慢、记忆力减退等，在认知、智力、思维、情绪和性格方面出现变化。

（1）价值感和自我效能感下降，引发离退休综合征。退休是人生中的一次重大变动，人在离退休后，生活内容、生活节奏、社会地位、人际交往等各个方面都会发生很大变化。由于不能适应新的社会角色、生活环境和生活方式的突然改变，出现焦虑、抑郁、悲哀、恐惧等消极情绪或离退休综合征。据统计，1/4的离退休人员会出现不同程度的离退休综合征。

（2）身体机能退化和老化，引发孤独感。人老之后生理机能下降，出现行动不便、活动能力减弱。许多人离开原有生活圈子，出现社会支持系统缺失，容易引发孤独、苦闷，烦恼无处倾诉，情感需要得不到满足，消极情绪情感体验增多等问题。有的因各种家庭问题，如与子女关系不和谐等变得郁郁寡欢，苦闷压抑，甚至变得幼稚、像小孩一样，为不顺心的小事哭泣、为某处照顾不周而生气等。美国调查数据显示，60~69岁的老人32%是孤独的，70岁以上的老人25%是孤独的。

（3）慢性病、老年病，造成自我感受不良。近10年，老年人住院人次呈逐年递增趋势，年均增长27.48%。许多躯体疾病导致精神情感障碍，如急性谵妄状态、痴呆及人格改变等。

（4）遭遇丧亲、丧偶，空巢独住，自我封闭。据北京老龄协会2002年的调查，北京市空巢老年家庭35万户，占老年家庭的38%。2017年，苏州市空巢老人比例达到56%。预计2030年全国老龄人口接近3亿人，空巢老人家庭比例或将达90%。一方面，丧失之痛，给心理上带来重大的创伤，产生悲伤、痛苦、忧郁、焦虑等负性情绪，甚至严重影响到身心健康。另一方面，独居造成生活质量下降，情感无可依托，有的甚至产生抑郁、厌世心理，甚者还有潜在自杀死亡的风险。

（二）婴幼儿群体

（1）婴幼儿心理发展阶段。婴儿出生两天内，受到自身生理刺激后出现痛苦或厌恶的负性情绪，也可能会出现开心的正性情绪。

一周左右，会对外界的刺激，如光线、声音等表现出感兴趣等轻度兴奋的正性情绪。

一个月后，出现比较强烈的负性情绪，如愤怒、恐惧、悲伤等。

半年后，婴儿会出现惊讶、害羞等稍微复杂一些的情感，而不是简单的基本情绪，比如见到陌生人会害羞，躲开视线。

婴幼儿时期心理发育不良不容易被发现，照料者更多地认为是发育、发展性的问题，很难在早期发现其心理问题。

（2）婴幼儿情绪问题分类。轻微情绪问题：一般孩子都会体验到害羞、恐惧情绪，但是不会感到明显不适或者想逃离的欲望。中等情绪问题：遇到明显的压力时会体验到害羞和恐惧情绪，此时他们有逃离的想法，但是经过别人或者自我劝解，仍然能够面对。强烈情绪问题：一般压力情况下，少部分孩子会体验到较强的害羞或恐惧，负性情绪会非常强烈，产生强烈的痛苦感，于是会真正采取逃离的行为。

（3）情绪的情境性。无论是负性情绪还是正性情绪，都具有情境性。在不同的情况下，孩子体验到的有可能是正性情绪，也有可能是负性情绪。幼儿更加倾向于回避负性情绪，喜欢高兴愉快或者轻松一些的事情或者环境。如有的孩子不愿意上幼儿园，不愿意去人多的地方，而有的喜欢去人多的地方。

（三）女性群体

现代女性受教育水平提升，担任社会工作、肩负社会责任，同时也承担家庭责任，经常处于工作和家庭两难选择，在婚恋和生育上面临双重抉择。

（1）婚恋。随着经济社会地位的提高，女性通过接受高等教育，获得收入稳定的职业，在经济上获得独立，不必依靠婚姻获得保障，减少了女性对男性和婚姻的依赖程度，使她们有更自由的选择权。正因为如此，女性因自身各项条件具有一种优越感，婚恋选择非常谨慎。传统背景中的择偶模式使女性在婚恋中处于不利地位，缩小了其婚恋选择的空间，增加了婚恋成功的难度。同时，因为工作生活节奏快，日常沟通交流的圈子较小且同质性较高，加上对婚恋对象的要求较高，使未婚女性人数增加。

（2）生育。生育是女性生命中的重要事件。女性"晋级"为母亲，既是一件令人兴奋的事情，又会带来诸多忧郁和困扰。如担心生育会影响职业生涯的发展，错失可能的晋级机会，或因照顾宝宝而没有办法全身心地扑在事业上等，这些影响了女性生育意愿。在全面二孩生育政策的背景下，女性会面临更多的生育压力，而女性生育后重返职场时又大多受到不公正待遇。女性大多面临"生"与"升"的两难抉择。生育成为困扰女性的人生难题。

（3）生理。女性的心理反应也与生理现象紧密相关。女性因生理原因，体内各种激素分泌失调，表现为疲劳、肩颈腰背疼痛、咽干咽痛、健忘、头痛等。随着年龄的增长，女性身体器官机能逐渐衰退，身体素质较男性差一些。

（4）心理。受生理特征及性格的影响，女性具有特有的情感特征。如面对某个家庭是否和睦、某个小孩是否乖巧、丈夫与孩子的穿着打扮是否得体，以及社会上发型、服装的流行趋势等，她会把自己带进事件之中，产生出与事件相应的情感变化和情绪活动，以丰富自己的内在情感。女性在社会中的多种角色，使女性面临的压力越来越大。工作压力增加，产生了很强的紧迫感，又反过来影响她们整体的精神面貌和生活质量。女性抑郁水平较高，心理功能较差，会体验到较多的负面情感。大多数已婚女性存在不同程度的心理健康问题。

女性易受暗示，各种形式的催眠术对她们容易成功，因此女性常被迷信活动所迷惑。女性因其母性本能，多心地善良，富有同情心、怜悯心和爱心。女性能较快从困境中解脱出来。

女性较脆弱，胆小，藏不住话，做事不敢冒险，好背后议论人。由于女性生理和心理特点，犯罪明显少于男性，比例约为1:6。

女性爱美。爱美是女性的天性。她们文雅、娇柔，形象思维强于男性，适于从事音乐、戏剧、美术、舞蹈、唱歌等艺术工作。

女性虚荣心和自尊心较强。不愿意别人说她的短处，对伤害过自己的人往往耿耿于怀。一旦做了伤害别人的事，往往心生后悔，但不愿意公开道歉。

女性与男性相比，在知觉方面，女性高于男性，她们领会快，但对细节的知觉不如男性准确；在记忆方面，女性胜过男性，但在缓慢逻辑性理解上，如推论或归纳，女性不如男性。女性具有较充足的耐性和良好的直觉与记忆。女孩掌握语言比男孩早，多数女性善于交谈，常常向伙伴倾诉内心烦恼，以此消除压力。

三、社区特殊群体

（一）丧亲群体

丧亲是无法避免的重大生活事件。失去挚爱的父母、相濡以沫的老伴，甚至失去子女或孙辈，都会给人心理上带来重大的创伤，甚至表现出悲伤过度，产生痛苦、忧郁、焦虑等负性情绪，严重影响到身心健康、生活质量及产生社会适应性不良等心理障碍。严重者会食欲不振、夜不能眠、面黄肌瘦、反应迟钝并产生抑郁、厌世等心理，有甚者还有潜在的自杀风险。

1. 丧亲反应周期

(1)否认期。听到亲人去世的噩耗后几个小时或几天内，人会陷入极度痛苦中，经过情感休克、麻木、否定、接受四个阶段后，最终认识到失去亲人已经成为现实。

（2）自责期。能够感觉到丧失亲人的痛苦，这时悲伤情绪会爆发，出现嚎啕大哭，宣泄自己的悲伤，伴有焦虑、抑郁以及对亲人的思念等情绪。有的人则会深深地自责、抱怨，痛骂自己为什么在亲人卧病之时疏于照料等，感到孤独或有罪。

（3）抑郁期。亲人去世后自己的生活、社会角色从此发生改变。有的人深感受到严重打击，脑子里常浮现离世亲人的形象或出现错觉，难以坚持日常活动，甚至不能料理日常生活，因而忧伤抑郁，不愿出门，常伴有疲乏、失眠、食欲降低等症状，严重者甚至有自杀的想法等。

（4）恢复期。此时丧亲者可以走出家门，逐渐度过丧亲期。

个人一般能在数周至6个月内逐渐度过丧亲期。如果超过6个月，或者在恢复期情绪仍不能摆脱深度的悲伤，或短期内出现严重抑郁状态并伴有自杀企图或行为者，需要引起社会心理指导师及家属的特别关注，告知家属及时带老人到专科医院就诊，避免延误病情。

为丧亲者提供心理指导，可以通过热线电话指导、个案心理指导、团体互助小组心理辅导等多种形式。指导、帮助丧亲者在短期内逐渐摆脱伤感、面对现实，减少潜在焦虑、抑郁、自杀、死亡等风险的发生，重建生活目标，最终达到适应新的生活处境，平稳顺利度过丧亲阶段。

（二）非健全人群

（1）视力残障者。没有视觉干扰，视障者的思维活动会很专注，内心活动活跃而细腻。他们主要靠听觉、嗅觉、味觉、触觉、皮肤觉来完成日常生活和工作。视障者抽象和逻辑思维能力较强，对音乐的感受力很强，记忆能力也很突出。

大多数视力残障者内心缺乏安全感，容易产生焦虑、抑郁等情绪。虽然有些人在社会交往中表现得很乐观，但其内心往往比较孤独。

（2）听力残障者。听觉的缺失，导致言语功能也随之退化或丧失，他们只能依靠形体、表情手语或书写文字与他人进行沟通。手语是象形和指代性的语言，词汇无法像口语那样丰富，因此他们的思维活动多表现为形象性思维，抽象思维能力较为欠缺，无法懂得我们常用的一些抽象词汇的含义。

听障者的思维活动因为词汇材料的局限，相对于健全人来说，思想内容较为简单，情感交流过程全部依靠表情和动作的外显来传递，所以往往将喜、怒、哀、思、悲、恐、惊全部写在脸上，情感表达比较直接。

听障者因交流障碍而感到内心非常孤独，但因为在外观上他们与健全人无异，所以他们的痛苦感受往往容易被人忽视。

社会交往方面，听障者无法正常与他人进行深入交往，导致他们的小群体意识较强，听障者之间比较"抱团"。

（3）肢体残障者。肢体残障者没有感官和智力的缺陷，在认知方面和一般人没有什么差异。但很多重度残障的人，由于身体和环境条件的限制，在受教育程度，以及社会活动方面存在很多制约和困难，使他们在认知事物时受到一定影响，看问题往往显得狭隘和偏执。

肢体残障者普遍缺乏自信，孤独、孤僻，缺乏正确评价自我的能力，表现为不是过度自卑，就是过度的自傲。

也有很多肢体残障者通过经历与病痛的抗争和不断的困难挑战之后，意志力和心理抗压能力得到了比一般人更多的磨炼，他们反而会比一般人更加乐观，更加具有克服艰难困苦的毅力。

每个残障者的残障程度、成长经历不同，心理敏感点自然也是不一样的。

（4）智力障碍者。智障者感知速度慢，接受视觉通路的刺激比听觉刺激容易些。注意力严重分散，注意广度非常狭窄。记忆力差，经无数次重复方能学会一些知识，若不重复学习，又会忘得一干二净。

智障者语言能力差，只能讲简单的词句；思维能力低，缺乏抽象思考能力、想象力和概括力，更不能举一反三；基本无数字概念，靠机械记忆能学会简单的加减计算。

智障者情绪不稳，自控力差；意志薄弱，缺乏自信；交往能力差，难以学会人际间交往。

（三）社区矫正人群

社区矫正是指针对被判处管制、宣告缓刑、裁定假释、暂予监外执行的犯罪行为较轻的对象所实施的非监禁性矫正刑罚。受传统思想的影响，人们对罪犯有着自然的敌视，很难接受这样的人。因此，社区心理工作应创造更多宽容、包容的社会环境，帮助社区矫正人群免受歧视、冷落，帮助其重新融入社会。

（1）标签理论。对于一个罪犯来说，很多时候是其一时兴起的激动性犯罪，更多是情绪指导下无意的犯罪。但是，等到犯罪成为事实后，其身上的犯价值观的影响。从这一点来说，社区矫正更适合青少年的发展。

　　社区矫正有利于调动青少年改造的主动性和积极性。青少年对社会充满了好奇，在接触外在环境中不断发展完善自我。如果把青少年完全监禁起来，将非常不利于青少年健康心理的形成，甚至影响青少年的长远发展。

　　社区矫正有利于提高罪犯教育改造质量，充分体现立法本意的人道主义原则。青少年以社区矫正的形式回归社会，加强了其对社会的认同感和归属感。在社区矫正过程中，青少年可以较多地得到来自社区的关怀，从而减少他们对社会的对立情绪，缓解青少年面临的外在压力。

　　社区矫正有利于更好地维护青少年的权益，使其进一步适应社会发展的需求。通过社区矫正的方式，可以缓解多方面的压力，促进社会更好地发展。对于政府而言，减少了在押的人数，使监狱更好地发挥了惩罚的作用，集中力量改造恶习深且社会危害性大的罪犯。对于社会来说，青少年的社区矫正正在改变着人们的传统社会认识，促进了社会观念的更新，有利于整个社会文明程度的提升。对于青少年自身而言，青少年社区矫正的开展，更好地适应了青少年的发展需求，维护其发展的权利。

第五章

认知行为技术

■培训目标

理解认知行为技术的概念，了解其理论基础；掌握认知行为技术的指导流程、指导方法，帮助来访者发现积极的生活事件；了解评估与会谈的作用及内容；学会处理由错误认知产生的心理困境，矫正不良行为方式。

■培训内容

认知行为技术概述

评估会谈

识别与评价

认知行为矫正

■培训时间

理论8学时，实操8学时

■考核重点

认知行为技术的基本理论

设计会谈计划

行为激活技术

识别自动思维

评价自动思维与处理自动思维

根据会谈需要布置家庭作业

处理来访者的阻抗

第一节   认知行为技术概述

共同感受是人们用以解决日常生活问题的工具。它常以解决问题的形式出现，包括从外界获取信息，结合已有的经验提出问题和假设，进行推理，得出结论并加以验证等一系列的过程。这一过程实际上就是知觉和思考的过程。如果人们不能正确使用这一工具，对外界信息不能做出适当的解释与评价，就会使上述过程产生局限，造成认知歪曲，从而导致错误观念并最终产生不适应的行为。

认知行为疗法是一种有结构、短程，有认知取向的心理治疗方法，即人们对于自我和环境的想法、信念和解释；通过这些他们能够感知自己——从根本上赋予生活事件意义。

逻辑错误是指来访者的"自动想法"，是一些个人化的观念，它们由一个特定刺激引发并可导致情绪反应。有情绪困难的人倾向于犯一种特有的"逻辑错误"，即将客观现实向自我贬低的方向歪曲。

一、认知疗法理论

（一）逻辑错误认知理论

逻辑错误认知理论认为逻辑错误是认知歪曲导致错误假设与误解的系统推理错误。

1. 主观推断

主观推断是指没有支持性的或相关的根据就做出结论，包括"灾难化"或在大部分情境中都想到最糟糕的情况和结果。

2. 选择性概括

选择性概括是指仅根据一个事件某一方面细节的了解就形成结论。在这一过程中其他信息被忽略，并且整体背景的重要性也被忽视。这其中所包含的假设是那些与失败和剥夺有关的事件。

3. 过度概括

过度概括是指由一个偶然事件而得出一种极端信念，并将之不适当地应用于不相似的事件或情境中。

4. 夸大和缩小

夸大或缩小是指用一种比实际上大或小的意义来感知一个事件或情境。

5. 个性化

个性化是指个体在没有依据的情况下将一些外部事件与自己联系起来的倾向。

6. 贴标签或错贴标签

贴标签或错贴标签是指根据一个人的缺点和以前犯的错误来描述一个人和定义一个人的本质。

7. 极端思维

极端思维是指用全或无、非白即黑的方式来思考和解释，或者按两个极端对经验进行分类。

（二）五种认知治疗技术

1. 识别自动思维

由于这些思维已构成来访者思维习惯的一部分，多数来访者不能意识到在不良情绪反应之前会存在着这些思维。因此，在治疗过程中，社会心理指导师要帮助来访者学会发掘和识别这些自动化的思维过程。具体的技术包括提问、指导来访者自我演示或模仿。

2. 识别认知性错误

认知性错误是指来访者在概念和抽象性上常犯的错误。典型的认知性错误有主观的推断、过分化概括、"全或无"的思维等。错误认知相对于自动思维更难于识别。因此，社会心理指导师应记录来访者自动性思维，以及不同的情境和问题，然后让来访者归纳出一般规律，找出其共性。

3. 真实性验证

将来访者的自动思维和错误观念视为一种假设，然后鼓励来访者在严格设计的行为模式或情境中对这一假设进行验证。通过这种方法，让来访者认识到原有的观念是不符合实际的，并能自觉加以改变。

4. 去中心化

很多来访者总感到自己是他人注意的中心，自己的一言一行、一举一动都会受到他人的品评。为此，他常常感到自己是无力的、脆弱的。如果某个来访者认为自己的行为举止稍有改变，就会引起周围每个人的注意和非议，那么社会心理指导师可以让他不像以前那样去与人交往，即在行为举止上稍有变化，然后要求他记录他人不良反应的次数，结果发现其实很少有人注意他言行的变化。

5. 抑郁或焦虑水平的监控

多数来访者往往认为他们的抑郁或焦虑情绪会一直持续下去，而实际上，这些情绪常常有一个开始、高峰和消退的过程。如果来访者能够对这一过程有所认识，那么他们就能比较容易地控制自身的情绪。因此，鼓励来访者对自己的忧郁或焦虑情绪加以自我监控，这样就可以使他们认识到这些情绪的波动特点，从而增强治疗信心。

此外，应注意引导来访者充分调动和发挥自身内部潜在能力，对自己的认知过程进行反省、发现自己的问题，并主动加以改变。

来访者情绪和行为上的不适应，是由于在某些特殊问题上错误地使用了共同感受这一工具，使其特定的认知方式与常人不协调，而不是其整个的认知系统都遭到破坏，在这些特定的问题之外，他们仍可能有正常的认知功能。因此，如何帮助来访者利用这些正常功能解决自己的问题，是社会心理指导师的首要任务。贝克的这种观点对认知治疗也具有重要意义，这已经成为治疗的重要原则之一。

（三）错误自我概念理论

错误的自我概念主要是指个体对自我的不正确或不适当的评价。

1. "中心—边缘"模型

错误观念不是独立存在的，而是以群集的方式表现出来。每一组群集中的各个错误观念，其重要性是不同的。有一些观念是主要的、基本的，它支配着那些较为次要的观念。

2. 错误群集

每一个错误观念的群集都对应着某一类情绪障碍。例如，与抑郁情绪有关的群集有"无论过去、现在、将来，我都是毫无价值的""我永远都是孤立无援的""我永远不会受人重视""我无法从事正常活动"，等等。可以看出，上述观念都有特定的存在方式，即每一种观念都有类似的句式，在这些句子中，大多数都是以"我"为主语，实际上是对自我的一种判断。不难看出，这些判断也都不同程度地具有前面所述的认知歪曲的特征，因此是一些错误的自我观念。

（四）认知重组理论

认知结构就像一个"执行处理者"，行为的改变是要经过一系列中介过程的，包括内部言语、认知结构与行为的相互作用以及随之而来的结果。变化过程的三个阶段相互交织在一起，只关注一个方面是不够的。

1. 自我观察

改变过程的第一步是来访者学习如何观察自己的行为。当指导工作开始的时候，他们的内部对话是充满了消极的自我陈述和意象的。在这一步，关键的因素是让他们有意识和有能力倾听自己。这个过程包括提高对自己的想法、情感、行为、生理反应和对他人的反应方式的敏感性。例如，如果抑郁症来访者希望取得建设性的改变，就必须先认识到他们不是消极想法和情感的"受害者"。相反，实际上是他们通过告诉自己的东西而造成了抑郁。尽管自我观察被视为改变发生的一个必需过程，但它本身并不是改变的充分条件。随着治疗的进行，来访者获得了新的认知结构，这就使他们能够以一种新的角度来看待自己的问题。这个重新概念化的过程是通过来访者与社会心理指导师的共同努力而产生的。

2. 开始一种新的内部对话

早期的来访者与社会心理指导师的接触使来访者学会了注意自己的适应不良行为，并且开始看到不同的适应性行为的存在。如果来访者希望改变，他们对自己所说的就必须能够产生一条新的行为链，一条完全不同于他们最早适应不良行为的行为链。来访者通过治疗，学会改变自己的内部对话，使新的内部对话作为新行为的向导。相反，这一过程也会影响来访者的认知结构。

3. 学习新的技能

矫正过程的第三个阶段是教给来访者一些更有效的、可以在现实生活中应用的应对技能。例如，不能应对失败的来访者可能会回避任何行动，因为他们害怕不能成功。认知重组可以帮助他们改变他们的消极观念，使他们更乐于去进行自己喜欢的活动。同时，来访者要注意告诉自己一些新的内容，并且观察和评估它们的结果。当他们在各种情景下以不同的方式行动时，通常就可以从他人那里得到不尽相同的反应。来访者所学内容的稳定性在相当大程度上受他们暗示自己的有关新行为和它的结果内容的影响。

二、行为疗法理论

行为主义认为，人的思想是内在的，难以被直接观察、只能在可观察的事件中寻找规律性的联系。行为主义注重刺激（环境中的特征或事件）与反应（来自可观察和可测量的人或动物的情绪或行为）之间的联系。

（一）学习理论

行为主义认为，行为是可以通过学习而来的。

学习理论试图寻找解释有机体如何在刺激与反应间获得新的联系。在这种理念的指导下，行为疗法避开了推测无意识过程、隐藏动机和未被觉察的思维结构，而是运用学习理论原理构建治疗程序，其目的是去修正不当的行为和情绪反应。

（二）行为疗法理论

行为疗法认为，如果治疗对象存在某种刺激和某种情绪，如恐惧反应之间的联系，那么治疗的任务就是对那种刺激形成一种新的、不恐惧的反应。这种焦虑障碍的治疗方法被称为系统脱敏法，它要求患者反复想象恐怖、刺激的东西，同时练习放松，从而用放松反应取代恐怖反应。随着治疗的进展，真实的刺激要逐步代替想象的刺激。

行为疗法在焦虑症，如恐惧症和强迫症方面的疗效显著。它采取实验的方法，用减轻焦虑症状的可靠证据来证明其有效性。与精神疗法相比，疗程更短，通常只用6~12个疗程，更加经济实用。

三、认知行为疗法流程

20世纪70年代，"认知革命"席卷心理学界。在随后的几年，认知疗法和行为疗法共同成长，相互影响与借鉴，这种结合被称为认知行为疗法。

认知行为疗法的流程包括建立心理指导同盟、评估会谈、行为激活、识别自动思维、确认情绪、评价自动思维、行为检测实验、布置家庭作业、结束会谈。

（一）建立心理指导同盟

建立心理指导同盟是指社会心理指导师与来访者建立良好的关系。

（二）评估会谈

评估会谈是指社会心理指导师与来访者的会谈以评估为目的，是每一次心理指导都需要做的工作，其目的是了解来访者生理、心理与行为的现状。

（三）行为激活

对于大多数抑郁症来访者来说，他们常常都会有兴趣丧失、不愿意参加社会活动，甚至不愿意维持日常生活必需的活动等特征，如把自己关在黑暗的屋子里、卧床不起、看手机、呆坐等，认为自己不能改变情绪上的感受。社会心理指导师需要让他们活跃起来，如果来访者正在努力或进步，即行为激活。

（四）识别自动性思维

在每次心理指导会谈中，社会心理指导师一项重要的工作就是帮助来访者对自己不正确的或是无益的想法做出反应。这些想法包括他们的自动性思维、意象（心理图像）或底层信念。社会心理指导师可以通过很多方式来识别来访者重要的自动性思维。

（五）确认情绪

社会心理指导师不仅要评价来访者情绪的种类，如焦虑、抑郁、强迫或者愤怒，还要评价情绪的等级。高水平的情绪往往引发来访者的不良行为，如愤怒可能引起来访者对周围人的攻击行为，重试抑郁的来访者可能会产生自杀行为。

（六）评价自动性思维

评价工作需要经历两个步骤：一是评估自动性思维，通常使用苏格拉底式的提问方式来进行；二是在多个自动性思维中选择核心的自动性思维，通常是因为其他自动思维的核心内容。

（七）行为检测实验

行为检测实验是指对来访者的自动性思维进行检验，同时可以帮助来访者改变心中所想。

（八）布置家庭作业

根据每一次会谈中的问题，社会心理指导师要针对问题布置家庭作业，如对本次咨询中发现的自动性思维进行辩论，发现积极的思维或情绪，对自己的积极思维或行为做记录等。

（九）结束会谈

在最后一次会谈结束之前，社会心理指导师需要做以下几件事情：

（1）帮助来访者回顾所学到的识别自动性思维与不良情绪的方法。

（2）鼓励来访者浏览或整理自己的笔记，以便将来作为参考。

（3）需要注意的是，在结束会谈之前，来访者可能会产生分离焦虑，要鼓励来访者直面分别，告诉他们分离是因为他们已经非常强大，可以自己应对自动思维与不良情绪，并已经做好了分离的准备，减少来访者的焦虑和不安。

四、认知行为疗法的适应性

研究证明，认知行为疗法，在各种不同的精神障碍、心理问题和躯体症状都有很好的效果。

第二节　评估会谈

评估会谈是一种有目的的会晤、晤谈。从事评估者和被测验者进行面对面的谈话，测验者按照事先准备好的测验项目，提纲式地同被测验者在轻松、自然的状态下按测验的要求进行谈话，听取被测验者对测验问题的回答，对测验结果进行分析，以了解被测验者的心理现象和个性特征。

会谈是认知行为疗法的核心，认知与行为相关技术的实施都是通过会谈实现的。行为激活则是行为疗法的关键技术。

一、评估会谈概述

（一）评估会谈的目标

评估会谈的总体目标是了解来访者需要解决的问题。这要基于对来访者生理、心理、社会功能的评估。

（二）评估会谈的结构

评估会谈通常包括：欢迎来访者到来；与来访者一起讨论家庭成员是应该参与全部会谈、部分会谈，还是不参与会谈；制定会谈的议程并且传达对会谈合适的期待；实施评估；设定初期总体的目标；引出来访者反馈。

（三）评估会谈的阶段

评估会谈的阶段是指评估会谈的议程，通常包括初始评估、中间评估和后期评估三个阶段。

二、首次会谈

首次会谈是指心理指导开始的第一次会谈，其主要目的是建立心理（关系）联盟，了解来访者的信息，完成初步评估，确定心理指导目标、方法和周期。

（一）会谈内容

会谈内容包括讨论来访者的诊断，进行心境检查，设置目标，处理问题，布置家庭作业，引出来访者反馈。

（二）会谈时间

多数标准化的认知行为心理指导会谈的持续时间为40~50分钟，首次会谈通常持续1小时或更长。

（三）会谈目标

会谈目标包括：与来访者建立信赖关系，将他们的困难正常化，给予来访者希望，帮助他们认识到自己的心理障碍、认知模式，对来访者进行心理指导的社会化，收集额外的资料建立目标清单，开始解决来访者的重要问题（或者对来访者进行行为激活）。

（四）会谈阶段

（1）初期阶段：设置议程（并且给出这样做的理由），进行心境检查，获取来访者的最新信息（自评估以来），讨论来访者遇到的问题并进行心理疏导。

（2）中间阶段：确认问题和设置目标，指导来访者了解自己的认知模式，讨论问题。

（3）结束阶段：给出或引出总结，回顾家庭作业，引出来访者反馈。

三、行为激活

大部分来访者都退出了一些曾给他们带来成就感、愉悦感或令其心情舒畅的活动，并且不断增加某些维持或加强目前烦躁不安情况的行为（如卧床不起、看电视、坐着没事干）。他们常常认为自己不能改变情绪上的感受。

（一）活动减少的评价

社会心理指导师应帮助来访者变得更活跃，称赞他们所付出的努力。这样做不仅仅是为了改善来访者心情，更能让来访者自己认识到对情绪的控制力比之前所认为的更好，从而增加他们的自我效能感。

（二）控制感或愉悦感缺失评价

即使来访者参与了各种各样的活动，他们也会受到自我批评式的自动性思维影响，而难以获取足够的满足感和愉悦感。

（三）活动预测评估

把能产生愉悦或有收获的活动放到议程安排中，帮助更严重的抑郁来访者制定一个跨越一周的、以小时为单位的活动日程安排，以此来对抗他们遍布在生活各个方面的被动和活力丧失。

第三节　识别与评价

认知模式。认知行为治疗以认知模式为理论基础。该模式假设人的情感、行为及生理反应被他们对事件的知觉所影响。

自动性思维。个体在对工作内容认知的同时，还产生了对事物的评价，这种评价作为一种思维是自动涌现的，被称为自动性思维。

一、思维识别

来访者对自己不正确的或是无益的想法，做出辨别。这些想法包括自动性思维、意象（心理图像）或者是信念。

（一）信念

个体对周围世界的看法，叫作信念。信念影响着他对情境的看法，而这些看法进而影响他的想法、感觉和行为。信念中有一种稳定的，可以影响其他信念的，被称为核心信念。不良核心信念（抑郁症特有）包括无能、不可爱、没有价值。

（二）中间思维（态度、规则和假设）

核心信念影响中间思维的发展。中间思维包括（通常并未连接为一个整体）态度、规则和假设。

（三）行为与自动性思维的关系

在核心信念的作用下，个体会对一个事件产生某种态度和假设，因而产生自动性思维，自动性思维又会对其情感、行为和生理产生影响。

（四）识别自动性思维

自动性思维的特征是一连串的想法，这些思维不仅是精神痛苦的人独有，也是人们常见的一种思维。通过询问来访者对一件事情的体验，就可以引出自动性思维。

（五）确认自动性思维

即使来访者报告了他们最初的自动性思维，社会心理指导师也需要通过提问的形式向来访者确认自动性思维，通过更多的提问发现来访者其他重要的想法。

二、评价自动性思维

（一）重要自动性思维的选择

来访者可能有多个自动性思维，这时候需要社会心理指导师通过提问的方式，与来访者共同确认哪一个自动性思维需要首先被处理，观察来访者痛苦的程度和当时对来访者工作与生活造成影响较大的自动性思维。

（二）提问式评价

确定自动性思维对来访者的影响程度的方法是看自动性思维的重要性和引起来访者的痛苦程度。确定伴随它的情况（情绪的、生理的、行为的）后，社会心理指导师就可以与来访者一同来评估它。

以下提问能够帮助社会心理指导师和来访者评价自动性思维：

（1）找证据。支持这个想法的证据是什么？反对这个想法的证据是什么？

（2）找可能。有没有别的解释或观点？

（3）扩大化。最坏会发生什么（如果我还没有想过最坏会发生什么）？如果发生了，我能如何应对？最好的结果会是什么？最现实的结果是什么？

（4）找影响。相信自动性思维有什么影响？改变想法有什么影响？

（5）站在他人的角度看问题。如果是我的家人或朋友处于相同的情境，我会对他说什么？

（6）看结果。有了这个自动性思维我会做什么？

（三）分析评价原因

分析评价无效的原因是在心理支持过程中，有可能来访者仍然很相信自动性思维，并且没有感到情绪有所好转，那就需要评价一下为什么最初进行认知重建的尝试效果不明显。常见的原因如下：

（1）没有发现核心的影响情绪的原因或行为的自动性思维。

（2）对自动性思维的评估是否是不合理的、肤浅的或是不充分的。

（3）来访者是否有充分地达他相信、支持自动性思维的证据。

（4）自动性思维本身就是核心信念。

（5）来访者是否理智上知道自动性思维是歪曲的，但是在情感上仍然相信它。

三、识别并矫正核心信念

（一）核心信念的含义

核心信念是个体关于自我最核心的观念，也被称为图式，是人们习惯认知事物的方式。

（二）识别核心信念

核心信念的特点：

（1）核心信念是一个观念，未必是事实。

（2）人们可能十分强烈地相信这个想法，甚至"感觉"它是真的，并且相信大部分是真的或完全不真实。

（3）作为一个观念，它是能被检验的。

（4）它来源于童年期事件，来访者第一次去相信它时，可能不是真实的。

（5）通过他们的图式的作用继续被维持着，在图式中来访者承认支持这个核心信念的资料，而忽视或贬低与之相反的资料。

（6）社会心理指导师和来访者如果多次一起使用多种策略去改变这个想法，来访者就能以较现实的方式看待自己。

（三）矫正负性核心信念

核心信念通常先在理性层面改变，尤其当社会心理指导师使用的是理论层面的技术时，来访者可能需要情感方面的技术来帮助他们在情感层面改变核心信念。

（四）发展新的核心信念

发展新的核心信念的方法包括：

（1）有意地引出来访者的积极态度，让来访者以新的方式检验他们的经历；

（2）帮助来访者从不同的角度看他们的经历；

（3）用一个视觉或听觉线索来提醒他们在这一天里寻找积极资源；

（4）鼓励来访者以多种方式记录信息，而不要仅仅在头脑中记录；

（5）列出核心信念表，分析自己的核心概念；

（6）询问来访者对新的核心信念的相信程度。

第四节　认知行为矫正

积极事件是指对来访者具有正面、积极作用的生活事件。许多消极观念是对未发生事实担忧与思虑。每一个积极事件都只对应一个积极意识。

一、积极发现技术

（一）认知和行为技术的选择

认知和行为技术包括苏格拉底式提问、行为实验、理性情绪角色扮演、核心信念工作表，信念利弊列表等。社会心理指导师需要根据每个方案的目标来选择技术。

（二）再聚焦

再聚焦是指来访者在从事某项工作或学习、被自动思维所困扰的时候，正视自动思维，然后将注意力重新转向工作或学习中。具体做法是教会来访者接纳这样的想法、体验："我刚才只是有自动思维。我能够接受我有自动思维这个事实，能够接受我感觉很糟糕这个事实，我要再次将注意力聚焦于我正在做的事情上。"然后来访者应该有意地将他们的注意力转向他们正在从事的工作中去。

（三）放松和正念

放松练习有许多类型，包括渐进式肌肉放松、想象及呼吸控制。正念技术可以帮助来访者非评判性地观察和接纳自己的内在体验，而不去评价或试着去改变这些体验。

（四）分级作业

分级作业是指社会心理指导师让来访者将工作任务分成若干个等级，每一个等级之间的难度较小，就像上台阶。这样来访者就可以将一个较大难度的工作任务分成若干个小等级，而不再觉得应对是很大的难题。

（五）暴露

当来访者非常焦虑，并且有明显的回避时，社会心理指导师要提供给他们关于将自己暴露于害怕情境的基本原理，帮助他们识别出一项具有中度不适感的活动，并邀请他们每天都进行这项活动（如果可行的话，甚至一天多次），直到他们的焦虑明显下降。

（六）角色扮演

角色扮演是一种技术，适用于找出自动思维，发展出适应性反应，以及调整中间信念及核心信念。

二、发现积极的生活事件

（一）引导

引导的基础是观察。指导师要从来访者消极的表述中找到些许积极想法，加以强化和鼓励，使之如星星之火般发展起来。

（二）记录

社会心理指导师需要将来访者的生理、心理、行为表现等记录下来，以便回顾、总结和评价，以及在下一次的咨询中据此进行回顾和反馈。

（三）自我比较与肯定清单

（1）自我比较。来访者在信息加工方面存在负性偏见，特别是当评价自我时，他们倾向于注意消极的解释，忽视、低估甚至遗忘积极的信息。此外，他们常做出功能不良的比较：将自己与发病之前比较，或者与期望的自己比较，或与未患精神疾病的人比较，即做自我比较。这一负性的注意偏向维持或加重了他们的烦躁不安。

（2）改变自我比较。当来访者将自己与期望中的自己进行比较时，也可能存在自动性思维，或者将自己与抑郁前进行比较。在这种情况下，帮助来访者关注自己从最糟糕的时候到现在所取得的进步，而不是关注距离自己的最佳状态有多远，或者为达到目标还有多远的路要走。

（3）肯定清单。肯定清单是一张简单的日常列表，列出了来访者在做的一些积极的事情，或者值得被肯定的一些项目。

三、家庭作业的设计

好的家庭作业可以为来访者提供深入的自我教育（如通过阅读疗法）的机会，可以收集信息（如通过监测来访者的想法、感觉和态度），可以检验他们的想法和行为，可以调整他们的思维，可以练习认知和行为，可以拿新行为做试验。家庭作业可以将来访者在会谈中学到的最大化，使来访者的自我效能感增强。

（一）布置家庭作业

心理指导刚开始时，社会心理指导师主动布置家庭作业。心理指导开始后，社会心理指导师就要尽快让来访者自己设计家庭作业。

（二）确保家庭作业的回收

社区心理指导师要找出阻碍来访者做家庭作业的心理和实际的障碍，并强调家庭作业的必要性。来访者忘记家庭作业的原因包括偶尔不做、无组织或缺乏责任感、家庭作业太难、消极预期等。

（三）回顾家庭作业

每次会谈开始之前，社会心理指导师都应该回顾上一次的心理指导笔记，并且查看来访者的家庭作业。讨论家庭作业通常都是会谈议程的第一个内容，除非有很明显的证据表明开始不适合讨论家庭作业（例如，来访者因为最近的一次重要丧失而非常伤心）。即使来访者正处在危机中，我们仍然有必要在会谈的后半部分花几分钟来讨论一下他们的家庭作业，或双方经过协商后都同意上次会谈布置的家庭作业不适合此刻讨论。社会心理指导师要和来访者讨论他们学到了什么，或帮助他们对自己的问题有一个新的认识。

四、总结

心理指导的目标不是替来访者解决所有的问题。实际上，如果社会心理指导师认为自己有责任帮助来访者解决他们的每一个问题，可能会导致强化来访者的依赖性，而且剥夺了来访者检验和加强技能的机会。

（一）早期的活动

进行第一次心理指导时，告诉来访者社会心理指导师与来访者的目标是使心理指导在尽可能短的时间内完成，让来访者成为自己的指导师。

（二）心理指导期间

（1）了解心理进展。通常情况下一周安排一次心理指导。对于心理问题严重的来访者，频繁的心理指导会有很大的帮助。一旦来访者问题程度减轻，并且掌握了基本的技能，社会心理指导师可以征得来访者同意，逐步减少心理指导次数，试验性地将心理指导次数减至两周一次，然后每三周或四周一次。

（2）为情况反复做好准备。一旦来访者开始感到好一些，社会心理指导师就要让他们想象如果他们开始感到更加糟糕时，将会怎么想。通过这样的想象，让来访者为有可能出现的反复做好准备。

（三）心理指导结束前

在心理指导结束前的几周，应该和来访者逐渐减少会谈次数，从一个星期一次到几个星期一次。具体的策略是：

（1）让来访者逐步结束心理指导；

（2）指让来访者面对分离焦虑；

（3）教会来访者自我心理会谈。

五、程序

（一）信息收集

（1）使用临床量表。心境检查可以帮助社会心理指导师和来访者了解心理指导的效果。心境检查可以使用量表进行再测。

（2）访谈。通过访谈了解相关问题，如自杀意念、睡眠困难、感到无价值、担心最糟糕的事情会发生、易发怒。

（3）来访者自我报告。让来访者做出一个主观描述，并将这一描述与客观的测验得分进行对比。

（4）收集情绪信息。在对客观测量方法进行回顾时，确保对每个单独的项目都进行回顾，从而寻找一些重要的积极方面或消极方面的改变（例如，在自杀意念或绝望感中出现的改变）。

（5）用药信息。用药会影响来访者的情绪。如果来访者因心理困扰而正在服药，社会心理指导师可以了解一下他对药物的依赖性、是否服药困难、是否有副作用等疑问。

（二）设置议程

初始的议程是要解决来访者的主要问题。社会心理指导师帮助来访者明白自己在会谈中的角色，让他们给出想帮助解决的问题。

（三）获取患者的最新信息

获取患者最新信息的具体做法是：

（1）对来访者上周状况获取一个总体的概要；

（2）社会心理指导师要寻找积极的信息。

（四）家庭作业回顾

通常社区心理指导师会邀请来访者大声阅读自己的家庭作业。对于在前几次会谈中讨论过的适应性表述，以及对自动性思维和信念的反应，社会心理指导师邀请他们对当前的作业进行评分。

（五）对议程进行排序

社会心理指导师要对诸多议题进行概括。如果议程项目太多，社会心理指导师和来访者就需要共同对项目进行排序，并且一起决定将一些不重要的议题留到之后的会谈中进行讨论。

（六）针对一个问题进行指导

指导内容包括：结合矫正目标，在会谈中帮助来访者解决问题；强化认知模型；继续教授来访者识别自动性思维；帮助来访者对焦虑想法做出反应；准确维持和建立关系。

（七）布置家庭作业

布置家庭作业主要是针对来访者的问题进行的，目的是让来访者了解更多自动性思维的知识，帮助他识别、评估一个特定思维，并对其做出反应，通过减轻焦虑促进症状的缓解；建议来访者对学习新技能抱有期待。

（八）进行总结

在心理指导会谈部分，给来访者一些有关好转过程的信息。对完成会谈的部分内容进行容简单的总结。

（九）总结和反馈

总结的目的是以一种积极的方式将来访者的注意力集中在会谈最重要的内容上，包括来访者的观点、感受。

■**培训目标**

理解正念与身心健康的关系；重点掌握正念减压基本操作；了解接纳承诺技术，并能在社区中应用其基本原理，指导和帮助居民处理经常性的情绪问题和不良行为。

■**培训内容**

正念减压原理

正念操作

接纳承诺技术的社区应用

■**培训时间**

理论8学时，实践8学时

■**考核重点**

正念概念

正念减压的机制

正念操作的方法步骤

情绪解决的思路和方法

第一节　正念减压原理

正念是一种自我调节的方法。它强调有意识地觉察，将注意力集中于当下，以及不做评判。

减压：转变自我内在反馈机制，对压力事件进行重新认知，从而减轻心理压力。

反馈回路：人在日常生活和训练中形成了一种自动化评价与反应模式，当遇到外部压力事件信号输入时，会自动完成身体和情感的调节和控制，形成自动反馈循环。

健康反馈回路：把压力分为事件和念头，客观评价事件、疼痛、成瘾物等，切断其与感觉和情绪的联结，建立起健康的内在评价机制。

一、正念的起源与发展

（一）正念起源

"正念"概念源于佛教禅修，是从坐禅、冥想、参悟等发展而来，是一种自我调节的方法。正念减压疗法创始人乔·卡巴金将其定义为一种精神训练的方法，强调有意识地觉察，将注意力集中于当下，以及对当下的一切观念都不做评判。因此，正念就是有目的、有意识的关注、觉察当下的一切，并对此不做任何判断、任何分析、任何反应，只是单纯地觉察它、注意它。

（二）正念发展

正念因为对于人们的心理问题具有很好的疏通作用，能帮助我们从这种惯性又无知无觉的睡眠状态醒过来，从而能触及生活里自觉与不自觉的所有可能性。因此，正念被发展成为一种系统的心理技术，即以"正念"为基础的接纳承诺技术，这是一系列方法的合称，其基本特征就是以"正念"为方法基础。

（三）正念应用

正念的应用领域已经非常广泛，早已不再局限于宗教，甚至超越了心理学领域。在日常生活中运用正念能帮助人们应对压力、痛苦等。以正念为基础的心理指导，能帮助来访者有效地减轻焦虑、抑郁等不良情结，给予有药物依赖、慢性疾病等人心理支持。正念也有助于增强共情能力，增加幸福感，并能降低压力，提高生活质量。

（四）正念练习

正念练习是指每天抽出时间，特意采取坐姿、站姿或躺姿，去关注呼吸、身体的感觉、某种声音、其他感觉或想法和情绪。非正式练习是指把正念觉察引入日常活动中。例如，吃东西、运动、做家务、与他人沟通等。基本上任何场景下都可以进行正念练习，如工作场合、家中。

二、压力管理

（一）压力感

心理压力是一种内心感受，一般是由外部压力事件和压力反应共同构成的。

突然而至的压力事件，尤其是"负性事件"，会刺激我们的感官，会让人猝不及防，产生一连串的生理和心理反应，这种综合反应被称为压力感。

（二）压力管理

当我们说压力管理时，多数是指对压力感进行干预。生活中遇到的直接或间接的压力事件，如"我遭遇车祸""丈夫被单位辞退"等，都是已经发生并无法改变的事件。一个压力事件出现之后引起了内心反应，如"我有压力"，实际意思是"不要把这件事形成心理上的压力感"。

压力管理就是对压力事件和个体所感受到的压力有一个清晰的认识。而后，对压力感缓解、释放、转移或清除，乃至压力转化为动力。

（三）压力反馈

人们体内的自主神经系统对压力非常敏感，这是心理影响身体的最重要的通路。遇到压力事件后，人的交感神经兴奋时，就像踩了油门，帮助我们加速、超车或爬坡，为我们的身心加油来应对压力。而副交感神经兴奋时，就像踩了刹车，帮助我们减速慢下来、休息。当我们放松时这个系统就会开始工作，它可以降低人的心率和呼吸频率，让瞳孔缩小，把血液输送到消化系统。

当压力不断累积并很少减轻时，皮质醇、肾上腺素和去甲肾上腺素在体内持续产生，肾上腺素水平就会过量，我们的身体便没有机会进行自我平衡，结果就会引发高血压、肌肉紧张、皮肤问题、焦虑、失眠、消化不良等一系列疾病，并且会抑制免疫系统，导致我们对抗疾病的能力下降，影响身体健康。

（四）健康反馈回路

如果我们没有觉察到内在的压力反应，并且不知道压力怎样以想法、感觉和情绪来表达，我们就与这些内在体验失去了联结，这就会使我们的身心失衡。相反，正念觉察能够帮助我们建立与内在的联结，帮助我们清楚自己内在的体验，从而使我们能够采取必要措施，使自己重获平衡。

三、正念

（一）正念

正念能够降低关键激素皮质醇的水平，调节自主神经系统，减轻压力反应，改善情绪，全面提高幸福感。更为重要的是，伴随着这些变化，大脑的电流活动也在变化，比如左侧大脑的前额叶区活动显著增加，负责注意力和综合情绪的大脑皮层变厚，而与恐惧情绪有关的杏仁核变小，活动降低；脑岛也会增厚，这部分区域与感受内部知觉和思维有关，是情绪感受知觉的关键结构。

（二）正念的基本操作

1. 正念态度

正念练习所必需的基本态度互相依存、彼此相互影响。通过培养一种态度，所有态度品质都会得到提升。

初学者之心：将事物看作新鲜的，就像初次接触一样，带着好奇感。

不评判：培育对于任何体验都进行中立的观察，不对任何想法、情绪或感觉，标以好坏、对错、公平与不公平的标签，而只是对每一刻的想法、情绪或感觉加以注意。

确认：知晓并承认事物的本来面目。

无为：不贪婪抓取，不嗔恨变化，无论此刻呈现什么都不远离。换句话说，无为意味着除了你当下所在之处，不试图去其他任何地方。

平等心：涉及心态的平衡和智慧的培育，能对变化的本质给予深刻的理解，让你能够带着更深入的洞察与慈悲，同发生的变化共处。

顺其自然：无论当下出现什么，仅仅任事物如其所是地存在，不必去努力放下。

自我信任：靠自己的体验理解自己，无论真实与否。

自我慈悲:培养对真实自我的关爱，不自责与批评。

2. 正念观呼吸

呼吸是正念练习的基础。

练习过程中只是专心地呼气、吸气，没有必要去分析、计数、想象或控制呼吸，只需要正常地、自然地呼吸，并注意吸进呼出的过程。

通过一定的方法训练，可以让我们专注于呼吸。吸气和呼气时，我们可以专注地体会气流在鼻腔、胸腔、腹腔，甚至在整个身体中的感觉。

3. 正念身体扫描

它是一种对当前身体体验的深入探索，通过觉察和确认体内的任何感受或感觉，对于应对压力、焦虑和身体疼痛非常有帮助。

在身体扫描中，我们要按照一定顺序把注意力放在身体上，从左脚开始且终止于头顶。我们可能会注意到各种身体感觉，如痒、疼痛、耳鸣、轻松、沉重、热、冷等，或许还有一些中性的感受。这些感觉可能会伴随着某些想法或者情绪而存在。

当练习身体扫描时，这些多种多样的感觉和内部体验可以归结为三种基本感受：愉悦、不愉悦或中性。因为身体是一个经常变化、能动的有机体，所以不会有完全一样的两次身体扫描。

身体有它自己的智慧，如果你仔细聆听，它既可以指出身体紧张的部位，也可以传递出身体中的想法和情绪。这种对身体感觉、想法和情绪的探索，被称为"觉察三角"，或许可以将其视为深入我们整体体验的一次旅行。

4. 正念观思维

正念观思维即把自己的想法作为觉察对象，包括脑中的思考、浮现的景象与画面。不用控制自己的想法，只是觉察它是如何发生、发展的。在这个过程中要时刻保持清醒，不被想法卷入其中。当体验到某种强烈的想法时，不管它是什么，无须急着改变、推开或转移自己的注意力，仍然试着以观察者的姿态，带着开放和好奇的态度去觉察它的出现和变化。除此之外，伴随着想法所出现的情绪、感受也是觉察对象。如果在练习过程中没有想法生成，就体验此刻的状态和感受。

5. 生活中的正念

可以选择一些我们每天都做的常规活动，并且下定决心，每次去做的时候，尽量把一份每时每刻的、非批判的、新鲜的觉察带入这个任务或活动中。

（1）人际沟通。我们习惯化的人际交往模式与早年的人际交往经历有关。如果这些行为模式是基于不良的亲子关系，就有可能导致我们在现在的生活中，与家人、朋友或同事的人际关系出现问题。

（2）正念品质。培养人际正念、改善人际关系，所必需的六种品质是开放、共情、悲悯、慈爱、随喜、平等心。

（3）情绪管理。正念通过觉知及经历，给予我们认识并理解过去的能力。这种内在和谐和共鸣，使我们感到安全，并且能够开放地面对自己的想法、感受和情感。

我们的情绪是至关重要的信使。在进化过程中，情绪成为信号，帮助我们满足自我保存和安全的基本需求，使个体和种族得以延续。当我们对自己的负性想法和情绪有厌恶反应时，大脑的"回避系统"（涉及躯体回避、顺从或者防御性攻击的大脑回路）就被激活。一旦该机制被开启，身体就会紧张起来，仿佛它在准备着逃跑或者支撑着自己去招架。而正念，可以瓦解我们对负性情绪的厌恶反应，维护身心健康。

（4）正念情绪方法。常用的管理情绪的正念方法（STOP）包括停止（stop）、呼吸（take a breath）、觉察(observe)、继续(proceed)。

第二节　正念操作

接纳承诺技术（ACT）是基于正念的心理技术，指接纳、选择和采取行动三个关键行为策略。通过无条件接纳、认知解离等方法，减弱语言控制和经验性回避，更多地生活在当下，以己为景的觉察，明确价值，承诺行动。

一、基本理论

人类的主要心理问题来自语言认知和经历事件的交互作用，从而产生经验性回避和认知融合，这两方面又会影响真实体验，概念化自我、失去自我的价值，使生活质量下降。

语言和认知可以帮助人类加快速度接收和处理信息，但是语言也有其弊端，它会导致主观、片面、僵化、歪曲，从而引起心理痛苦。ACT将人类的心理病理模型直观地用一个六边形来表示。六边形的每一个角对应造成人类痛苦或心理问题的六大基本过程之一。六边形的中心是心理僵化，是对心理病理六大过程之间相互作用的一个概括。六大基本过程是相互影响和联系的，打破了以往那种具体心理病理过程导致特定心理问题的传统模式。

（一）经验性回避

人类以语言形式总结和评价外部世界事物，同时也会评价情绪、想法、躯体感觉等内心活动，并将其分为"积极的"和"消极的"两类。根据评价结果，主观努力趋向积极的，回避消极的。然而，由于思维压抑的悖论效应，依靠经验性回避并不能起到有效的作用。例如，焦虑情绪被评价为消极的，应当回避。当我们试图控制焦虑时，势必会想起焦虑，同时也会连带唤起焦虑的情绪体验。即便回避能暂缓焦虑，往往也会造成来访者对刺激焦虑事件麻木或过敏，最终导致生活空间受限。

（二）认知融合

人类行为受限于思维，并受语言规则和认知评价的控制，从而无法用直接的经验指导行为。如对一个被认知"缺点"，以往认知技术方法旨在通过改变来访者的想法，把缺点认知转换为优点认知来解决问题，实际上，这并不是问题的根源。认知内容并不会直接导致问题，我们与认知内容的关系才是问题。认知融合就是把头脑中的想法当成是真实的现状，而没有意识到"缺点"这些想法不过都是不断发展的认知过程的产物而已。"缺点"是客观存在并具有价值的，与行为没有直接关系。

（三）概念化过去与恐惧化未来

经验性回避和认知融合均会让我们脱离当下。经验性回避会减弱我们对个人经验的感知能力。我们的情绪、感知觉和记忆会伴随恐惧、愤怒等消极情绪体验，而有意识地回避痛苦。

认知融合会让我们无法体验当下。当我们置身于概念化的世界中时，我们就失去了直接的、此时此刻的真实经验，沉浸于过去的错误或可怕的未来，我们的行为会受制于过去已有的想法和反应。

（四）依恋于概念化自我

自我概念是语言和认知加工过程的核心。在既定的语言模式下，每个人逐渐形成了关于自己过去和将来的自我描述。过去的历史是通过语言构建和描绘的，未来的发展是通过语言预测和评价的，在这样的自我描述过程中就形成了概念化自我。这个概念化自我就像是一个蜘蛛网一样，包含了所有与自我相关的分类、解释、评价和期望。来访者来求助的时候，正是被这种概念化自我限制了，使自我变得狭隘，导致不灵活的行为模式。

（五）缺乏明确的价值方向

价值指的是用语言建构的、来访者内心真正向往和选择的生活方向。也就是说，要想过上有价值和有意义的生活，就要在行为上遵从自己所重视的价值方向。然而，价值的形成是一个非常复杂的过程，它深植于每个人的内心深处，却很容易被语言词汇曲解成评价、情绪和过程目标等。价值本身不能被评价，因为它是其他想法和行为的评价标准，从这个意义上来讲，对于持有该价值方向的个人来说，终极价值是完美的。不良的社会环境和过去历史导致来访者无法看清自己的价值方向，尤其是当来访者的行为受限于经验性回避时，就无法选择有意义的方式生活，缺乏价值感和自尊感。

（六）不动、冲动或持续回避

认知融合、经验性回避、概念化自我，以及丧失此时此刻的经验，均会阻碍我们按照所选择的价值方向生活。不动、冲动或逃避会取代指向价值方向的灵活行动。来访者把时间和精力都花费在过程目标的实现上。这些过程目标从短期效益来看，可能会降低来访者的负性反应，让来访者觉得正确，但从长远来看，最终让来访者迷失了他们在生活中真正重视的价值方向，导致长远生活质量的降低或生活空间狭窄。

二、训练方法

ACT强调提升心理灵活性，它本身也是一种非常灵活的治疗手段。从整体结构来看，ACT拥有六大核心过程、三种应对风格和两大基本过程。

（一）训练目标与过程

训练目标确立为提高心理灵活性，即作为一个有意识的人，更充分地接触此时此刻的能力，从而能够在行为上做出改变或持久努力，以达到既定的价值目标。

1. 六大核心过程

ACT技术包括接纳、认知解离、关注当下、以己为景、明确价值及承诺行动六大核心过程。六大信心过程相互依存，互为支持，而不是孤立的、割裂的。

2. 三种应对风格

（1）开放。接纳和认知解离对应的是开放的风格，主要是指对内在体验采取面对、接纳而不是逃避控制。

（2）专注。关注当下和以己为景的觉察对应的是专注的风格，主要是正念过程，不做评价和判断地觉察当下体验。

（3）投入。价值和承诺行动对应的是投入的风格，主要是将心理能量专注于与价值方向一致的行动。

3. 两大基本过程

（1）正念与接纳过程。ACT试图通过无条件接纳、认知解离、关注当下、以己为景，减少主观评判，减弱语言统治，减少经验性回避，更多地生活在当下；与此时此刻相联系，与我们的价值相联系，使行为更具有灵活性。

（2）承诺与行为改变过程。ACT通过关注当下、以己为景、明确价值观、承诺行动来帮助来访者调动和汇聚能量，朝向目标迈进，过一种有价值和有意义的人生。这一治疗模式之所以被称为"接纳与承诺疗法"，其原因就在于这两大过程在ACT中被融合成一个有机的整体。

（二）六大核心过程

1. 接纳

接纳是相对于经验性回避的另外一种选择。接纳指的不是容忍，而是对过去经历的个人事件和当下经验的一种积极而非评判性的容纳。它是一种在明确价值方向时自愿做出的一种选择，是为痛苦感受、冲动和负性情绪让出心理空间，不去抗拒、控制和逃避它们，将其作为客体去观察。例如，我们会告诉来访者把焦虑看作一种客观事物来面对，体验观察其起伏消长、生生灭灭，而不去抗拒、逃避或消除。

　　大多数来访者无效的行为模式是，让痛苦停止，才能开始正常的生活。因此，来访者的求助目的往往是消除抑郁、恐惧或焦虑等情绪问题。而这些回避或控制策略已经让来访者更加痛苦或丧失生活方向。ACT通常先采取"创造性无望"策略，帮助来访者认识到以往策略是无效甚至是更糟的原因。这时采用"泥沼中挣扎的人""掉进洞中的人""与怪兽拔河"等隐喻，帮助来访者放弃原有控制或回避策略，并且使其愿意面对症状，观察症状，理解症状的意义；通过接纳训练，减少内耗，停止恶性循环。

　　2. 认知解离

　　将自我从思想、意象和记忆中分离，客观地注视思想活动，如观察车辆。将思想看作语言和文字本身，而不是它所代表的意义，不受其控制。ACT和其他新一代的认知行为治疗一样，不是把修正不合理信念和摆脱负面情绪作为主要手段，而是从RFT的视角出发，认为改变一个人的思维模式，反而是强化了语言的关系网络，增强了不合理信念和负面情绪的重要性。因此，通过认知解离，改变认知关系，才能够真正改变后续的行为。ACT发展了很多技术来达到认知解离，比如，大声重复某个词，直到这个词只剩下声音，而没有意义；或者通过外化的方式，给某个想法赋予具体的形状、大小、颜色，从而使它成为客观的事物。

　　3. 关注当下

　　鼓励来访者有意识地注意此时此刻所处的环境及心理活动，不做评价，完全接受。目的是帮助来访者更直接地体验周围的世界，从而提高他们行为的灵活性，且与自己的价值观保持一致。如在技术过程的开始阶段做一个1~2分钟的正念练习（观察自己的吸气和呼气、从内心扫描身体感觉、做几个深呼吸、关注五个感官的感觉），帮助来访者培养出对当下的关注。

　　5分钟正念呼吸练习。在一个放松的、没有干扰的环境中做这个练习。无论躺着或坐着都可以，但如果你躺下来，发现自己容易睡着，请尝试更直立的姿势，将你全部的注意力集中到这个练习上。让你的意识跟随着呼吸，游走在身体每一个感受强烈的角落，它可能在鼻子、颈部、胸部、腹部，或是其他部位。当你正常而自然地吸气时，去感受空气的吸入；当你呼气时，去感受气体的排出。你只需要在吸气与呼气时，保持这种对呼吸的专注即可。

4. 以己为景

痛苦的思维和感受产生自我威胁。这种负面的感受在自我作为概念化对象时尤为显著。理论关系框架，如"我—你"、"这儿—那儿"和"现在—过去"，会创造出一种视角感，视角采择形成了人类灵性的直接经验。观察自我可以帮助来访者关注自己真实的经验，促进认知解离和接纳。

ACT通常采用正念、隐喻和体验性过程，帮助来访者达到以自我为背景的觉察，选取不同的角度看待问题，穿越时间、地点和人物，建立更灵活的视角选择，扩大心理空间。例如，要求来访者站在将来，回头看看现在的自己；可要求来访者给自己写一封信，谈谈关于如何以健康的方式来处理当前的状况；可要求来访者将他（她）自己放到空椅子上，从另一个人的角度与他（她）自己对话等。

5. 明确价值

ACT中的价值指的是用语言建构的，来访者所向往的和所选择的生活方向。价值与人们的行为不可分离，有意识地贯穿在生活的每一个有目的的行动中。与价值方向一致的行动是有建设性的、可择的，而不是为了逃避或消除痛苦。选择的"自由"是指不受强迫的，没有"不得不"的情况的制约。价值选择如同轮船的舵，或者汽车的方向盘，只有某个方向，但没有终点。在明确价值方向时常用的练习是写"墓志铭""八十岁生日晚宴"等。

6. 承诺行动

ACT不仅是一种接纳取向的训练策略，更是一种改变取向的训练策略。承诺行动是选择一种指向目的的特别的行为方式，目的是帮助来访者按照自己的价值方向做出行为改变，对自己的行动负责，建构有效的与价值方向一致的生活。"开垦花园"的是经典隐喻，帮助来访者选择某个价值方向，采取一致性行为。

第三节　接纳承诺技术的社区应用

挑战旧思路。由于ACT要挑战来访者日常使用的应对策略，所以通常会让来访者反思之前尝试过多少种失败的方法，并询问来访者是相信自己的思维还是相信实际经验，目的在于用来访者的亲身经历去挑战之前经验的直接消灭问题的思路。

控制试图压制思维与情感反而会使被压制的对象得到重复而增加。例如，"不要想咖啡"的实验，先简单描述咖啡的各种性质，然后要求来访者在接下来的时间里唯一要做的就是不要想任何前面提到的咖啡的性质。使来访者明白自己试图控制自动思维、情感与记忆的过程，是在进行一场绝不会获胜的游戏。

情境化自我是指从概念化自我的视角转换到情境化自我的视角，从被各种标签概念化转换成作为背景的自我。通过这一转化，来访者不再视负性体验为威胁，进而增强了与此时此地的联结。

接纳承诺技术在社区中具有广泛的使用场合。不仅可以对老年人、青少年等进行团体训练，也可以解决个体的不良情绪、物质成瘾等。

一、团体训练

（一）针对老年人的团体训练

接纳承诺技术应用于老年人有其独特的优势。六边形模型可以有效地帮助老年人接纳步入老年的现实、解离消极想法，从而笑看生命历程、品味当下人生、明确人生价值，做力所能及的行动。

针对老年人常见的心理问题，接纳承诺技术也有针对性的应对策略。针对老年人的消极回避生老病死、沉浸过去担忧未来、认为自己人老不中用、与人攀比心情低落、辗转反侧难以入睡、孤独寂寞度日如年，接纳承诺技术则可以通过提升心理灵活性使老人积极接纳人生常态、正念觉察活在当下、探索价值发挥余热、挖掘内在优势长处。

（二）针对青少年的团体训练

青少年阶段的首要任务是自我发展，他们需要更深层次地与同龄人建立伙伴关系。在发展自主性的道路上，他们很大程度上受情绪驱动。

青少年的青春期早期至中期是尝试许多不同身份和价值观的时期，可能经历各种困扰，如焦虑、抑郁、饮食失调、关系问题、药物滥用和自我伤害等。接纳承诺技术的跨诊断适用性对任何一个涉及经验性回避或认知融合的人都很有用，特别是对于价值认定无比重要的青少年。

（三）在夫妻关系上的应用

自从人来到这个世界，就和不同的人发生着各种各样的关系。所有的关系都伴随着爱和伤害。尤其当你进入到亲密关系，步入婚姻后，犹如开始了一个冒险的旅程，旅程中可能处处是焦虑、恐惧不安。

接纳承诺技术训练在夫妻关系上的运用，旨在帮助夫妻清晰地概念化冲突的关系模式，是基于价值基础而不是问题的模式进行的关系选择，通过最基本和最自然的方式培养夫妻心理和行为上的灵活性，将其引导到更强大和更健康的关系上。

接纳承诺技术在夫妻关系上的运用，主要为三步工作法：明确夫妻关系存在的问题，探索夫妻双方的价值，以价值为基础的行动。

（四）在亲子关系上的应用

立足于接纳承诺技术六边形模型的亲子关系团体，目的在于帮助父母发现养育过程中的问题，以开放的心态接纳自己原来的养育方式，提高观察性，学会活在当下，将养育当作过程来感受和体验，明确自己的养育价值方向，进而积极地采取与之相一致的养育行动，最终实现父母和孩子共同成长的双丰收。

接纳承诺技术在亲子关系上的运用主要有两方面：一是从接纳承诺技术视角理解亲子关系问题，如养育问题及应对方式；二是用于父母解决育儿问题策略，如控制和放弃。

二、应对抑郁情绪

（一）认识抑郁情绪

抑郁情绪时间短，一般不会超过两周；程度轻，不会有自杀倾向和行为；一般也不会思维迟缓、行动迟缓；经常早醒，全身乏力，且早重晚轻；影响小，一般不会严重影响生活学习或工作；无病理性症状，不会有幻听幻视或被害妄想等。往往由明确的重大现实应激事件引发，可以自愈，不会危及生命安全。

（二）使用技术

（1）创造性无望。感受到原来以控制为主的行为模式的无效性，提出创造性无望三个问题：你曾经尝试过哪些方法？这些方法效果如何？这些方法让你付出了什么代价？

体验控制无效的隐喻。有人曾做了很多努力试图消除抑郁情绪，以致他们生活的内容被与抑郁情绪做斗争充满了，但结果是无效的。

（2）接纳引发抑郁情绪的想法。与引发抑郁情绪的想法解离，尝试换一种与想法相处的方式，不斗争、不对抗，与它们做朋友、友好相处，它们若想出现随时可以出现。

尝试体验自己是想法的主人，但想法不能控制我们的行为。

通常认为我们被我们的想法控制，如将引发抑郁情绪的想法告诉自己，"你不行，你什么都做不好"，于是就唉声叹气，什么也不敢做，什么也不想做，哪里也不去整天就待在家里。但我们被愚弄了，我们才是想法的主人。当有这些想法的时候，你完全可以不按照想法的指令去做。

（3）增强全然的觉知和自我接纳。了解概念化自我和观察性自我的区别。概念化自我指的是构建自己和个人历史的详细的描述和评价关系网络、给自己贴的各种标签。当自己被概念化自我困住的时候，请用心觉察当下的自我，并将那个被视为信条的概念化自我放在人生背景中去看，你将会发现，自己无时无刻不在变化，某一次的失败只是人生这个大棋盘上的某一局，而人生远比自己想的更加宽阔。

（4）探索抑郁情绪背后的意义和价值。我们在做工作的时候，更应关注的是抑郁情绪发生的背景：负性认知缘于何事，思维迟缓有何意义，失眠早醒有何影响，食欲性欲意义何在，自杀想法表达什么。抑郁症背后是无助、无望、无价值，通常是家庭环境剥夺了孩子的好奇、探索、自主、意义，孩子无法适应外部环境的挑战，从而产生习得性无助，引发抑郁情绪。抑郁情绪本来是孩子表现出来的信息，父母是否能够觉察和理解呢？如果一味地用药物消除，如同鸵鸟的回避策略，只会维持抑郁情绪。你是如何看待孩子的自主选择和好奇探索呢？如何看待孩子的抑郁情绪呢？抑郁情绪都有它的功能，父母要用心倾听。

（5）明确自己的价值方向。明确自己想要什么。抑郁情绪可能会让你待在家里，不想见同学、朋友，不逛街、不玩游戏，尽管这样看起来好像可以让你暂时回避痛苦、回避失败，但这样就是你想要的生活吗？如果不是，那什么才是你想要的生活？

（6）确定有效行动。承诺朝向价值方向的行动，需要四个步骤：选择一个最想改变的生活领域；在该领域，选择需要追求的价值；以价值为导向，发展目标；采取正念的行动。

例如，一个有抑郁情绪的研究生一年级学生，选择改变的生活领域是学业成绩的提高。

第一步：需要选择改变的生活领域是抑郁情绪。

第二步：目标背后的价值是顺利毕业、孝敬父母。

第三步：基于价值的目标有直接目标、短期目标、周期目标、长期目标。

第四步：有效行动。早晨起来跑步半小时，去食堂吃饭，然后到实验室做实验。

三、应对慢性疼痛问题

（一）认识慢性疼痛

慢性疼痛是指疼痛持续超过相关疾病的一般病程或超过损伤愈合所需的一般时间，或疼痛复发持续超过1个月。

慢性疼痛主要有头痛、颈肩痛和腰腿痛、四肢慢性损伤性疾病、神经痛、周围血管疾病、癌症疼痛、癌症治疗相关痛、艾滋病疼痛、心理性疼痛。

（二）使用干预技术

（1）接纳慢性疼痛。

（2）创造性无望，探索与慢性疼痛共处的必要性。

（3）活在当下，打破思维反刍的循环。慢性疼痛的人经常会陷入某种想法之中，并且会被这种想法控制着去做反应。思维反刍指的是活动、行为或思想导致另一种活动、行为或思想的观点，并且这种观点还在继续。例如，个体可以通过休息来控制增加的疼痛，然后为了弥补失去的时间，可能会做许多导致疼痛增加和循环的活动。

（4）认知解离，从消极思维模式中跳出来。解离是指与我们的想法分开或拉开距离，不是陷入想法中，而是看着它们来来去去。

（5）探索和澄清价值，向价值出发。

（6）承诺行动。

四、应对成瘾行为问题

（一）认识成瘾行为

（1）成瘾性物质。又称精神活性物质，是指能够影响人类情绪、行为，改变意识状态，并有致依赖作用的一类化学物质。

常见的成瘾物质中，有些可以在商店买到，如香烟、酒类，主要在社交场合下使用，称为社交性成瘾物质。有些可以在医院或药店买到，又称处方用药。有些属于任何场合下都禁用，如海洛因、大麻等，称为非法成瘾物质。

非物质成瘾是指与化学物质（如成瘾性物质或酒精）无关的一种成瘾形式，特点为反复出现的、具有强迫性质的冲动行为。尽管成瘾者深知此类行为所产生的不良后果，但仍然执意坚持，从而对躯体、心理健康和社会安宁产生严重的不良影响。

（2）物质成瘾因素。社会因素、家庭因素，同伴或朋友的影响，药物的可获得性，教育和文化背景等都不同程度地影响着成瘾行为。

物质成瘾心理因素。就个性特征来说，成瘾者有一些共同的心理行为特征。如许多吸毒的年轻人喜欢寻求新奇的刺激和感觉，自控能力低。成瘾物质使用者有明显的焦虑、抑郁，在人格上存在明显缺陷，反社会，情绪控制较差，易冲动，缺乏有效的防御机制，追求即刻满足。这些特点与物质使用互为因果，会加速成瘾的发展形成，也常常会影响治疗反应、临床表现及预后。

物质成瘾生物学因素。首先，和药物的生物学效应有关，成瘾药物大多作用于中枢神经系统并产生奖赏效应，从而强化用药行为；其次，成瘾导致中枢神经系统发生了长期的适应性的变化，进一步使用药物会导致成瘾行为反复复发，故成瘾又被看作一种滥用药物引起的反复复发的慢性脑病。

（二）使用技术

（1）接纳。物质依赖者的生活中常常会有众多痛苦的经历和问题，酗酒等是回避现实问题的行为方式，但很明显，这是一种无用的应对策略。因此，让来访者意识到当下成瘾行为是自己无法接纳现状的体现，如果接纳现状，酗酒行为就不会得到进一步的强化。

（2）认知解离。成瘾行为中提示的负性认知。认知解离是指让来访者有意识地将自己从思想、意向和记忆中分离，即将思想看作文字和语言本身，而不是其所带代表的意义，不受其控制。来访者的酗酒行为是来源于对现状的无力应对，以及在应对当中产生的许多诸如"我是一个失败者""什么都没用"的评价，这里就在"我"和"失败者"当中产生了认知融合。

（3）关注当下。将注意力放在当下，以一种非评价的方式体验一切，而不是思虑过去和将来。这个阶段也可以放在开始阶段或作为每次的家庭作业，帮助来访者建立一个从内到外的对当下的关注。

（4）以己为景。观察性自我与体验性自我：思维是我们感受到的一部分，是我们能够注意并观察我们思想和感受的一部分。我们可以称之为观察自我、注意自我、纯粹意识或任何其他对我们有意义的名称。

（5）价值与行动。价值观是我们心中最关心的，它与目标不同，因为目标可以完成并从列表中标记出来，但价值总是在那里指导我们，它们就像指南针上的点。

行为与价值的关系：认真规划设定正确的目标，并且在面对痛苦的想法和感受时，经常需要正念和破坏技能来贯彻这些目标。

行动承诺及步骤：制定"我的行动计划"工作表，设定一个可行的、具体的、现实的、有时间期限的目标。

第七章

绘画分析技术

- -

■培训目标

了解绘画投射测验技术的理论基础，掌握基本概念及原理，理解精神分析理论、坑洞理论和全息理论在绘画投射测验分析中的应用，了解绘画投射测验技术的分类，掌握绘画投射测验分析的基本步骤以及指标分类。

■培训内容

绘画分析技术的基本理论

绘画的分类

绘画分析的指标体系及步骤

■培训时间

8学时

■考核重点

绘画投射测验的分类

整体信息分析、局部信息分析、信息再整合分析的概念

绘画投射测验中信息分析的内容与步骤

第一节　绘画分析技术的基本理论

绘画分析技术是指在社会心理指导师的指导下，让来访者进行绘画，对其绘画作品进行分析，以了解其自我概念和人格特征。

一、精神分析理论

精神分析理论的创立者是奥地利心理学家西格蒙德·弗洛伊德，该理论被称为深层心理学。精神分析理论不仅在西方心理学中占有重要地位，而且是影响当代西方文化的重要社会思潮之一。

精神分析理论主要包括精神层次理论、人格结构理论、性本能理论、释梦理论和心理防御机制理论。

根据精神分析理论，绘画不仅能反映投射机制，还能反映否认、补偿、反向等其他防御机制。其中，投射不仅包括自我不能接受的消极特质，也包含其他积极特质。

二、荣格分析心理学理论

荣格分析心理学理论包括个体潜意识、集体潜意识和原型理论。

绘画中的一些现象需要用集体潜意识解释。集体潜意识反映了人类在以往历史进化过程中的集体经验。集体潜意识的内容，主要有演化和遗传的经验。

荣格分析心理学与弗洛伊德精神分析理论最大的区别在于对力比多和对人性的看法不一样。弗洛伊德坚持认为，性本能是本能中最强势的，力比多就是性本能。而荣格则认为，性本能不过是人的本能的一个普通方面，力比多是爱和发展的力量。在人类命运问题上，弗洛伊德表现出消极、相对悲观的态度，而荣格表现出积极、乐观的态度，并具有与人本主义心理学思想渐趋一致的发展倾向。这就造成荣格对投射的解释与弗洛伊德不同。

三、坑洞理论

坑洞理论是心理学家阿玛斯在其著作《内在的探索》中提出的。阿玛斯认为，坑洞指的就是我们本体的某个部分不见了，这可能意味着某种本体的品质不见了，如爱、价值感、与人联结的能力和力量等。坑洞往往来源于童年的创伤经验，或是与环境发生过的冲突。

人们时常以各种不同的方式来填补自己的坑洞。填坑的材料、方法不同，就形成了不同的人格特征。绘画是人们活动和表达自我的一种方式，人们不会放过这一潜意识过程，通过此项活动填补自己的坑洞。

在绘画中，人们往往通过反复涂抹、停顿或间断来填补自己的坑洞。坑洞理论的引入，帮助我们解决了绘画投射测验中多年的困惑，即涂黑是负性投射。

四、全息理论

全息理论包括物理全息理论、宇宙全息论和生物全息学说。

物理全息理论告诉我们，如果把某个由全息相片式结构组成的事物"解剖"开来，我们不会得到部分，而会得到较小的整体。

宇宙全息论认为，宇宙是一个不可分割的、各部分之间紧密关联的整体，任何一个部分都包含整体的信息。宇宙整体中各子系与系统、系统与宇宙之间全息对应。宇宙各个部分包含于整体之中，整体亦包含于个体之中。

生物全息学说认为，每一个机体包括成体都是由若干全息胚组成的。任何一个全息胚都是机体的一个独立的功能和结构单位。或者说，机体的一个相对完整而独立的部分，就是一个全息胚。在每个全息胚内部镶嵌着机体各种器官或部位的对应点，或者全息胚上可以勾画出机体各器官或部位的定位图谱。

全息理论是解释宇宙间一切事物相互反应、相互影响、相互关联最基本的理论，也是解释绘画投射测验的基本理论。

其代表观点主要有：画纸左侧代表女性、母亲，画纸右侧代表男性、父亲；画纸左侧代表过去，画纸右侧代表未来；画河流代表钱财。

第二节 绘画的分类

主题绘画是指绘画投射测验有无明确的、具体的主题。主题既可以是人物，也可以是植物或者动物等。

一、有主题绘画的分类

（一）人物主题画

人物主题画的绘画投射种类较多，如自画像、我的家庭、我的童年、我的未来、雨中人等。这些绘画主题中，人是主体，其他是辅助。

（二）树木主题画

树木画主题的绘画投射种类较少，主要有树木画、房—树—人。

（三）动物主题画

动物主题画的绘画投射种类也比较少，如画猪、猫、狗、鸟等。

（四）其他主题画

其他主题画的绘画投射包括画钟、画桥等。

二、无主题绘画

无主题绘画投射就是自由绘画，如涂鸦，主要用于儿童。

三、介于两者之间

还有一种绘画投射是介于两者之间的，即画面中给出一些点、线条，或者一些图形，然后把这些点、线条或图形连成一幅画。

第三节　绘画分析的指标体系及步骤

整体信息分析。整体信息分析是指对绘画作品的整体进行观察，以获得关于绘画作品质量的第一印象。

局部信息分析。局部信息分析是指对绘画投射作品指标体系中所有指标进行详细分析。

信息再整合分析。信息再整合分析是指以全息理论和心理学理论为依据，从绘画投射作品的诸多特征指标中寻找内在联系，分析与推断某种特定的心理特征，以提高绘画投射测验分析的精准性。

一、绘画投射测验指标体系

（一）按意识层次分类

（1）意识信息是指被试者在绘画过程中完全意识到的信息，即完全受绘画者意识控制的信息。

（2）潜意识信息是指被试者在绘画过程中意识不到的信息，即不完全受绘画者意识控制的信息。

（二）潜意识信息分类

（1）纯潜意识信息是指被试者在绘画过程中完全意识不到的信息，如位置、大小、对称、方向、连续性、流畅度等。

（2）半潜意识信息是指来访者在绘画过程中虽然能意识到此信息，但被试者并不知晓这些信息背后的文化全息含义。

（3）"像就是"信息。这类信息是由中国传统医学"以形补形"的理论延伸出来的，它是一种取于形象归于抽象并再用于形象并辅以生活经验矫正的方法。

（三）主题属性分类

（1）主题信息是指被试者绘画中与绘画主题直接关联的信息，如树木画中与树木直接关联的有树冠、树枝、树叶、果实、树干、树根等。树枝上的小鸟与树木没有直接关联，因此，小鸟就是非主题信息。

（2）非主题信息是指被试者绘画中与绘画主题没有直接关联的信息，如树木画中出现月亮、太阳、动物、房屋、河流、草地等。

（四）信息采集

（1）主题：画"一棵树"。

（2）工具：A4纸，黑色或蓝色中性笔，不要用铅笔或水彩笔。

（3）要求：绘画投射测验不需要任何绘画技巧，不要求画得美观，但要求认真地画。绘画投射测验所画的景物不需要与自然界的景物匹配或相似。

如果不会画某种动物或景物，可以用汉字代替。如你不会画一只鸟，可以画一个圈，然后在圈里写一个"鸟"字。

绘画前请闭上眼睛冥想一分钟，把冥想状态下大脑浮现的所有"意象"画出来。如果闭眼冥想时大脑中没有任何"意象"，此时，不要睁开双眼，问问自己此时最想画的画是什么样子，然后把它画出来。

完成自己的绘画后，要在画纸上写下自己的年龄、性别和职业。绘画没有时间限制。

二、分析步骤与内容

(一) 分析步骤

绘画投射测验分析总体分为三个步骤：

第一步是整体信息分析；

第二步是局部信息分析；

第三步是信息再整合分析。

(二) 分析内容

整体信息分析是对绘画作品的整体进行观察，以获得关于绘画作品质量的第一印象。整体信息分析的原则是大致浏览，不拘泥于细节。

整体信息分析的基本内容主要包括画面美感、线条流畅性、线条连续性和用笔力度。

(1) 心理健康程度高者，画出的画往往具备较好的画面美感，如画面整洁，布局合理，线条连贯、流畅。

(2) 线条连续性是指线条连续不间断。绘画投射测验中，线条的连续性也与肌肉运动的稳定性和连贯性有关。心理不稳定的人，肌肉运动时就会颤抖，在绘画时表现为线条的断续、不连接。

(3) 用笔力度是指绘画时画笔用力程度大小。心理脆弱的人，绘画时用笔力度小，画面颜色淡；反之，心情烦躁的人，绘画时用笔力度大，画面颜色深或比较黑。

(三) 局部信息分析的内容与步骤

局部信息分析是指对绘画投射作品指标体系中所有指标进行详细分析。绘画投射测验分析是一种非常精细的评估，需要对画面上任何一个微小的特征进行仔细观察，提取出相关的指标信息。任何一点疏忽都会造成信息的遗漏和丢失。

局部信息分析的基本内容主要包括纯潜意识信息、半潜意识信息和"像就是"信息。纯潜意识信息主要包括位置、大小、倾斜度、对称性、完整性、方位等。半潜意识信息主要包括太阳、月亮、河流、彩虹、狗、猫等。不同的绘画主题，其半潜意识内容是不一样的。"像就是"信息，也是不同的绘画主题，呈现的内容也完全不一样。此外，不是所有的绘画投射作品中都有"像就是"信息。

局部信息分析是从绘画投射主题信息指标体系中的指标入手，详细提取画面的各种信息，接着进行详细分析。在进行主题信息分析时，先进行纯潜意识信息分析，接着进行半潜意识分析，最后是"像就是"信息分析。在主题信息分析结束后，再对非主题信息指标体系中的指标进行信息提取，详细分析所表达的潜意识。

（四）信息再整合分析

信息再整合分析是指以全息理论和心理学理论为依据，从绘画投射作品中的诸多特征指标中寻找内在联系，分析与推断某种特定的心理特征，以提高绘画投射测验分析的精准性。从绘画投射测验分析本质来看，整合分析实际上就是内在指标关系分析。

（1）回顾整体分析与局部分析获取的信息，标记其中具有重要意义的信息，如对个性特征具有重要影响的或负性的信息。

（2）对已标记的重要信息进行梳理，通过寻找指标间内在关联性确定。

（3）以具有内在关联性的指标作为基础，辅以其他信息，对被试者的人格特征做出分析。

第八章 焦点解决技术

■培训目标

掌握焦点解决技术的基本概念及原理，理解和把握焦点解决会谈流程，实践焦点解决在不同群体中的运用。

■培训内容

焦点解决技术概述

焦点解决的理论基础

焦点解决会谈流程与技术应用

焦点解决在不同人群中的应用

■培训时间

8学时

■考核重点

焦点解决技术

焦点解决的哲学基础和原则

焦点解决会谈的五个步骤

建立关系

达成合约

描述期待的未来

反馈

第一节　焦点解决技术概述

焦点解决技术是后现代主义理念下逐步发展成熟的咨询实务取向，是一套积极的、以行动为主的心理治疗体系。它是后现代主义流派的代表理论之一。它意图让当事人用尽可能短的时间在生活中发生改变。

焦点解决通过与当事人进行谈话，利用有效的语言帮助他们创造有用的改变。有效的语言包括当事人描述他们想要的未来，以及详细列举他们已经具备的能力和资源等。

一、焦点解决技术历史

（一）焦点解决产生的历史环境

（1）产生的历史环境。一是传统心理学流派遇到困境后的发展，二是现实社会对于短程疗法的需求。

（2）焦点解决的三个来源，即米尔顿、艾瑞克森、帕洛阿尔托心理研究所的家庭技术和短程技术中心、密尔沃基短程技术中心和新方法的诞生。

（3）短程家庭技术中心的两个阶段。

（4）当今焦点解决的发展情况。

（二）焦点解决的有效性研究

（1）密尔沃基短程技术中心的质性研究是焦点解决领域最早的研究。通过对访谈个案进行观察，寻找使当事人发生改变的有效部分，并在会谈实务中检验其有效性。

（2）循证研究。通过对个案会谈成功的比例及会谈前后的数据对比，说明焦点解决取向会谈的有效性及达到成功效果的平均会谈次数。

（3）微观分析研究。通过对当事人和访谈者真实会谈片段的语言分析，寻找其背后的假设并分析，使焦点解决谈话中的细节变得可观察和可复制，进而提升会谈的有效性。

（三）焦点解决在全世界的发展趋势

（1）不同国家和地区形成有自身特色的实践团体。不同国家和地区根据本土文化特征和应用领域，形成了不同方向的组织。

（2）技术与理念的最新发展。焦点解决秉承"有效多做"的原则，广泛吸纳实务工作中有效的部分，逐渐发展，形成新的技术和理念。

（3）线上社群与互联网的应用。使用互联网媒介和线上服务的工作模式逐渐增多，了解这类的服务形式利弊，有助于思考线上社群指导的工作方法。

第二节　焦点解决的理论基础

焦点解决理论基础主要包括哲学基础、人性观和核心原则三个部分。深刻领会焦点解决会谈的理论基础，有助于把握焦点解决会谈的本质，保证具体技术运用的方向性。

一、焦点解决的哲学基础

焦点解决是后现代主义心理学流派的代表流派，深受后现代主义哲学的影响。其中对其影响最大的是社会建构论，该理念强调心理问题及其解决是社会建构和协商的结果，问题并非固定不变的事实，而是可变可协商的事实，带有社会性和情境性。

焦点解决受到东方道家太极哲学的启发，强调系统平衡思想，关注问题发生的例外，强调积极因素和解决问题的有效性，倡导积极、正向和乐观的态度。

二、焦点解决的人性观

焦点解决秉持人性本善的人性观。这一人性观体现在人的发展性、坚韧性和积极性三个方面。认为人是解决自身问题的专家，有资源和力量解决问题并发展自己。

三、焦点解决的核心原则

焦点解决的核心原则，即基本假设，贯穿在焦点解决会谈的具体技术之中。如聚焦解决之道、关注目标、有用的多做、小改变带来大变化、探寻例外等。这些原则使焦点解决会谈区别于其他流派，是会谈有效性的基础。

第三节　焦点解决会谈流程与技术应用

焦点解决流程可以帮助会谈双方共同构建当事人所期望的结果，引导当事人描述这个结果看起来是什么样子，并寻找那些已经存在的例子。流程共分为五个步骤，每个步骤都体现了焦点解决的重要理念，结合具体的技术，达到每个流程需要实现的效果。

一、建立关系

（1）焦点解决会谈中的会谈双方的关系不同于传统的来访者与社会心理指导师的关系，焦点解决会谈是一种"去专家化"的会谈，会谈双方是合作关系。

（2）通过聆听建立良好的合作关系，注意倾听来访者的期待、关注、资源和能力。

（3）通过"一般化"技术理解来访者、减轻来访者面对问题产生的焦虑和压力。

（4）通过"应对"技术肯定来访者在面对问题时所做出的努力。

二、达成和约

通过说明和讨论形成规则，明确角色以及任务。通过提问，与来访者一起探索并确立咨询目标，澄清真正的需要和期待。合约是否明确，决定了会谈是否能够保持短程高效，也是焦点解决会谈成功的关键因素之一。在这个阶段，需要掌握的技能包括：

（1）使用焦点解决技术中的结果问句，询问来访者对本次谈话最大的期待。

（2）在确认期待的过程中，通过建立共同理解的基础，反复澄清并确认来访者的需求。对此会谈期望达到的结果和会谈中可以做哪些有效的事情达成一致。

（3）良好合约的原则：来访者想要的，在心理指导服务工作范围内，可以通过咨访双方的工作实现。

（4）合约达成过程中一些常见问题如何应对。例如，来访者对自己的愿景并不清晰；来访者的期望是他人改变；来访者的愿景很难通过谈话找到解决方案等。

三、期待未来

工作合约达成后，让来访者详细描述期待的样子是非常必要的。这个愿景越是清晰，来访者越有可能产生动机和努力的方向。在描述期待未来的过程中，社会心理指导师需要做到：

（1）探寻来访者对未来清晰的细节描述，细节要足够具体、清晰。

（2）保证愿景的方向围绕来访者想要的、重要的内容进行。

（3）语言具有暗示的作用，通过描述在来访者的认知框架中形成清晰的"记忆"，为进一步找到相关的资源和已经具有的进展作准备。

（4）使用奇迹问句、假设问句、关系问句等技术，探索关于期待未来的描述。

四、形成策略

在愿景清晰之后，需要探索来访者在实现愿景的道路上已经做到了哪些，有哪些能力、资源和优势可以帮助他进一步实现愿景，身边的他人可能提供怎样的帮助等。

（1）使用例外问句探索期待的未来在过去已经发生过的情形。

（2）使用量尺问句评估在实现期待未来的路上已经做到了哪些。

（3）使用关系问句探寻在例外发生的时候，身边的人注意到了什么，会有哪些不同，以及可能会有什么样的互动。

（4）当分数提高的时候，会注意到哪些不同，如何注意到。

五、反馈评估

在策略形成之后，对来访者进行反馈，促进来访者在行动上的改变。

（1）赞美来访者在前述各阶段中体现出的美德、品质、能力和资源，增强来访者改变的勇气和决心。

（2）从赞美过渡衔接到反馈，对会谈进行总结，梳理出解决问题的脉络，为提出建议做好准备。

（3）根据总结和来访者的具体状态，对来访者提出建议。

第四节　焦点解决在不同人群中的应用

焦点解决具有高效、聚焦目标、聚焦资源和进步的理念，有助于人们以不同的思维模式看待问题。焦点解决起源于社工领域，其工作过程中所面对的群体也十分多样化，了解不同人群的应用，可以帮助我们思考在不同情境下可以如何调整工作技巧。

一、在青少年群体中的应用

焦点解决与青少年在成长阶段体现出的特点相匹配。

（1）青少年成长阶段需要被关注和认可，焦点解决能够关注青少年的能力与优势，使青少年的自我价值被认可。

（2）焦点解决的重构技术强调事情的发生均有重要的理由，这一技术能够更好地理解青少年在成长期出现的问题，发现问题背后青少年的目标和期待。

二、在家庭中的应用

受系统观的影响，焦点解决认为，家庭中任何一个人发生变化，整个家庭都会发生变化。因此，在焦点解决的家庭工作中，需要做到：

（1）焦点解决并非探讨家庭中某个有问题的人，而是聚焦于家庭中有哪些事情是每个家庭成员希望继续保持的。

（2）通过探索每个家庭成员共同的期待，以及协调每个个体的期待，扩大家庭中已经具备的能力和资源，强化已有的进展，从而朝家庭共同的愿景努力。

三、在医疗服务中的应用

焦点解决作为一种积极的思维方式，对于来访者提升心理健康水平有一定的帮助。在医疗服务中使用焦点解决的理念有助于形成良好的医患沟通模式，改善来访者就医体验；形成社区患者互助团体，对需要疾病康复、慢性病管理等人群形成良好的社会支持，调适其心理压力和心理健康水平，改善生活状况；调动个人及集体的积极性，有效地利用有限的资源达到最好的健康效果。

四、在职场中的应用

焦点解决在职场中应用广泛，短期高效的特点与职场非常匹配。

（1）焦点解决在员工个体问题解决上的应用。

（2）焦点解决在职场绩效领域的应用。

（3）焦点解决在职场关系中的应用。

第九章

沙盘游戏技术

■**培训目标**

了解沙盘游戏技术的三大理论基础：分析心理学、世界技法、东方哲学，掌握个体沙盘游戏技术的操作方法，掌握团体沙盘游戏的操作方法，深度解读沙盘作品，能独立完成十次以上的沙盘游戏长程操作，了解沙盘游戏的创新应用，学会开展适合社区开展的沙盘游戏活动。

■**培训内容**

沙盘游戏原理

个体沙盘游戏的操作方法

团体沙盘游戏的操作方法

■**培训时间**

18学时，实践6学时

■**考核重点**

沙盘游戏的基本原理

个体沙盘游戏的操作步骤

团体沙盘游戏的操作步骤

沙盘游戏的创新能力

第一节   沙盘游戏原理

一、基本概念

自觉意识。人意识出现得很早，甚至在人出生之前就已经萌芽，儿童在识别父母、识别玩具及周围事物时都运用自觉意识。自觉意识在个人的成长中，通过思维、情感、感觉、直觉四种心理功能的应用而获得成长。外倾和内倾两种心态决定着自觉意识的发展方向。

个体无意识。个体无意识包括被遗忘的记忆、知觉、被压抑的经验以及梦和幻想等，像一个容器，蕴含和容纳着所有与意识不一致的心灵活动和种种曾经存在于意识中的经验。

个体情结。个体情结往往具有情绪色彩，是一组组被压抑的心理内容聚集在一起而形成的无意识丛，如恋父情结、批评情结、权力情结等。

集体无意识。集体无意识是人格结构最底层的无意识，是包括祖先在内的世世代代的活动方式和经验库存在人脑中的遗传痕迹。

个体无意识和集体无意识的区别。个体无意识依赖个体经验而存在，构成个体潜意识的主要是一些我们曾经意识到，但后来由于遗忘或压抑而从意识中消失了的心理内容。集体无意识的内容并非是在意识中出现过的，所以也从未为个人所获得过，它们的存在完全来源于遗传。个体无意识主要是由各种情结构成，集体无意识的内容则主要是原型。原型概念对集体无意识的观点来说是不可缺少的，它指出了心理中各种确定形式的存在，这些形式无论在何时何地都普遍地存在着。

世界技法。来访者把沙具放在盛有干沙或湿沙的箱子里，制作出一幅画面或一个场景。来访者可以直观地感受到某种意象，不需要借助文字或者语言，让被创造出的"世界"显现在创作者面前。

二、无意识内容的意识化

沙盘游戏是沟通意识和无意识的一座桥梁，使来访者的无意识原型意识化，实现个体与其心灵的"对话"。在意识占支配地位的情况下，人是不可能了解自己无意识中的原型心象的，而这些原型心象与意识、与现实的矛盾冲突恰恰是导致人产生种种心理不适的原因之一。

实现无意识的内容意识化目标，需要唤起来访者的积极想象，让来访者进入到类似于梦的状态中。只有在这种状态中，来访者才会自发产生一系列幻想，这些幻想给来访者带来的体验，会影响其意识的过程，进而将幻想中的各种心象组合、构造，创造出一幅内心世界的心理图景，让来访者体验"睁着眼睛做梦"。

具体到实施过程中，安静、自由、安全的空间环境为唤起来访者的积极想象提供了强有力的保障。多种多样的沙具，尽可能涵盖人生活经验的各个方面，为创造符合某种特定原型的情景提供可能，使来访者体验到原型复活的力量。

沙箱的设置使来访者能轻松、自然地将其尽收眼底，将沙箱四周蓝色所代表的天空、沙所代表的大地和沙箱底部蓝色所代表的水(海洋)，融入一幅图景中，体会天、地、海交融的一体感。

来访者触沙的那一刻，沙的流动性、可塑性，使来访者进入到幻想的世界中，开始漫漫的"求心"历程，体会沙盘游戏世界如梦如幻、似梦若真的感受。

来访者在创造其箱庭作品的同时，也在协调着内心世界和外部世界、意识和无意识之间的矛盾。来访者将自己的内心世界外化到箱庭中，其实本身就是在整理自己的思路。他们会有选择性地决定摆什么，不摆什么，先摆什么，后摆什么。整个摆放过程，反映的是来访者的意识和无意识的较量，所摆放的玩具可能正是其无意识原型的一种象征。

三、原型与象征

原型是集体潜意识中形象的总汇，其他各种存在都根据这种原型而成形。它深深地埋在心灵之中，因此，当它们不能在意识中表现时，就会在梦、幻想、幻觉和神经症中以象征的形式表现出来。荣格原型论有出生原型、再生原型、力量原型、英雄原型、骗子原型、上帝原型、魔鬼原型、巨人原型，以及许多自然物原型，如树林原型、太阳原型，还有许多人造物原型，如圆圈原型、武器原型等。荣格说："人生中有多少典型情境就有多少原型，这些经验由于不断重复而被深深地镂刻在我们的心理结构之中。这种镂刻，不是以充满内容的意象形式存在，而是最初作为没有内容的形式存在，它所代表的不过是某种类型的知觉和行为的可能性而已。"原型不同于人生经历过的若干往事所留下的记忆表象，不能被看作在心中已充分形成的明晰的画面。母亲本人的照片，或某一女性的照片，它更像是一张必须通过后天来显影的照相底片。荣格说："在内容方面，原始意象只有当它成为意识到的并因而被意识经验所充满的时候，它才是确定了的。"荣格对人格面具、阿尼玛和阿尼姆斯、阴影、自性等原型给予了特别注意。

原型虽然是集体无意识中彼此分离的结构，它们却可以以某种方式结合起来。例如，英雄原型如果和魔鬼原型结合在一起，其结果就可能是"残酷无情的领袖"这种个人类型。原型能够以各种不同的组合方式来相互作用，因而能够成为造就个体之间人格差异的因素之一。

原型是普遍的，也就是说，每个人都继承着相同的基本原型意象。全世界所有的婴儿都天生具有母亲原型。母亲的这种预先形成了的心象，后来通过现实中的母亲的外貌和举止外现。由于婴儿与母亲的关系在不同的家庭中，甚至在同一家庭的不同子女间都是不同的，所以母亲原型在外现过程中也就立刻出现了个性差异。

原型和情结。原型是情结的核心。原型发挥着类似磁石的作用，它把与它相关的经验吸引到一起，形成一个情结。情结从这些附着的经验中获取了充足的力量之后，可以进入到意识之中。原型只有作为充分形成的情节和核心，才可能在意识和行动中得到表现

象征是原型的外在化显现，原型只能通过象征来表现自己。因为原型隐藏于集体无意识中，它对于人类来说是未知的和不可知的。因此，只有通过对象征、梦、幻想、幻觉、神话、艺术的分析和解释，才能对原型或多或少的有所解释。在荣格看来，象征无论出现在梦中还是白昼的生活之中，它都具有两方面的意义。一方面，象征表达和再现了一种受到挫折的本能冲动、渴望获得满足的欲望；另一方面，象征也是原始本能驱力的转化。荣格的一段话揭

示了其象征理论的本质："象征不是一种用来把人尽皆知的东西加以遮蔽的符号。这不是象征的真实意义。相反，它借助于某种东西的相似，阐述和揭示某种完全属于未知领域的东西，或者某种尚在形成过程中的东西。"这里所说的"某种完全属于未知领域的东西，或者某种尚在形成过程中的东西"其实就是指原型。

分析心理学中的"原型""象征"等理论与沙盘游戏疗法关系密切。在沙盘游戏疗法中，制作者放入沙盘中的沙具，比如老人、小孩或者桥梁、房屋，这些都是原型的象征形式。这些象征除了可以帮助制作者认识和了解自己的集体无意识，还可以激发原型的力量，帮助制作者解决心理问题。

箱庭疗法正是创造了一种人与象征共存于空间的方法，尽管没有意识到，但象征的意义使人焕发生机，体现在整个箱庭的制作过程。非言语性指的是箱庭作为一种游戏，它不需要任何言语的参与，只需要想象与行动。象征性指的是箱庭作品中的种种心象表现了来访者的无意识世界的内容，作品中心象的变化反映的是来访者内心矛盾冲突的发展变化。有时，从最初作品中的心象表现可以判断来访者以后心理变化和整合的趋势。这样，通过一系列箱庭作品，来访者的作品整体印象从混乱走向整合、条理化，说明其心理受压抑的能量得到了疏解，自我的力量变得强大，克服和超越了心理分裂的危机，即为自性实现创造了一个宁静、和谐的心理环境。

作品必须进行整体分析，一些沙具寓意并不是绝对的。例如，一位男性来访者的箱庭中出现的天使形象可能代表阿尼玛原型，也可能代表出生原型，这要结合整个作品所反映的情景和来访者对它的解释来判断。来访者对原型的态度与评价，恰恰反映出他们内心困惑的原型根源。因此，对箱庭作品中原型心象的分析与判断，也就成了心理分析的关键。

四、箱庭疗法中体现的个性化原理

（一）个性化的内涵

个性化是重建人类精神家园的另一策略。"个性化"一词有双重含义：一是成为独特的、独立的个体；二是重建心理的完整与统一。用"个性化"这个术语来表示一种心理过程，经由这一过程，个人逐渐变成一个在心理上"不可分的"，即一个独立的统一体或整体。

个性化是一种与生俱来的先天倾向，它不仅意味着每一个心理系统会分化，不同于别的系统，更重要的是，每一个系统的内部也发生着分化，从单一的结构成为复杂的结构。结构的复杂性意味着一种结构能够以多种方式表现自己。例如，没有获得充分发展的自我只有少而简单的自我意识，当逐渐个性化之后，它的全部自觉行为就大大地展开。个性化了的自我能够在对世界的各种知觉中获得高的鉴别力，能够领会表象与表象的微妙关系，能够深入到种种现象的意义中去。个性化同时意味着心理的分化与整合，它不是一种状态，而是一个过程，需要人们用一生时间去体验和阐释。

（二）相信人的整合趋势

个性化是人的一种与生俱来的先天倾向，也就是说，人体内存在天然的分化力量和整合力量，这两种力量的对抗决定了一个人形成怎样的人格。分化可以使个体独特化，但过度分化可能引起紧张、痛苦、焦虑的体验，导致人格分裂。只有当整合力足够强大时，才可能避免分裂，保证自性的实现。因此，个体总是在不断追求整合。

沙盘中各种形象玩具和沙箱中的沙，可以给来访者提供一定的可能性，使其建立起与自己的内部世界相对应的世界。用这种方式，通过自由的、具有创造性的游戏，使无意识过程得以在三维的图画世界中显现，就像梦的经历一样。通过一系列以这种方式形成的心象，个性化过程就会受到激发，并向着自性实现的目标发展。

箱庭疗法正是以此为基础，相信人的这种整合趋势，让其通过玩具和沙箱来把自己的内心世界外化，意识到可能存在的来自无意识的分裂倾向或非自我部分。既然人有整合的趋势，他就会用意识去指导、转化或改变那些代表分裂和人格中非自我部分的心象。在箱庭制作过程中，来访者一边制作，一边思考，在完成了一系列的箱庭作品后，如果发现作品发展变化的整体趋势是越来越条理化，表明自我意识已变得很强大，足以战胜分裂力量，将非自我意识部分整合到意识自我中，使来访者重新回到个性化的正确道路上来。

（三）个性化理论在箱庭疗法中的体现

个性化理论在箱庭疗法中的体现为相信人的整合趋势、追求自性实现、强调个性化体验——"睁着眼睛做梦"、实现非言语性和象征性的心理超越、建立理想的咨求关系——母子一体性。

五、沙盘游戏使用成效

（一）世界技法

世界技法开始于20世纪20年代的英国，英国儿童心理医生玛格里特·洛温菲尔德首创将沙盘作为心理指导的工具，并提出了相应的理论。她的工作是开创性的。

洛温菲尔德认为，精神分析所强调的移情和解释并非特别重要，游戏本身即使没有解释也能起到指导作用。

儿童心理指导的三个工作目标通过提供安全感，减轻儿童的焦虑；通过象征性的游戏，释放儿童神经症背后所阻碍的情绪能量；通过儿童自己的努力获得内在稳定的框架，帮助儿童处理自己的攻击性冲动和非现实性疑虑。

（二）卡尔夫论指导机制

心灵天生就有自我疗愈的倾向，社会心理指导师的任务就是为这个自然倾向铺路。

沙盘作品所显示的并不是来访者静态的潜意识内容或者某种改变的潜能，而是制作沙盘本身就是一种动态的改变的行为。比如在沙盘中摆放一座小桥，桥所代表的不是来访者有与人沟通的愿望或者潜力，而放桥这个动作代表着来访者处于尝试建立联系的真实体验状态之中，也就是说，来访者此时就是在建立联系。

从青少年咨询成效来讲，对青少年成长中遇到的学习困难、厌学、考试焦虑、阅读和言语障碍、网络依赖、社交障碍、自闭症、多动症、遗尿症、攻击性行为、抑郁、恐惧、焦虑、强迫等各类神经症以及性心理障碍等问题，是一种很有效的沟通和指导方法。

对成人咨询成效来讲，卡尔夫论指导机制深入展示了个人的内心世界，使其了解自己的深层次需要，宣泄消极情绪、释放压力，激发自信心、创造力和自我潜能，改善人际关系，完善人格，提升生命品质。

对家庭咨询成效来讲，卡尔夫论指导机制改善了家庭成员关系，呈现成员的潜意识反馈，促进成员间，尤其是伴侣、亲子间深层次的心灵沟通。

对团体咨询成效来讲，如学生、教师、医护人员、病人、管理人员、销售人员、公务员等，卡尔夫论指导机制可以促进成员交流，提升团队凝聚力，激发团队的工作热情和创造力。

（三）心理指导师的任务

分析心理学的短期目标是解决个体当前的某个心理问题，而长期目标则是使受挫折的原型或情结获得应有的发展，其最关键的是个性的成熟发展——自我实现或个性化，人生充实感的获得。

心理指导可以分为四个阶段：意识化、分析、教育、个性化。和经典弗洛伊德精神分析学派指导时间类似，这些阶段的发展时间可能需要一年以上的指导，有的时间甚至更长。

第二节　个体沙盘游戏的操作方法

个体沙盘游戏是在荣格分析心理学派框架下进行的，主要靠来访者自己的力量在游戏中进行心理治疗的技术。它不是以测验为目的的。个体沙盘游戏的操作最突出的特点，就是在制作沙盘时来访者是自由的、没有制作规则限制的。

一、准备阶段

（一）建立咨询关系

社会心理指导师与来访者必须建立起信任、真诚、接纳的咨询关系，这是心理咨询的起点和基础。在初次会谈时，社会心理指导师可以向来访者进行简单的自我介绍，就咨询的性质、限度、角色、目标以及特殊关系等向对方做出解释。解释的内容包括时间的限制、会谈的次数、保密性、正常的期望等。要建立并保持积极的咨询关系，还需要社会心理指导师掌握一些有效的方法，如尊重、准确的共情和真诚等。

（二）收集资料

收集资料的目的是弄清来访者的问题背景，以便决定从何入手分析他们的问题。资料收集一般包括以下内容：

（1）来访者的基本情况。如姓名、性别、民族、年龄、籍贯、家庭地址、所在学校及班级等。

（2）前来求助的主要问题及要求。包括心理问题及行为问题的表现、产生的时间、对学习和生活的影响、希望得到何种帮助。

（3）来访者的家庭境况。如父母的姓名与职业、文化程度、教育方式、宗教信仰、个性特征、健康状况等。尤其要了解家庭气氛与亲子关系的状况。

（4）来访者在校表现。如在校的学习情况、人际关系及参加集体活动时的表现等。

（5）成长经历。要了解来访者从出生到现在的基本情况，尤其是特殊事件或经历。

（6）身体发育及健康状况。如是否得过大的疾病、是否容易疲劳、是否容易生病、吃饭与睡眠情况等。

（三）分析诊断

社会心理指导师首先要确定来访者是否适合做心理咨询。心理咨询的主要对象是心理正常和有轻微心理疾病的个体，当他们遇到发展、适应、学习、人际交往等方面的问题时，社会心理指导师为他们提供帮助，那些有严重心理障碍和精神异常的学生是不适宜做心理咨询的，应当转介到相应的机构。然后，社会心理指导师要确定来访者问题的类型、形成的原因及深层心理机制。

在此步骤中，社会心理指导师可以借用心理测评问卷等方式对来访者的情况进行深入、细致的检查。社会心理指导师根据所了解的情况和对来访者做出诊断确定是否适合用沙盘游戏对来访者进行治疗。对于用其他方法更容易解决的心理问题自然用其他方法就可以了。上文中，笔者介绍了沙盘游戏的适应证，具体而言，在以下情况下引入沙盘是最合适的时机：

（1）来访者具有焦虑、恐惧等情绪时，沙盘游戏可以很好地用于缓解这些情绪。

（2）来访者年龄较小或者存在语言表达困难，社会心理指导师可以借助沙盘游戏帮助他们表达。

（3）如果来访者对于自己受到的困扰自己也不是很清楚的时候，社会心理指导师可以借助沙盘游戏来帮助来访者澄清自己的问题。

（4）在用其他技术咨询过程中，如果出现以下情况也可以引入沙盘游戏：咨询无法深入；来访者找不到合适的词汇表达自己的想法；来访者被阻塞在某种情感之中；等等。

二、个体沙盘的操作步骤

（一）介绍沙盘游戏

沙盘游戏技术的引入也是需要一定过程的。对于已经比较了解沙盘游戏，或者说不是第一次进行沙盘游戏的来访者，社会心理指导师只要告诉他沙具都放在什么地方，沙盘游戏技术有一些什么样的设置就可以了。而对于那些不是很了解沙盘游戏的来访者，在心理咨询中如果突然引入沙盘游戏，有可能因来访者的不了解，而引起来访者的抗拒。因此，社会心理指导师应向来访者介绍沙盘游戏对解决其心理问题的好处，这样就有可能促成来访者的期待和配合。比如，社会心理指导师可以说，几个类似于他现在情况的案例，通过沙盘游戏，他们的问题得到了很好的解决，建议他也尝试一下。

一旦来访者同意进行沙盘游戏，社会心理指导师就可以详细地向来访者介绍沙盘游戏技术的理论、沙具的放置、沙的作用以及制作过程。社会心理指导师可以让来访者用手触摸一下沙子，也可以移动沙子向来访者进行示范；露出沙箱的底部，向他解释沙箱底部的蓝色看起来像水，而箱子侧面的蓝色看起来像天空。

来访者可以坐着或站着，可以说话、可以沉默、可以向社会心理指导师要求协助等，但是社会心理指导师只是作为一个陪护者见证沙盘游戏的过程，一般不参与沙盘的制作。

第一次做沙盘游戏的时候，社会心理指导师可以告诉来访者：你可以在沙箱内做游戏，并且按照你的意思从沙具架上选择沙具，如果你找不到沙具，可以问我，我会告诉你在哪里找到，或者可以用哪些沙具代替，在制作过程中，我会保持沉默，除非你需要我的帮助。

另外，沙盘游戏室里还要备一桶水，以备当来访者希望用湿沙制作各种沙子造型时使用。

（二）制作沙盘

向来访者介绍完沙盘游戏的有关设置之后，就可以进行沙盘的制作了。制作过程中，社会心理指导师一般要坐在沙箱的侧面，默默关注来访者无意识世界的流露和表达。尽管是不说话的，但是社会心理指导师可以通过目光、身体语言以及偶尔的应答，让自己的无意识与来访者的无意识进行交流对话，帮助来访者的自性显现并逐渐整合自己的心理。

在这个过程中，社会心理指导师要给来访者创造一个自由且安全的环境，让来访者在沙盘制作过程中能体验到回归到童年的感觉，就像在妈妈身边那样安全而受保护，这是沙盘游戏技术中至关重要的。社会心理指导师还要有共情理解的态度，设身处地地体验来访者的心理和情感感受。社会心理指导师要随着来访者的思路，以一种包容的态度对待来访者制作的场景，对来访者无条件的积极关注，而不能在来访者制作沙盘的时候表现得无所事事。社会心理指导师在来访者需要的时候给予帮助，会让来访者感受到被关爱和支持，有利于沙盘游戏的进行。总之，沙盘游戏技术的过程是一个治疗和个人体会的过程，社会心理指导师要做的是传递给求助者信任和支持，而这种传递，不是基于语言或行为的，而是基于心灵的。

在沙盘制作过程中，社会心理指导师还要记录下沙具摆放的顺序以及来访者挑选沙具的顺序和处理方式，注意来访者对哪些沙具排斥或者感兴趣（为了记录方便，可以使用一些预先制作的表格）。在沙盘游戏技术制作的过程中，社会心理指导师还要注意以下细节：

（1）注意来访者接近沙箱、选择沙具以及创作沙盘作品的方式，并做记录。这些信息有助于了解来访者做事的风格，帮助社会心理指导师理解来访者和作品。

（2）注意来访者挑选沙具的属性，如颜色、质地、尺寸、形状和大小。大小比例是否协调可能表明来访者心理的协调性，也可能是突出某个重要事物。

（3）社会心理指导师要注意人物沙具或者对立人物沙具的朝向。他们是否偏离或朝向其他沙具，是否偏离或朝向社会心理指导师或来访者。这些人物的方向有可能表明来访者对待社会心理指导师的态度或者自己与这些人物的互动关系。

（4）注意沙具在沙箱的位置，是高于表面或低于表面，还是被隐藏起来。尤其是被埋藏起来的沙具对于来访者都是具有重要意义的，要么是不敢面对的事物，要么是要珍藏起来的事物。

（5）要注意沙具的分离或者分割，是否构成几个区域。分割成几个区域往往是来访者心理不整合的象征。

（6）记录沙盘制作开始的时间和结束的时间。社会心理指导师要特别注意的是，暂缓（不要试图进行）自己的任何诠释和假设，即便是产生了，也只能在治疗阶段和来访者进行探讨。如果来访者制作得过快，可以帮助来访者进行深入的体验，或者鼓励来访者讲述沙箱中的故事，并认真倾听。时间快到了，可以温和地向来访者提醒。

（三）感受和调整沙盘

（1）用心感受自己所创造的世界。当来访者完成沙盘作品的时候，社会心理指导师应该安排2~5分钟的时间，让来访者静静地感受一下自己的作品，从中获得心灵感悟。社会心理指导师可以告诉来访者："这个世界是你的世界，花一些时间畅游其中，让它接触你的内在。不只用你的眼睛，同时也要用你所有的感官来感受它、探索它，并且了解它。你可以保持沉默，或者分享涌现在你身上的任何状况。"

让来访者感受沙盘作品，实际上是促使其意识与无意识的交流。在这一阶段，社会心理指导师不要对来访者的作品做任何评价，社会心理指导师的任务就是无条件接纳来访者的创作。这时来访者说话，社会心理指导师只需要进行一些反应性的回应。如果来访者表现出情绪反应，社会心理指导师可以引导他感受自己的情绪，比如可以说"这幅作品似乎深深地触碰到了你的心"，而不是进行诠释和建议，也不要提问题。社会心理指导师还可以建议来访者围着沙箱走一下，"从不同的角度看事情或事物，它们看起来就会不同，你可以围绕着沙箱走，并且从侧面、上面看看你的世界"。如果来访者过快地结束本阶段，可以建议他再一次进入自己的内心。

（2）对沙盘作品进行调整。当来访者体验过沙盘作品之后，他们可能希望改变自己的作品，这时社会心理指导师可以说："既然你已经全部体验过了，你可能感觉它就是你希望要的样子，也可能感到有些地方不是自己最想要的样子，想对它进行改变。如果你需要改变的话，你可以移动任何沙具，添加或者移出任何你觉得合适的沙具。"来访者进行调整后，要让他进行重新体验，并对来访者的改变进行记录。

（四）讨论与交流

（1）倾听故事。来访者完成和感受过自己的作品之后，社会心理指导师可以邀请来访者介绍一下其沙盘世界里的故事，以便了解来访者的感受和想法。这时社会心理指导师可以说："你是这个世界的创造者，我对这个世界了解不多，你是否可以带我游览一番，详细向我说明这个世界是如何形成的，并且让我认识这个世界中的人物和沙具。"如果来访者与社会心理指导师之间建立了良好的咨询关系，他可能会滔滔不绝地向社会心理指导师介绍沙盘中的事物和故事，有时还会联想到现实中的一些事情。但是，在咨询关系尚未稳固，来访者还没有充分信任社会心理指导师，或者对自己内心思考不多的时候，面对社会心理指导师的询问，他可能只是一个简单的回顾。这个时候，社会心理指导师要引导来访者详细介绍他所创造的这个世界。如果来访者保持沉默，不想对沙盘作品进行描述，社会心理指导师也必须尊重他的选择，可以说："你想要告诉我这个世界的任何事情吗？或者只想陪它一段时间而不想谈论它？"如果对方表示不想说的话，社会心理指导师就陪伴他一起静默一段时间，来感受沙盘作品。

（2）治疗性介入。社会心理指导师可以以讨论和询问的方式，引导来访者觉察到自己无意识的心理冲突，从而促使来访者实现无意识的意识化。

在治疗阶段，另外一个了解来访者内心的技术，就是让来访者寻找自我像，也就是在沙盘中选择代表来访者的沙具。在进行了一定交流的基础上，社会心理指导师可以问来访者："沙箱之中有你吗，哪个是你啊？"有些来访者的沙盘作品中没有自我像，这有可能是来访者自我比较弱小的表现；有的来访者用植物或动物来代表自己，则可以根据这些沙具的象征意义来了解来访者的性格特征和自我评价。寻找自我像是了解来访者内心的一把钥匙，也是引发来访者思考的很好方法。

（五）为沙盘作品拍照

为来访者拍摄一张沙盘作品的照片，对于来访者来讲是很有纪念价值的。来访者把沙盘游戏作品的照片带回家之后，可以继续从自己的作品中获得感悟，继续受到沙盘游戏技术的影响。因此，沙盘治疗室应配备一部一次性成像的照相机。

（六）结束技术

沙盘游戏技术是来访者进行无意识外显的一个过程，就像睁着眼睛做了一次梦一样，等到"梦"结束的时候，社会心理指导师应该帮助来访者从梦境回到现实。

第三节　团体沙盘游戏的操作方法

团体沙盘游戏技术是指一个团队（4~8人），共同使用一个沙箱和一套沙具，按照一定的规则，进行沙盘游戏。

一、团体沙盘游戏技术的设置

团体沙盘游戏技术的设置与个体沙盘游戏技术在沙具数量、沙箱大小等方面没有区别。相比较个体沙盘游戏技术的设置而言，团体沙盘游戏技术只是需要场地相对大一些，以保证团队能够正常活动。团体沙盘游戏技术之中，最好能配置一台电脑，以便在小组进行讨论的时候，可以对照每一轮的照片进行讨论。

团体沙盘游戏中的沙箱可以改造得更大一些，也可以不必改造。个体沙盘游戏中沙箱的大小为内径73厘米×57厘米×7厘米，比较适合个人视野的范围，使制作者能够较容易把握沙盘中的全局。沙盘有一定的大小，正是表明沙盘游戏技术是有边界的，参与者是要在一定限制内进行。

沙具数量、沙箱大小，都不是沙盘游戏技术的关键，其最关键因素还是社会心理指导师所创造的安全、自由的氛围。

二、团体沙盘游戏的操作步骤

（一）介绍团体沙盘游戏及要求

对于第一次参加团体沙盘游戏的团体，社会心理指导师应向他们介绍团体沙盘游戏的操作要求，让团队成员了解有关规则，使之获得安全感。具体内容包括：团体沙盘游戏的作用、进行团体沙盘游戏的目的和目标，团体沙盘游戏的规则和阶段，以及进行的轮次和时间要求。

团体沙盘游戏中的规则：决定制作顺序，每个人每轮只能做一个动作，制作过程中不得进行任何形式的交流，最后一个人在最后一轮有调整的权利。

（二）共同制作沙盘作品

在制作过程中，社会心理指导师组织成员按照既定的规则进行制作。在这个过程中，社会心理指导师应该注意做到以下几点：

（1）认真做好记录。

（2）为团队创建和保护自由的环境。

（三）团体讨论分享

沙盘制作完成之后，团队成员之间要进行分享和讨论。由于在进行沙盘游戏的过程中，大家都是在静默状态下进行的，彼此之间没有语言的交流，所以在讨论阶段，参与者都很愿意表达自己的感受。在讨论的过程中，一般都是按照制作轮次的顺序进行讨论。主要讨论的问题包括：谈自己摆放每个沙具的意图、对他人摆放沙具的感受等。讨论是团队最好的磨合，在这个过程中，成员之间得以互相了解，并通过分享，获得对自己的更清晰的认识，因此，这个过程也可以促进成员个人成长。

讨论的过程中，社会心理指导师也要注意不要过多卷入，只做必要的记录。如果在讨论过程中，成员之间冲突激烈，社会心理指导师要进行适当的干预。如果其中有成员情绪反应较大，要进行适当关注，引导该成员把内心的想法说出来，促使他和其他成员之间进行沟通；或者在咨询结束后，对其进行个别辅导。另外，社会心理指导师还可以根据自己的观察，组织大家就制作过程中显现的问题进行讨论。但社会心理指导师的干预要慎重，而且要注重方法。社会心理指导师只是引导，而不是做出判断和评价，问题一般应由小组内部进行解决。另外，社会心理指导师在团体沙盘游戏的制作和讨论过程中，要注意自己的情绪反应，要注意保持自己陪伴者、组织者和引导者这个中立的形象，而不应成为参与者，更不应出现袒护某一个人的情况。

（四）商定主题

在小组成员进行了充分讨论，彼此进行了分享之后，小组成员要共同为作品进行命名。这个命名的过程，也是展现团队内部动力和每个成员人格的一个很好的机会。如果团队动力不足或力量不一致，也就是人心不齐的话，起名往往需要很长的时间。团队在讨论沙盘主题、进行命名的时候，大家会保持沉默一段时间，然后有不同的人提出不同的意见，分别又有赞成和反对的意见，如此形成一些小群体。此时，就可以看出团队内部的力量点，为今后的团体沙盘游戏技术提供有价值的信息。

团队成员讨论的沙盘主题名称也很有意义，有的名称是对客观现实的描述，有的则是对团队的期望。比如沙盘作品命名为"快乐的海滩"，但是仔细看这个作品，给人的感觉"海"小了点，甚至一个座大桥就可以横跨南北。不仅如此，这个"海滩"上似乎也不是那么"快乐"，到处都有栅栏的阻隔，人与人之间还有一些冲突。所以这个名字，似乎是大家的希望，而有了希望，就有了前进的动力。

（五）作品拆除

团体沙盘游戏结束后，社会心理指导师可以征求团体成员的意见，如果大家都很愿意拆除，则可以由团体自己拆除作品，并把沙具放回原来的位置；如果有成员流露出不愿意拆除的意愿，则可以等大家离开后由社会心理指导师自己拆除。

三、团体沙盘中的注意事项

（一）团体成员的阻抗

团队里有些成员，因为对沙盘游戏技术不了解，或者不能融入团队，迫于外界压力，不得不进行沙盘游戏技术，就会表现出一定的阻抗。对此，社会心理指导师要予以充分的接纳，在小组讨论的时候，可以鼓励这些成员把自己的想法表达出来，通过讨论的方式促进其自我反思。

（二）团体成员中途退出

因种种原因，团队中会有成员中途退出，社会心理指导师应充分尊重其本人的意见。在成员退出前，社会心理指导师可以对其进行个别心理辅导，了解退出的原因，并建议他把自己的心理感受和退出的原因记录下来，留给团队进行分享。退出的成员，如果重新加入的话，需要全体成员讨论通过方可加入。

（三）吸纳新成员时的调整

当有新成员加入时，社会心理指导师要首先对新成员的情况有所了解，并组织已有的团队成员进行讨论，待大家表示同意接受后，方让新成员加入进来。虽然有了形式上的接纳，但是老成员对新成员心理上的接受是需要过程的。在这个过程中，社会心理指导师要注意观察，并适当进行干预，尽快促进团队的调整。此外，社会心理指导师可以在必要时对新加入成员进行个别心理辅导，直到他能融入群体。

（四）社会心理指导师自身的情感处理

在团体沙盘游戏中，社会心理指导师也会受团队动力的影响，产生一些情绪情感的反应。如果对自己的情感处理不当，会引起团队成员与社会心理指导师之间的冲突。比如，有的社会心理指导师心存偏见，对团队或者某些成员缺乏共情；或者团队所制作的沙盘作品尚未完成，社会心理指导师就提前予以结束。对于这样的情况，社会心理指导师要做自我成长，并通过一定时期的沙盘游戏技术体验，处理好自己的情感。

第十章 团体工作法

■**培训目标**

使社会心理指导师了解团体工作法的作用与功能，明确团体工作的疗效因子与作用原理，掌握团体工作计划制订的基本内容，熟悉团体工作三个阶段的任务与操作要点，熟练掌握团体工作各项技术。

■**培训内容**

团体工作法基础理论

团体工作基本操作

团体游戏技术

■**培训时间**

8学时

■**考核重点**

团体工作基本理论

团队工作的六项功能

团体成员的筛选标准

团体游戏应用需要注意的问题

行为训练的一般步骤

团体活动中讨论的功能

第一节　团体工作法基础理论

团体工作法是指在社会心理指导师的引领下，将多名具有共同需求或相近问题的服务对象组织在一起，在活动过程中通过团体成员之间的互动和经验分享，帮助团体成员改善其心理状态和社会功能的一种方法。

一、团体工作基本形式

团体活动一般由1~2名社会心理指导师主持，8~15名具有相同或不同问题的成员参加；以聚会的方式出现，可每周1次，每次时间1.5~2小时，次数可视具体问题和具体情况而定。在活动期间，团体成员就共同关心的问题进行讨论，观察和分析有关自己和他人的心理与行为反应、情感体验和人际关系，从而使自己的心态和行为得以改善。

二、团体工作基本原则

（一）民主原则

团体成员具有平等权利，可以自由充分地参与小组决策和活动。

（二）互助原则

团体成员应彼此关注，加强互动，建立互助、合作的关系，共同实现目标。

（三）增能原则

帮助团体成员建立自信，协助成员运用自己的能力改善心态，改变自己的生活，并从个人层面的改变，促进群体和社会层面的变化。

（四）个别化原则

适应团体成员的独特性和特别的需求，有针对性地设计干预方案，具体的目标要因人而异。

（五）差别化原则

差别化地对待每个团体，相信每个团体都是独特的。在服务设计中，要根据团体的特定要求设计需要的服务。

三、团体工作基本理论

（一）团体动力理论

（1）团体工作过程是一个充满动力的过程。团体动力理论包括团体工作过程以及这个过程中的各种影响因素及其相互作用。

（2）团体动力理论注重创造民主的气氛，为团体带来积极的动力，带来工作效果。

（3）团体动力促进团体动力的产生，并通过积极的团体力量影响个体的改变。

（二）场域理论

（1）场域理论指出团体成员的每一个行动均受到行动所发生的场域的影响。

（2）场域理论指出在团体工作中要重视此时此地，重视当时环境对成员行为的影响。

（3）场域理论指出要创造一个有利于团体成员成长的场域空间。

（三）符号互动理论

（1）深入地理解团体工作就是一个符号互动的场域，团体成员在这个场域中经过与他人之间的互动而实现社会化和人性化。

（2）促进团体成员在团体活动中的互动和真实的回馈，帮助团体成员感知他人对自己的反映和评价，形成更全面的自我意识、自我形象和自我评价。

（3）通过探讨个人的首属团体以及首属团体中的人际关系对个人目前的人际关系模式及非适应性行为的影响，帮助成员获得更深入的自我觉察。

（四）社会学习理论

（1）团体成员在活动中进行观察、模仿和学习，增加个人的适应行为。

（2）促进团体成员彼此分享经历和经验，以提供丰富的替代强化资源。

（3）强调在学习过程中认知的重要性，肯定团体成员的尊严和能动性。

（五）社会支持网络理论

（1）团体成员面对环境能否适应，最重要的是看其拥有资源的多少。

（2）动员和发展团体中的社会资源，推动团体组员之间彼此支持，从而建立组员和团体的社会支持网络。

（3）通过团体过程提高团体成员发掘社会资源、构建社会支持网络的能力。

四、团体工作基本原理

（一）欧文·亚隆 11 个疗效因子

（1）利他主义。利他主义是指团体成员通过向其他成员提供帮助能提升自己的自尊，使自我价值感进一步增强。

（2）团体凝聚力。团体凝聚力是指团体对成员的吸引力，以及团体成员相互吸引并对团体目标认同的程度。

（3）普同性。普同性是指成员在团体中了解到自己并非唯一有这种问题的人，其他成员也有类似问题及感受，也有和其同样不愉快和糟糕的生活背景，从而使其减轻心理负担和增强安全感。

（4）提高社交技巧。团体给个体提供与其他人接触的机会，成员透过他人分享对他的观感看法而使他更清楚地了解自己问题的本质。

（5）人际学习。团体提供成员机会以一种更能适应的方式和他人交往。

（6）引导指示。引导指示是指社会心理指导师或成员对某一成员提供忠告或建议。

（7）宣泄。宣泄是指成员对过去或当下紧张的情绪释放而达到缓解。

（8）模仿。模仿指的是成员有意向团体中的榜样学习，因而在行为上效仿他。

（9）家庭重现。家庭重现是指在团体中重现某些原生家庭的不良经验而给予矫正重整的机会。团体活动使成员重新经历并了解其在家庭中的成长过程，帮助其理解过去对父母、兄弟、姐妹或其他重要人物的未了情结。

（10）希望灌注。希望灌注是指目睹其他成员的成长对成员会有所启示，明晰其他成员解决了和自身类似的问题；由此自身会有所鼓励，对团体能帮助自己充满希望。

（11）存在意识因子。存在意识因子是指成员最终要接受自己必须为自己的生命负责的事实。

（二）特殊作用原理

（1）团体氛围原理。团体氛围与库尔特·勒温在团体中提出的"场"概念是一致的，即在面对团体的情境中，成员所表现出来的占优势的感情与态度，主要包括心境、精神体验、情绪波动、彼此间的关系、对待工作的态度以及对周围事物的态度等。

（2）多种技术协同、叠加原理。任何一种心理技术只是从某一个角度去认识和干预心理问题，不同的心理问题需要用不同的心理技术，同一种心理问题、不同的案主也需要选用不同的心理技术。因为，不同的技术发挥作用的侧重点是不同的。

在团体工作实践中，把多种技术整合在一起，并在时间上连续实施，共同指向同一个目标，从而实现不同技术之间的协同和相加效应，提高团体工作的效果。

（3）"事件"相互作用原理。团体心理治疗利用音乐、灯光、道具以及人物，制造"事件"，克制"相对应的情绪"，以消除或减轻不良心理和行为。

（4）观察学习原理。观察学习是指团体成员通过观察其他成员的行为和结果，经过学习、加工、辨析、内化，形成某种新的行为的一种学习方法。观察学习是帮助成员改变不良习惯和学习良好行为的有效途径。

五、团体工作基本功能

（一）团体工作作用

团体工作作用包括：

（1）模拟现实生活场景。

（2）减少孤独感、压力感。

（3）感受互助与互利。

（4）获得归属感。

（5）接触多样化观点和获得不同的反馈。

（6）观察学习其他人的行为等。

（二）团体工作的六项功能

（1）教育功能。团体辅导的过程经常被认为是通过成员相互作用，协助成员增进自我了解、自我抉择、自我发展，进而自我实现的一个学习过程。团体教育功能有助于培养成员的社会性，使其有效地学习社会规范，形成适应社会生活的态度与习惯，以及互相尊重、互相了解、少数服从多数的民主作风，促进成员人格的全面发展。

（2）预防功能。预防功能是团体工作的最大优势。而团体工作可以发挥预防功能，因为团体工作的目标不一定是解决成员存在的某一个心理问题，可能是成员将要面对的心理问题，如新环境适应、恋爱问题等。而这种团体工作可以预防心理问题的发生或减少心理问题发生的概率。

（3）宣泄功能。"宣泄"是团体工作最基本的功能。宣泄是指把情绪通过疏导而释放出去，"宣"为疏导，"泄"为放出，即在团体环境中，成员通过心身体能的释放与疏导，减轻和消除积压已久的内心压力，使内心感到由衷的舒畅。与个案工作法相比，团体工作法在宣泄功能上具有更多的优势。团体提供了一个安全的环境，有利于宣泄；团体中可采用多种不同的宣泄方法。

（4）矫治功能。团体工作的矫治是指减轻或消除具有自我挫败行为成员的心理问题或障碍，即帮助那些某些方面不正常、病态或有严重情绪障碍的成员。团体矫治的重点应该放在问题成员的人格动力和心理发展上，通过多种技术如行为疗法、催眠疗法、认知疗法等，改变人格结构或给予再教育。

（5）唤醒功能。唤醒是指个体受到刺激而产生的感知觉的反应，即一种警觉状态。唤醒可分为生理唤醒与心理唤醒。生理唤醒是指生理的激活或自主性反应，它伴随情绪与情感发生时的生理反应，涉及一系列生理活动过程，如神经系统、循环系统、内外分泌系统等活动。心理唤醒是个体对自己身心激活状态的一种主观体验和认知评价，我们这里讲的是心理唤醒。

（6）发展功能。心理指导的目的在于挖掘个人的潜力，帮助个人实现自身发展。团体工作通过社会心理指导师给予来访者启发和引导，促进来访者对自我的了解与接纳，学习人际关系技巧，养成积极应对问题的态度，挖掘个体内在的潜能，树立克服困难的信心，促进心理良好发展，培养健全的人格。

第二节　团体工作基本操作

一、基本概念

结构式团体与非结构式团体。结构式团体是指事先做了充分的计划和准备，安排有固定程序活动，让成员来实施活动的团体。非结构式团体是不安排有程序的固定活动，对成员实施心理干预的团体。

开放式团体与封闭式团体。开放式团体是指团员不固定，不断更换，新成员有兴趣可以随时加入的团体。封闭式团体是指从第一次聚会到最后一次活动，团体成员保持不变。

同质式团体与异质式团体。同质式团体中，成员本身的条件或问题具有相似性。异质式团体中，成员自身的条件或问题差异大，情况比较复杂，如年龄、经验、地位极不相同。

依赖期。在这一时期，成员观望、揣测社会心理指导师的意思；整个团体处于不确定状态，缺乏结构、没有议题，只有个人目标而无团体目标；成员想表现出最佳行为，表面上试着给建议、协助别人，而自己则小心翼翼、不愿冒险。

冲突期。在这一时期，成员对社会心理指导师失望；成员间存在冲突与竞争，会有挫败感与愤怒情绪；成员会表露负面情绪，试探团体是否值得信任。这种士气低落及失望是团体必须付出的代价，是迈向成熟、健全团体的必经之路。

亲密期。在这一时期，成员对社会心理指导师有了更符合现实的看法，不认为他是万能的；成员间的冲突消失，相互靠拢取代相互排斥（如我能否跟其他人更亲密靠近）；团体表现出信任、分享（分担）以及自我揭露。此时所表达出来的负面情绪是在互相了解的基础上、在充满支持力量架构的脉络中产生的。

追踪。追踪是指团体工作结束后的一段时间内，持续与成员保持联系，督促成员按照计划去执行。追踪的方法要根据实际情况选择，目前主要有以下几种追踪方法：电话追踪、微信群追踪、定期聚会追踪、QQ群追踪。

二、团体工作准备

（一）成员筛选

（1）有动机或愿望。成员有参与团体的动机和愿望是最为重要的筛选标准。

（2）自我观察能力。对自我的观察、分析和领悟是团体工作发挥作用的基本条件。

（3）基本语言交流能力。参与团体的成员必须要有基本语言交流能力，能在团体工作时并与其他成员共同讨论问题，交流看法。

（4）同质性。团体工作主要是解决团体成员共同存在的问题。如果团体成员所要解决的问题各不相同，难以找到共性，团体工作计划也无法制订。

（5）存在下列疾病的人不适合参加团体：脑器质性病变；偏执型人格障碍；疑病症；药物或酒精依赖；急性精神疾病；反社会人格障碍。

（二）确定目标

团体工作目标分为总目标和具体目标。

（1）团体工作的总目标确定要综合考虑多种因素，要根据问题的性质和严重程度的不同，确定团体工作目标的层次或大小。

（2）具体目标是在总目标的基础上确定的，总体目标是通过不同的具体目标实现的。在对主要问题分析的基础上，明确总体目标，然后再根据影响因素的分析，确定具体目标。

（三）团体规模与周期

团体规模的大小不仅影响团体工作的效率，同时也会影响团体工作的效果。团体工作实践经验表明，8~15人的团体比较容易操作，人际间交流、互动效果较好，团体氛围融洽。

三、团体工作计划

（一）计划构成

科学、有效的计划是保证团体工作效果的前提。一般来说，成员产生某种心理问题的因素是多元的，不同的影响因素形成不同的模块，多个不同的模块形成团体计划。因此，干预模块就成为团体工作计划的核心。

（二）影响因素

团体工作计划主要由产生问题的主要因素构成。因此，首先要分析产生问题的诸多影响因素，研究与确定主要影响因素，选择可在团体工作干预的影响因素。

（三）技术选择

（1）技术选择的原则：符合心理学理论的原则；适合心理问题种类和严重程度的原则；匹配社会工作者的原则；适应成员的原则。

（2）技术整合的要点：动静结合，先静后动；多感官结合，多理论同用；目标一致，讨论分享。

（3）注意事项。增加挫折经验要循序渐进、因人而异。量的积累才可引发质的变化。

（四）常见问题

常见问题有：

（1）计划缺乏针对性。

（2）分享和讨论的时间不足。

（3）练习时间过早、过多。

（4）破冰时间过长。

（5）计划缺乏灵活性等。

四、团体工作的实施

团体工作的实施一般可以分为三个时期：团体工作初期、团体工作中期和团体工作结束期。

（一）团体工作初期

团体工作初期的主要任务是组建团队、相互认识、确立规范、消除隔阂，为后续团体工作的顺利开展奠定基础。

（二）团体工作中期

在团体工作初期结束之后，接着进入团体工作中期，即运作期。运作期才是团体工作的真正开始，是团体工作的核心。

（1）运作期的策略。在团体工作运作期，又可以分为运作前期和运作后期两个部分。在运作前期的安排上，可先选择一些轻松、愉悦的放松活动。行为疗法或行为训练、特殊体验型团体活动，则可以放在运作后期进行。

（2）干预模块操作顺序。在团体工作中期，干预模块开展是有秩序的，即有先有后。一般来说有以下几个原则。一是先易后难原则。先开展活动相对轻松、内容相对简单的主题。二是遵循内在联系原则。心理问题的影响因素之间有的是相互作用、相互联系的。三是综合考虑原则。焦点的实施顺序需要综合考虑多种因素，除了先易后难和遵循内在联系原则外，团体领导者对技术熟悉的程度以及成员的状态，也是要考虑的。

（3）模块中技术操作顺序。干预模块中诸多技术的操作顺序应遵循以下原则。一是先安静后活动原则，即先选择那些不需要身体参与的技术，如音乐和视频等，后选择舞蹈、心理剧、行为练习等。二是先简单后烦琐原则，即先选择那些相对简单的技术，后选择相对复杂的技术。三是先表浅后深入原则。同样是体验性团体活动，有的活动成员卷入比较表浅，有的活动成员卷入比较深入。四是先视频（或图片）后行为（或活动）原则。在行为或活动前，先实施一些视频或图片技术，有利于随后行为或活动的开展。

（三）团体工作结束期

（1）结束环节的目标。结束环节的目标包括回顾经历、分享感受、总结收获、叙述友情、交流计划、强化效果。

（2）结束环节的时间。结束环节的时间是指团体工作结束时间的长短取决于团体成员人数的多少、团体会期的长短、成员卷入的深浅等因素，并与这些因素成正相关，即团体成员人数越多、团体会期越长、成员卷入的越深，结束所花的时间就越长。一般来说，一个持续 1~2 小时会期的团体，结束的时间在 20~30 分钟；6~8 小时会期的团体，结束的时间在 40~60 分钟。

（3）结束环节的具体操作。回顾历程，分享感受；总结收获，发表感言；梳理目标，制订计划；相互勉励，给予祝愿；发放表格，评估效果；营造温馨，冲淡伤感。

第三节　团体游戏技术

心理剧是一种通过舞台剧的形式，让来访者扮演剧中某一角色，并体会角色的情感与思想，从而改变自己以前的行为习惯、完成内心感情的宣泄、获得解决内心问题的治疗方法。

行为训练是指以行为学习理论为指导，通过特定程序，学习并强化适应的行为，纠正并消除不适应行为的一种心理咨询与治疗方法。

讨论是指团体成员对一个话题发表自己的看法、表达自己的情绪、分享自己的感受。在讨论中，成员的思想会发生相互影响和碰撞，并通过他人分享，修订自己的看法。

音乐语言引导技术是指在特定的背景音乐的基础上，随着音乐的节奏和旋律，配合一定的语言引导。

一、心理游戏

游戏及表达性活动可以有效克服个案的抗拒。儿童一般不会主动说要接受心理治疗，而且并非所有团体或个别个案都那么热衷于接受治疗。由于不带有威胁性同时又有吸引力，表达性活动比较能吸引非自愿或抗拒的个案。

（一）游戏的特征

游戏的特征：娱乐性强、参与性高；方便快捷、花费不多；多种功效、适应性强；信息外显、信息隐蔽。

（二）游戏的作用

游戏的作用：消除隔阂，拉近距离；启发思考，产生顿悟；参与体验，加深理解；寓教于乐，身心放松；增强能力，适应社会。

（三）团体游戏应用注意事项

团体游戏应用注意事项：使用要适度；要考虑年龄和文化差异；要与干预模块目标相匹配；游戏结束后需要讨论，对成员的分享进行点评。

二、心理剧与行为训练

（一）心理剧技术

心理剧技术有角色扮演、角色互换、替身技术、空椅子技术、镜像技术、独白、未来投射。

（二）行为训练原则

行为训练原则包括由易到难、提供示范、及时强化。

（三）行为训练步骤

行为训练步骤分为情境的选择与描述、确定训练目标、团体讨论、示范、正式训练、综合评估。

三、音乐活动

（一）音乐语言引导技术的作用

（1）营造一个特殊的环境氛围。

（2）输入与传递特定的信息。

（3）引导成员产生特定方向的想象与回忆。

（4）引导成员进入催眠状态。

（5）引导成员进入放松状态。

（二）音乐活动中的注意事项

（1）音乐的选择。同质先行原则，即选择与所要引导情绪，或成员当下相同或相类似情绪的音乐。循序渐进原则，即音乐的选择要循序渐进，即根据成员心理变化与发展的特点，选择不同程度的音乐逐个播放。组合协调原则，即选择多种不同的音乐进行组合播放，提高咨询效果。

（2）语言引导之前音乐的铺垫。

（3）诱导语的编制与表达。

（三）讨论的功能

讨论之所以被广泛应用在团体工作过程中，是因为讨论具有重要的功能。

（1）自我认知功能；（2）舆论导向功能；（3）产生顿悟功能；（4）表达宣泄功能。

第十一章

社会心理指导师个人成长

■培训目标

学习提升心理软实力的方法，掌握和应用个人成长的基本方式和原理。

■培训内容

心理能力成长

成长方式

■培训时间

4学时

■考核重点

心理软实力的重点品质

个人成长方式

第一节　心理能力成长

社会心理指导师为了更好地胜任该项工作，需进行至少每两周一次个人成长，或一个月一次团体小组成长；通过督导师陪伴，突破内心困扰，提升专业能力；发掘与增强自身爱的能力、希望重塑、积极关注和无条件接纳四种能力。

在社区工作中，社会心理指导师将爱的能力、希望重塑、积极关注和无条件接纳蕴含在工作技术的使用中，帮助社区居民理解和发展这四项重要品质，以建立和谐、健康的美好生活。

一、爱的能力概述

（一）爱的内在动力

爱，是指人类主动给予的或自觉期待的满足感和幸福感。爱的本质特点是无条件地给予，而非索取。

爱是原始生命力，它推动人与所爱的人或物相联系，结为一体。爱能创造和谐的关系，爱的损伤也能造成人际间的仇恨和冲突。关注、修复、创造爱的体验，是促进人的内在发展动力。弗洛姆认为，爱的能力与人的成熟程度相关，需要身心投入。爱需要保持自我的核心性。如果不努力发展自己的全部人格，并以此达到一种创造倾向性，那么每种爱的尝试都会失败；如果不能谦恭地、勇敢地、真诚地和有规则地爱他人，那么人们在爱的生活中永远得不到满足。尽管达成这个目标有难度，但是我们可以寻找造成这一困难的原因和了解克服困难的条件，以进行积极建设。

爱的关系有很多种，包括亲子之爱、兄弟姐妹之爱、朋友之爱以及恋人之爱等。我们这里说的爱，是大爱，是所有爱的集合，包括所有爱，又高于所有爱，包含所有爱的美好特质，比如尊重、平等、欣赏、忠诚、接纳等。

（二）爱的能力

爱的能力指对爱的感知、认知以及给予和接受的能力。爱的能力包括自我关爱和关爱他人。

自我关爱是当自己感到恐惧、无助、挫败时，放下自责，陪伴自己面对和感受糟糕的情绪体验，它是让生命强大的唯一方式。

自我关爱也指在自我世界里能够欣赏自己、喜爱自己，满意自己对待别人的方式。如果没有对自己的欣赏和喜爱，我们就无法接受来自别人对我们的欣赏、尊重和喜爱。自爱为尊重自己的完整性和独特性。

关爱他人是指主动或自觉地以自己或其他方式，珍重、呵护或满足他人无法独立实现的某种人性需求。关爱他人不意味着为对方牺牲，而是使对方焕发生命的活力。自我关爱是关爱他人的先决条件。

（三）爱的阻碍

阻碍爱与被爱的因素是对爱的恐惧、低价值感和对爱的理想化。对爱的恐惧，常常与被孤立的体验相连，由于害怕被孤立，从而回避爱，导致感知爱、表达爱的能力变得迟钝。低价值感，指自我评价低，并且自己深信此评价；担心与他人太亲近，会被他人看到自己"真实"的样子；怀疑来自别人的积极评价，难以相信别人是真的重视自己。对爱的理想化，是指追求爱的完美化、永恒不变，在二元对立中，划分真假、是非、好坏。其中，低价值感是阻碍我们爱别人和接受别人的爱的最大障碍。

（四）爱的区别

关爱自己不是以自我为一切的中心，将自己置于其他人之上，夸大自己的重要性。

爱不等同于同情。爱涵盖了同情中有益他人的成分，又不完全与同情相同。以同情为出发点进行工作，效果并不好。案例显示，以同情心为爱，一开始来访者为自己的痛苦找到了依靠而欣喜，以为与社会心理指导师建立了看似良好的关系。但随着工作发展下去，社会心理指导师就会发现，来访者的生活并没有获得根本性的改善，而且自己好像在承担来访者重建人生的重任。

同情是一种拯救他人脱离痛苦的欲望，这种欲望如果与个人的情结相关，那么工作的重点就变成了满足社会心理指导师，它不在社区居民的世界，所以它们继续无视建设自己生活的力量。

对于生命的同情是大爱，与个人的欲望无关，所以影响深远。同样是拯救他人脱离痛苦，它们看见了生命的平等与伟大，这种大爱是无私的付出、分享与关怀，饱含敬意。如果我们把刚出生的婴儿，对母亲的信任、依恋放大，即有这种效果。母亲第一次怀抱婴儿时惊奇于生命的神奇，仿佛托着全世界，愿意付出无条件的滋养与爱护，并且感觉到自己生命的完整，爱这个婴儿如同爱自己一样。

（五）爱的世界

社会心理指导师要自我关爱。首先，要明确自己的工作能力及其边界，在分辨和筛查出转介对象后，及时转介。其次，根据工作强度、工作时间等因素，合理安排个案工作量。最后，危急事件突发时，及时寻求警力和医生帮助，积极配合其工作。

二、希望重塑

（一）希望重塑概念

希望是个体心中期待达到的某种目的或出现的某种情况，是心中最真切的盼望和想法。希望的存在使人们有向前奋斗的动力，能够帮助人们努力尝试提升生活品质。在人成长的每一个阶段都有应完成的任务，都包含着希望的基础力量，即信任自己可发展的信念。

希望重塑指当灾难不可避免时，人们尽可能保持清醒的头脑，尽快接受现实，寻找和开启对生命的新期待。新期待犹如孕育生命的种子，可以随处发芽，只要抱有希望，生命就不会枯竭。希望重塑为真诚面对失去提供分享机会。

（二）希望的特点

希望不仅仅是一种认知防御机制，希望本质上是一种互相促进与转化的积极信念和积极情绪。

（1）朝向未来。希望可以将人们过去充满爱与情感的回忆与情感折射向未来，拥有希望，可以有效面对恐惧，超越死亡。

（2）苦难越深重，希望的力量就越强大。社会心理指导师在接待一些重病患者的家属时会发现，如果发现患者病情好转、有痊愈的希望，家属会特别惊喜、感恩；如果发现患者所余时日无多，家属会特别地绝望和痛苦。后现代主义心理咨询技术以建设取向为主，可以更为直接地启动人们心中关于希望的智慧和力量，在黑暗中寻找光明。

（3）具有感染力。我们无法给别人我们的希望，但是我们可以与他人分享我们的希望。这在团体活动中，是非常重要的作用因素，激发集体的智慧和力量引出希望。希望是发自内心感觉到我们对某人很重要，而且意识到一定能够克服某个难题。

（4）幻想和希望容易被混淆。当幻想泛指想象时，幻想也具有某种感染力，其中起作用的部分与希望相同，即指向未来的信念，坚信所有的苦难都会过去，坚信明天会更好。幻想可以带来部分安慰剂的作用。比如抑郁状态的女青年，通过观看偶像剧，幻想自己很快就会遭遇一段完美的邂逅，使自己有力气继续工作。当幻想尊于原意，指虚而不实的思想时，意味着从未发生过的事情和未来也不可能发生的事情，解决真实问题的可行性近乎为零，幻想就不具有希望的力量。

（5）希望与意义二者共同发生作用，支持生命的存有和发展。很多来访者在做完心理辅导后，会惊喜地发现自己内心的一些真实想法。比如，某位刚退休的会计，发现自己非常喜欢户外活动。虽然不再年轻，但是可以通过积极的健身使身体恢复到适合做户外活动的状态，自己还有可能去攀登几座向往已久的名山大川。经过详细计划和下定决心，这名来访者重拾生活的热情，不再为退休后空虚的状态而苦恼。

希望与意义是重要的动力。希望意味着我们有自主选择如何应对不同处境的自由，我们无法控制生命中会发生什么，但我们可以控制面对这些事情时自己的情绪和行动。这对社会心理指导师帮助困境与迷茫中的人们，有参考价值。我们在督导社区心理指导工作时，要善于发现来访者心中的希望与其个人独特的意义。如果做到了这一点，社会心理指导师便不会失去对任何一个人的希望。这种信任的力量也是支持社会心理指导师工作的重要资源。

（三）希望重塑路径

面对现实，对未来抱有美好期待，积极发掘美好生活的可行性并实践运作；在克服困难的经验中发现希望的力量，并运用在当下的生活中；在较为稳定的团体中找到自己的位置，获得归属感，并接受其他成员的支持、鼓励；积极探索生命的意义，获得正向的使命感。

三、积极关注

积极关注是指社会心理指导师在工作过程中，对来访者的言语和行为给予积极、光明、正性的关注，从而使来访者恢复及建立积极正向的价值观，激发改变自己的内在动力。

（一）关注行为

关注行为是指根据个人和文化的背景做出适当的目光接触、身体语言、语音特点和言语跟随。

关注行为以非言语为主。当言语与非言语信息相矛盾时，来访者通常会相信非言语信息。比如，当来访者提及自己刚刚被短信诈骗损失了一笔钱时，社会心理指导师先是笑出声，然后表达的语言是安慰的，那么，社区居民的内心的糟糕体验是不会有改善的。又如，一名羞涩的孩子诉说自己做了一个礼物送给了妈妈，妈妈很开心，这时社会心理指导师给了孩子一个大大的微笑，并告诉他：孩子，你真棒！这个真诚的笑容会让孩子心中感受到自己真的很棒。因此，社会心理指导师在与来访者沟通时，要觉察和有效运用这些非言语信息。如果社会心理指导师在语音、外表和行为上表现出不关注来访者，就不会有多少人来寻求帮助和建议。大多数来访者如果认为社会心理指导师没有在听他们说话，就不会再来了。

（二）积极关注

积极关注行为通常会打开沟通之门并鼓励自由表达。相反，消极关注行为会关闭沟通之门或抑制表达。社会心理指导师对来访者的注意方式必须根据来访者的个人需要、个性风格和家庭、文化背景而有调整和变化。

积极关注是资源取向，消极关注是问题取向。常常带着扭曲认知、消极行为模式、负性情绪的来访者十分需要积极关注，在认知、行为、情绪互相影响的循环中，他们长期体验消极的一面。积极关注就是帮助来访者辩证、客观地看待自己。积极关注对于人格发展的意义如同水之于植物，必不可少。

（三）热情关注

积极关注不等于忽视问题和回避问题。社会心理指导师要能够准确地说出来访者积极、光明的特点和表现，还要对此关注点与来访者寻求探索的问题进行匹配。如果积极关注引发的思考及力量不足以解决当下的实际需求，还要客观地引导来访者深入、全面地认识问题，寻求发展。积极关注不等于追求夸大优势与长处，无中生有。

积极关注不是具体的心理辅导技术，而是关注人心理健康全面发展的态度，应该贯穿助人工作的始终，变成一种本能。这种本能，可以通过训练得以实现。

四、无条件接纳

（一）全然接纳

无条件接纳，是指没有制约事物的存在和发展的外部因素，允许自己或对方以客体本来的样子存在于心中，所有特质全然接纳。

无条件接纳自己和他人，是指不会为自己或他人的缺点所困扰而感到内疚与惴惴不安，能坦然地接纳自己的现状，包括自己的需要、能力和愿望，能真诚对待自己的情感，坦诚面对内心感受，同样也能宽容地对待他人的缺点和不足，从容生活。

（二）条件价值

无论来访者是否符合个人或者社会评价的某种"价值"，社会心理指导师都要对来访者本人整体予以重视。在这个过程中，来访者消极的、自我挫败的自我循环即被打破了。比如，某位烟瘾严重的父亲在团体活动中发现，自己并不会因为工资水平较低就失去了价值，自己在很多方面可以给孩子支持，成为孩子心中重要的榜样。活动之后，这名父亲的吸烟量从每天两包烟，减少至每天一包烟。

能否接纳自己，常常与一个人的自尊水平相关。自尊通常根据两个主要目标来评价包括评价人的生命、人的个性、人的本质以及人的整体。这两个目标，一是所做的事情是否有效，是否取得了成功，包括学业、工作和生活；二是努力的目标能否使自己和他人融洽相处，并且获得他人的认可。简而言之，自尊的必要条件是自信以及自我认可。其中，评价发挥着心理的组织和判断功能。

（三）自我评价

自我评价总是高人一等或者低人一等的人，在比较中会强迫自己在"好坏"上与他人竞争，并且不断产生嫉妒、猜忌或者高人一等的感觉，一旦高人一等的感觉被冲击，内心就会发生低人一等的羞耻感。这种思想和感觉很容易导致个体与内在的冲突、个体与外在的冲突、群体之间的冲突，关爱、合作以及友爱被挤压、忽略。

自我评价是人内心的自然组成部分，是天性和所受教育使然。我们应当停止过度评价。因为一个人比另一个人更好或者更差会给人的心理带来冲击和伤害，评判自己不够好，往往伴随着自我惩罚。解决的方法是，我们只对某件事做评价，而不把这件事和人的整体相等同，不对人的整体及其价值做评价。通过有意识地降低评判自己带来的影响，恢复了正常平衡的自尊水平，即在体验无条件接纳自己。

（四）保持好奇

有时我们无法对某个人或者某件事产生接纳，不妨觉察一下自己的情绪，对自己和来访者保持开放和好奇。自问还有什么是自己不知道的。对心理指导工作保持好奇的态度，探寻自己如何更好地理解和帮助来访者。

好奇心和窥探欲不同，两者都是内在发生的对人的关注，不同之处在于边界和满足感。好奇心出自了解的兴趣，可满足，可不满足，可以帮助人们积极良好地建立对外的联结；窥探欲出自对某种心理欲求的满足，带有补偿功能，有时隐秘而不可控，常常突破他人边界。

无条件接纳不是绝对化要求，许多人无法做到无条件接纳自己和无条件接纳他人。绝大部分人仍然会为自己犯下的错误和过失惩罚自己，并且严厉指责其他人犯下的错误和过失，其严厉程度远远超出了反省已过需要的合适程度。

社会心理指导师在突破自我制约过程中，人格品质也在不知不觉中得到转化。心理软实力四个主要品质是由内而外散发出来的精神力量，在成长中释放光芒。

第二节　成长方式

社会心理指导师的个人成长发展的是晶体智力。在成人阶段，流体智力开始下降，呈现衰退的趋势，而晶体智力的发展一直保持相对稳定的发展趋势，并且随着经验和知识的积累，在成年期以后，可呈上升趋势。这是社会心理指导师工作生涯可进行阶梯式发展的重要基础。

一、个体督导

个体督导是指督导师对社会心理指导师一对一的指导。通过督导，社会心理指导师被压抑的情绪得以释放疏泄，并增加对自我或情境的了解，增强自信心与主动性，学会自己做出判断和决定，使人格得到成长。

通常情况下，个体督导1~2周进行一次，每次0.5~1小时。

（一）人格成长

个体督导是社会心理指导师成长的必选方式。心理指导师工作中最大的资源是工作者本人的人格完整性。正人者先正己，助人者先自助。我们用什么样的态度和方法来帮助自己，来访者就获得多大的帮助。我们在探索自己和人性的路上走多远，我们就可以带着来访者走多远。比如，一名社会心理指导师对厌学儿童有价值评判，认为他们浪费父母的辛勤培养，并积极对该儿童施加努力学习的压力，这样不会对该儿童的身心发展有任何帮助。

（二）情感维护

社会心理指导师需要平衡内在状态，防止自我情感卷入、输出。人的内心如同世界上最复杂精密的仪器，需要清洁和保养。社会心理指导师的工作面向民众，有时就像将自己的这台仪器放置在尘土飞扬的环境中，为保证继续使用，内外都要清洁和保养。比如，在一次组织癌症家属互助小组工作中，社会心理指导师感染、沉浸和承受了巨大的哀伤和死亡恐惧，在个人代谢能力有限的情况下，必须寻求督导师的帮助。

社会心理指导师保持积极的心理能量和中立、平等、自爱的态度，可以在实践中充分习得相关经验。社会心理指导师对人性的理解和关爱、对生活的热爱和希望、积极关注与无条件接纳等优秀品质，是滋养来访者最好的温床。

社会心理指导师在心理工作中，用自己学习的技术理论来做解释和指导，也会加入个人的人生经验和心得。能否尊重和接纳来访者，其内心世界是否充满了理解、关心和支持都是重要的。

（三）督导师匹配

如何寻找督导师，可以从以下几个方面考虑。

性别。客体关系取向认为，不同性别的督导师可以帮助社会心理指导师面对和解决不同领域的问题，无法彼此替换。

年龄不能代表一个人的心理成熟度，督导师的心理成熟度更重要。

受训背景。不强调督导师必须具备某种受训背景，但是能对他人做个人体验，自己首先必须有充分的个人经验，必须就某种心理理论有深入的理解。

文化背景。相同文化背景的督导师可以更容易理解来访者的认知、情感、行为，不同文化背景的督导师更容易看到来访者文化背景对其的影响和思维盲点。

社会心理指导师是否匹配。前五次的个人体验中，如果出现某种负性情感体验，在督导过程中得到了理解和转化，即可视为工作是有效的、匹配的；如果持续出现某种负性情感体验，没有被理解和得到转化，并且对生活有部分影响，那么建议更换督导师。

（四）个案督导

个体督导和个案督导不同，个体督导以心理问题解决、人格成长为主，个案督导以案例为主。个体督导侧重于深入探索内心世界和行为，建立二元关系。在个体心理指导中，我们会面对一些不确定性，无法马上进行定义和解读。一些困惑难解的点，需要长时间的陪伴体验进行转化。某些问题可以通过短程完成，而某些人格层面的转变则需要长程的指导。短程指导指的是5次以内的指导体验，长程指导指的是10次以上的指导体验。

无论是短程指导还是长程指导，无论何种技术手段，都无法保证完全解决一个人的问题，也不见得可以调整一个人的人格结构。但是，我们可以让社会心理指导师多方面看到自己的问题，了解问题出现的原因，使社会心理指导师动用自己的力量和资源来进行再选择和分配。

二、工作实践

实践是认识的基础和来源，也是认识发展的动力和目的。认识是指导实践、为实践服务的过程，即是识价值的实现过程。社会心理指导师的工作有效性源自大量工作经验的积累。

（一）积累经验

社会心理指导师需要累积大量的工作经验。在经过努力工作实践之后，社会心理指导师各项工作胜任力可以得到不同程度的增长。比如，关于社区心理服务项目的开发和管理，初级社会心理指导师在深入了解所服务社区的特点、做了大量心理指导工作之后，提出的方案会更贴合该社区居民的根本需求和适应形式。某社区流动工作人口居多、年龄偏青年化，非结构式的团体成长活动广受好评，每周一次的团体活动持续了数十次，社会心理指导师成功帮助社区居民增强了集体凝聚力，吸引激励社区居民积极练习减压方法，对情绪问题做到了有效预防。在自我探索提升与督导师督导下，社会心理指导师本身带领团体的能力大幅度地增长，人文关怀能力有了质的变化。

（二）价值选择

主动思考和选择人生的意义和目标，是成长的重要组成部分。我们生活在一个飞速发展的社会中，当原来的人生观、价值观和世界观不足以为我们当下的生活提供意义和指引时，我们要更新创建新的信念，以积极参与改变我们生存的世界，让工作和生活变得更加美好。

（1）工作动机。即选择工作的决定性因素，如兴趣、个性特点、社会与经济背景等。

（2）工作态度。考虑积极的和消极的、建设的和破坏性的变化发展。

（3）工作价值观。希望自己在职业生涯中获得何种成就。获得个人身份不代表恒定于一种思维和行动方式，发展变化是必然规律。工作初期，工作可能被当成谋生手段；在稳定期，我们探索到了某种人生价值或特殊的使命感。例如：有的社会心理指导师发现自己特别喜欢幼儿园的小孩子，就立志于钻研儿童发展心理学；有的社会心理指导师发现了自己讲课的天赋，就热衷于进社区、进学校进行主题知识授课。生活在热情和目标里，平凡的人生就有了不平凡的意义。

（三）成长关系

成长的实践还在于关系中的有效沟通与关系的发展。如果社会心理指导师对大多数关系中的有效沟通很满意，即说明了成长的有效性。关系分为很多种，父母与孩子的关系、兄弟姐妹的关系、朋友的关系、爱人的关系、同事的关系等。人有社会属性，无论选择何种生活方式，都会处于这样那样的关系中，并在关系中遇到很多挑战。所有的人际关系都需经历成长的过程。儿童在刚入幼儿园时，即被要求学习向老师和同学打招呼；甚至再往前回溯，婴儿刚出生发出第一声啼哭时，即处于与医生护士的关系中。建立关系，是人类的本能，也是发展的必然。我们终身都在学习建立健康的关系，以及有效的人际沟通。

社会心理指导师在工作中，会面临各种关系的发展问题，即社区居民拥有多少种关系，社会心理指导师即将面对多少种关系的理解和发展。在关系中实践成长性的指导原则是，人际交往中的个体愿意努力使他们之间的关系呈现健康的状态。如家庭成员在日常生活中看手机的时间大于彼此共享的时间，但又希望对方能够更了解自己、与自己更亲密，当家庭成员愿意为健康关系而改变时，他就获得了成长。

良性的人际关系是发展的而不是停滞的，每一段关系里都会有快乐、亲密的时刻，也会有痛苦、出现距离的阶段。当我们愿意承认并接纳这一事实时，关系就有可能得到改善。社会心理指导师需要实践的认知有：关系中的每一个人都有独立的自我认知；真诚表达内心的想法和感受是每个人的权利；每个人都应为自己的快乐幸福承担责任；每个人都会为了维持关系的健康发展而不断努力；良好的关系拥有共享的美好时光；每个人都应该在某段关系之外找到意义和滋养心灵的源泉；能够面对和处理关系中产生的冲突；不期待和强迫别人替自己完成自己能够完成的事情；彼此鼓励，去实现自己人生的最大可能，而不是试图控制对方；接受彼此之间的差异；等等。

社会心理指导师在关系的实践中还需要思考以下几个问题：在个人的人际交往中，有效沟通的障碍有哪些，要解决这些障碍，能做什么；自己在多大程度上依靠技术手段来与人沟通，如寻找对方的优点进行称赞；在哪些方面技术改善了自己与他人的关系；在哪些方面技术影响或损伤了自己与他人的关系，如只称赞，强调融洽的部分，回避出现问题的部分。

三、团体成长

团体成长是指由一名或两名带领者引领多个成员进行小组成长的形式。可以分为结构化的团体和非结构化的团体。结构化团体的每次团体活动都有固定的主题，并且根据不同的主题做不同的安排。非结构化团体的每次团体活动没有特定主题，不做具体的流程安排。

（一）团体成长优势

团体成长和个体成长相比较各有优势。团体成长所不具有的个体成长的特征是，能感受到指引并且目的单一。在个体成长中，只直接涉及两个人；在团体成长中，6~12个人互相影响。在人数很多的情况下，团体成长可以产生更高的效率。团体成长是社会心理指导师必备的成长体验项目。

参与团体成长的成员有共同的特征：清楚地感受到自己和自己的某些愿望之间存在差异，并且主动寻求帮助。有时，这个团体由某些有特殊问题或特定目的的成员组成。同质化较高的团体更容易聚焦于成长的主题。

（二）团体成长效果

（1）团体成员在带领者或者其他成员那里找到一种被真诚接受的感觉。团体成员感到越来越自由地审视自己，相信有人能像他自己看到的一样理解他的生活，相信在生活中走的每一步路都会受到尊重。团体成员彼此之间增强了信任的能力，各自有能力对自己的生活负责，可以拥有并看到自己清晰的想法，并不受他人的影响而自行做出决定。

（2）团体成员敞开心扉，感受到来自其他团体成员的某种支持。这种感觉随着团体成长的进行而日益增加。

经过训练的带领者可以很好地把信任、尊重这些重要的态度渗透至团体成长的始终，如果这些重要的态度没有在团体成长中产生，成长就几乎没有效果。在团体成长中，团体成员被带领者理解和接受，被其他团体成员理解和接受，都是相当重要的经历；人们互相陪伴支持，一起寻求一种更好的生活方式，并真诚地分享一些重要感受。技巧源于态度，并把这些态度表达出来。

团体成长的有效性在于以下几个方面：希望的重塑与维系；孤独感与独特性；归属感与普通化；彼此提供知识、建议与忠告；互相给予支持和帮助；原生家庭问题的矫正性体验；提高社交技巧；观察与模仿有益行为。

（三）团体成长内容

参与成员可以从情绪层面学习过去只能以理智理解的事情；可以体验到团体的力量、伤害的力量和治愈的力量；学习到被团体接受是多么重要；发现自我暴露是多么必要，表达自己的秘密、幻想、脆弱的情感、敌意、柔情是多么不容易；学会欣赏自己的优点和缺点；了解自己在团体中喜欢扮演的角色，总结参与成员的习惯性的反应和潜藏在整体团体和系统性后面的问题；觉察自己与权威的关系对自己的影响；等等。

（四）团体组成

团体成长的成员数量一般为8~15人，人数太少，动力不够充足；人数太多，分散落实到个人的关注度和表达时间，会使成长速度减慢。团体成长可一周进行一次，每次1~3个小时，或者交流时间的长短和每周实行的次数根据实际情况灵活安排。团体成长的场地要在安静、舒适的空间进行，既不太拥挤也不太空旷；团体成员最好可以围坐成一个圆圈。

四、朋辈学习

学习是持续终身的事情。社会心理指导师的工作实践性非常强，每位社会心理指导师在从业的路上，都需要不断学习和提升系统性心理服务知识和实操技能。这不是看几本书或听几堂课就能够掌握的。

（一）朋辈学习方式

为了保持学习动力和促进实践经验，朋辈学习是重要的成长方式。朋辈学习，指的是有同样学习培训背景或工作背景的人自发组织学习研讨小组，互相支持，充分讨论。形式包括参加读书小组、网络读书小组等。朋辈学习交流小组样式灵活，种类多样。

小组可以有固定的带领者，也可以大家轮换做带领者。相似学习背景的小组成员在一起学习一个月到一年以上，互相见证、彼此支持、彼此认同，能激发钻研探索的欲望，引发思考。团体的凝聚力可以帮助社会心理指导师保持连贯性的学习。

（二）学习理论流派

要对精神分析、人本主义、认知行为主义等心理体系有个基本的了解和学习，从中选择一个自己感兴趣的主题，围绕这个主题进行系统的深入学习，就某种自己擅长的技术进行不断练习。成熟的社会心理指导师是一个能不断进步的心理工作者，也是将每一个来访者、每一次活动视为学习体验的学习者。事实上，社会心理指导师的整个生涯就是一个学习体验的过程。我们要开放性地、发展性地评估自己的工作。

五、成长扩展

提升爱的能力、希望重塑、积极关注和无条件接纳的品质，分为无意识的培养与有意识的培养。无意识的培养是指不受心理学方法干预，在生活中自发地感受到爱，学习爱。这涉及家庭养育、学校教育、社会影响、自身性格和经历等几个方面。有意识地培养是指在心理学方法下，有意识地关注与培养爱、希望重塑、积极关注与无条件接纳。可通过个体心理咨询、成长性团体活动、心理工作督导、心理学课程等方式进行。

每一名社会心理指导师开始职业生涯时，都要养成做工作记录的习惯。工作记录包括两部分内容：一是自己工作的相关数目。比如，服务的个案数目，开展的心理服务活动数目，大概用了什么样的流派技术知识，最大的收获是什么，最大的困惑是什么。二是有选择地翔实地做个案记录。如果每一份个案记录都认真总结的话，那么收获会更多更大。对自己工作情况总结性的记录，可以帮助我们在成长的路上清晰地看见自己的足迹。除了可以鼓励和认可自己之外，还可以帮我们看到我们感兴趣、擅长的部分，有盲点、发展缓慢的部分，为我们接下来选择培训内容、个人督导和体验主题提供资料。认识自我是社会心理指导师非常重要的体验部分。翔实的案例报告可应用于案例督导，为提高督导收益做准备。"书到用时方恨少"，案例中的重要信息也是如此。最终，社会心理指导师的积累和努力都会变为成就感。

　　每个人都有自己的人生道路，都在寻找着自己的人生意义。人是众多事物中的一部分，事物之间彼此影响，但人最终是自我决定的。成为怎样的人，在天赋和环境的限度内，是自己决定的结果。社会心理指导师体验了各自人生中的种种境遇，其复杂程度要胜于某些其他行业的人。社会心理指导师体验到的种种感觉，每个人都有，只是程度不同。可以说，这些体验都是在帮助我们去理解他人。同时，我们经历的一切都是在为我们此生的意义服务。这是意识和潜意识共同合作的结果。

参考文献

1. 魏滔.社会工作介入革命老区扶贫工作实务研究[D].吉安:井冈山大学,2017.

2. 马芸.正念干预对戒毒人员人际关系的促进性研究[J].心理医生杂志, 2018(24).

3. 束敏,李军.计划管理在项目管理中的重要性[J].管理观察,2012(2).

4. 李斌,杨红娟,杨浩.论社区教育实验项目及实施流程[J].江苏开放大学学报,2011(1).

5. 王昱,杨燕.质量工具在汽车零部件新产品开发项目管理中的应用[J].中国科技博览,2018(38).

6. 陶烨.听障儿童学前语言康复训练个案分析[D].兰州:西北师范大学,2013.

7. 张睿.大庆油田建设集团客户关系项目化管理研究[D].大庆:东北石油大学,2013.

8. 马俊达,冯君懿.政府购买服务问题研究(上)[J].中国政府采购,2011(6).

9. 邹学银,卢磊,陶书毅.政府购买社会工作服务目录指南研究[J].社会工作与管理,2014,14(3).

10. 郑京森.浅析军工重大项目的策划与研究[J].价值工程,2015,34(21).

11. 梁赋.社区矫正专业化研究[D].武汉:武汉大学,2010.

12. 陈琛.工会参与企业社会工作研究[D].苏州:苏州大学,2013.

13. 高金红.优势视角介入网络成瘾行为的研究[D].南京:南京大学,2013.

14. 张彬.小组工作介入农村空巢老人互助网络构建研究[D].杨凌:西北农林科技大学,2017.

15. 肖支群.论传媒的社会心理教育功能[J].当代传播,2007(2).

16. 管阿敏.社会心理学的形成与发展[J].同行,2016(11).

17. 汪洋.从社会心理看应急法治建设的实现途径[D].青岛:青岛科技大学,2011.

18. 郭晓蓓,鲁姚姚.自我认识的心理机制及途径分析[J].赤峰学院学报(自然科学版),2015,31(18).

19. 侯玉波,张梦.对中国人自我结构的理论分析[J].心理科学,2009,32(1).

20. 吴爱华.社会发展与少数民族干部培养问题研究——以广西隆林各族自治县为例[D].武汉:中南民族大学,2010.

21. 张琳.大学生社团在大学生社会化进程中的作用研究[D].保定:河北大学,2013.

22. 郭龙岩.内地西藏班(校)藏族学生跨文化成长的社会化研究[D].成都:四川省社会科学院,2008.

23. 张迪.大学校友导师制的实践及影响研究[D].上海:华东师范大学,2017.

24. 李芸.移动视频通话的用户研究与交互设计[D].长沙:湖南大学,2012.

25. 戴维·迈尔斯.社会心理学[M].张智勇,等译.北京:人民邮电出版社,2006.

26. 董洁.基于循证心理实践的高校新生适应障碍筛查和干预研究[D].天津:南开大学,2010.

27. 刘小锋.认知情境影响隐性知识转移探究[J].图书馆学研究,2012(7).

28. 程婷.基于认知图式的道德认同研究[D].杭州:浙江财经大学,2018.

29. 周蕊.基于双因素视角的用户信息系统使用行为研究[D].济南:山东大学,2014.

30. 王文思.积极心理学对大学生思想政治教育的启示[D].南京:南京师范大学,2012.

31. 洪晓彬,刘欣然.积极心理学对体育运动心理学研究的启示[J].山东体育学院学报,2012(1).

32. 张艳芳,谢虹.国内外积极心理品质测量工具研究进展[J].牡丹江:牡丹江医学院学报,2018,39(4).

33. 郭雯,赵文,罗燕.某高校贫困生性格优势与美德特征调查[J].四川精神卫生,2016,29(6).

34. 周艳琴.运用情绪ABC理论分析中学生考前焦虑的形成及应对[J].中华少年,2018(19).

35. 张庭,刘琴.大学生人际交往中的禀赋效应及其与人格的关系[J].科教文汇(下旬刊),2011(9).

36. 李溢铮.积极认知研究简述[J].科教导刊(中旬刊),2014(1).

37. 梁玉玲.语文课堂学习评价方式探新——基于网络互动的积极语言评价[J].中小学德育,2015(8).

38. 程云玮.积极心理学倡导对幸福的回归——谈积极心理学的发展与应用[J].职大学报,2014(4).

39. 江连凤,闫丽.积极心理导向的班级建设创新研究[J].中小学心理健康教育,2017(6).

40. 黄岳年.昔人感鸟迹　笔下山水香[J].博览群书,2010(9).

41. 顾建梅.变态杀人狂的邪恶真相[J].检察风云,2016(12).

42. 郑德伟.大学生人格障碍评估[D].苏州:苏州大学,2005.

43. 高北陵,任春生,李学武.自恋性人格障碍的诊断与鉴别(附2例报告)[J].中国行为医学科学,2005,14(8).

44. 师建国.抗震救灾中的大众心理危机干预[J].中国民康医学,2008,20(12).

45. 赵丞智.坠楼事件目击者心理病理影响及其干预的初步探索[D].石家庄:河北师范大学,2003.

46. 陈英敏.初中生羞怯的结构、特点及遗传与环境的影响作用[D].济南:山东师范大学,2012.

47. 肖伯娜.浅谈人生幸福源自良好的人际关系[J].求知导刊,2018(19).

48. 严仁海.普通高中男性教师教研生活中的性别文化[D].南宁:广西师范大学,2012.

49. 曲昌荣.河南智障人入狱五大疑点调查[J].科技视界,2011(7).

50. 杨佩霖.浅谈中国青少年社区矫正[J].法制与社会,2017(36).

51. 高芳芳.心理学视角下高校思想政治教育探析[D].大庆:东北石油大

学,2012.

52. 陈宏.认知行为改变策略对情绪调节困难儿童社会技能成效研究[D].苏州:苏州大学,2014.

53. 朱文君.一例焦虑情绪咨询案例报告[J].社会心理科学,2015,30(2).

54. 沈莎.一例女大学生抑郁心理问题的咨询案例报告[J].社会心理科学,2013,28(5).

55. 张忠秋.教练员和管理人员对运动员实施心理咨询的理论与方法[J].中国体育教练员,2011(4).

56. 付一品.戒毒人员心理矫治工作中引入认知行为疗法的探索[J].齐齐哈尔医学院学报,2014(24).

57. 刘玲,吴琳.贝克认知疗法在大学生心理咨询中的实践应用[J].山西青年,2018(4).

58. 姬云云.信息平衡心理疗法临床评估系统的建立[D].郑州:郑州大学,2011.

59. 李秀芬.论消极事实的性质及证明规则[D].济南:山东大学,2006.

60. 熊韦锐,于璐.正念疗法——一种新的心理治疗方法[J].医学与社会,2011,24(1).

61. 侯云英.焦虑抑郁对冠心病支架植入患者预后的影响及正念减压干预效果研究[D].苏州:苏州大学,2017.

62. 李晓苑.社交回避大学生的心理灵活性干预研究[D].上海:上海师范大学,2015.

63. 张婧,王淑娟,祝卓宏.接纳与承诺疗法的心理病理模型和治疗模式[J].中国心理卫生杂志,2012,26(5).

64. 曾祥龙,刘翔平,于是.接纳与承诺疗法的理论背景、实证研究与未来发展[J].心理科学进展,2011,19(7).

65. 何文胜.补体C3在大鼠骨癌痛中的作用及其机制[D].武汉:华中科技大学,2013.

66. 王丽杰.广州市在校青少年成瘾性物质使用现状及影响因素研究[D].广州:广东药学院,2009.

67. 章皎洁,胡泽卿.精神障碍与青少年违法犯罪行为[C].中华医学会精神病学分会.第十届全国司法精神病学术会议论文集.北京:中华医学会精神病学分会,2007.

68. 何厚建,胡茂荣.一例强迫症个案的接纳承诺疗法干预报告[J].心理技术与应用,2018(6).

69. 吕知璐,蒋京川.接纳与承诺疗法在物质依赖中的应用[J].中国药物滥用防治杂志,2018(1).

70. 李静,杨须爱.弗洛伊德民族心理学思想述论[J].广西民族研究,2006(3).

71. 仇君.幻觉宇宙——惊人的全息宇宙理论[J].大科技(科学之谜),2006(1).

72. 唐成林.全国高职高专规划教材《推拿手法》足部按摩教学的思考[J].中国中医药现代远程教育,2011,9(6).

73. 黄进,徐志伟从传统哲学思维模式论中医饮食养生[J].陕西中医,2009,30(7).

74. 张先治.现代财务分析程序与方法体系重构[J].求是学刊,2002,29(4).

75. 刘璐.东北传统丧葬仪式中的文化现象[J].吉林省教育学院学报(科学版),2012,28(10).

76. 王斌.沙盘游戏应用及其对思想政治教育的启示[D].哈尔滨:哈尔滨工程大学,2008.

77. 赵元龄荣格"原型论"简评[J].山东理工大学学报(社会科学版),1996(2).

78. 潘静.原型批评视阈中的庄子之"蝶"[J].江西社会科学,2008(11).

79. 凌玮.无声世界的寂静美丽[D].上海:华东师范大学,2009.

80. 剧晨.沙盘游戏疗法简介[J].校园心理,2011,9(5).

81. 刘庆.荣格的心理治疗理论对当代大学生个性发展的价值探讨[D].合肥:合肥工业大学,2006.

82. 张松.心理咨询的良好咨访关系[J].许昌学院学报,2004,23(6).

83. 刘静,杨忠梅.浅谈学校心理咨询[J].绥化学院学报,2004,24(3).

84. 柯青青.沙盘游戏对初中生学业情绪调节的个案研究[D].南昌:南昌大学,2016.

85. 粟梅思.沙盘游戏疗法在中职生心理咨询中的应用[J].大陆桥视野,2014(18).

86. 陈敏.箱庭疗法的效用[J].绥化学院学报,2011(6).

87. 金晓丽.团体心理沙盘游戏在中学班级建设中的作用初探[J].教育革新,2018(3).

88. 侯临亿.基于情绪心理学的情绪调节APP设计研究[D].上海:上海交通大学,2014.

89. 未成年工职业生涯服务的小组工作探索——以东莞Y厂为例[D].昆明:云南大学,2014.

90. 刘甜甜.社会工作助推城市社区社会组织发展研究——以北京市西城区J街道为例[D].南宁:广西师范大学,2017.

91. 郑婷,王晖.团体工作方法介入大学新生入学适应问题模式探索[J].丝路视野,2017(32).

92. 单肖亚.小组工作介入留守儿童人际沟通能力提升的研究[D].吉安:井冈山大学,2018.

93. 张艺婷.小组工作介入大学新生人际适应问题的研究[D].吉安:井冈山大学,2018.

94. 孙淑芬.社区老年增权小组工作的设计与实施[J].黑河学刊,2013(10).

95. 蔡鄂.中职学校班级凝聚力的调查研究[D].武汉:华中师范大学,2013.

96. 张乐.团体音乐治疗对大学生抑郁状况的疗效因子研究[D].武汉:武汉音乐学院,2018.

97. 王玮杰.高中生无聊倾向、生命意义感与手机依赖的关系[D].漳州:闽南师范大学,2017.

98. 刘燕.团体心理治疗在住院抑郁症患者躯体化症状治疗中的作用[D].太原:山西医科大学,2016.

99. 金瑜.中学课堂心理气氛及其与中学生心理健康的关系研究[D].重庆:西南大学,2009.

100. 杨林,余斌.团体辅导在独立学院学生思想政治工作中的运用[J].老区建设,2010(4).

101. 宋亚辉.团体咨询与大学生思想政治教育问题研究[D].兰州:西北师范

大学,2012.

102. 乔庆旭.狄奥尼索斯秘仪情感探析[D].济南:山东大学,2017.

103. 李云.浅析团体辅导在新生中的作用[J].魅力中国,2010(16).

104. 刘亚丽,陈运昭,边欣丑,等精神分裂症的团体治疗[J].河北医药,2011(4).

105. 王丽萍,曲海英.团体咨询在大学生心理健康方面的应用及其治疗性因素探究[J].社会心理科学,2008(6).

106. 王瑞霞.团体心理辅导改善大学生人际关系困扰过程的研究[D].太原:山西师范大学,2014.

107. 罗锦旻.寻找中国式的精神家园——论汪曾祺和萧丽红作品中现代性的体现[J].中国校外教育,2010(7).

108. 王明粤.校园心理剧在大学生心理健康教育必修课中的应用——某应用型高校近五年的教学改革探索[J].广东技术师范学院学报,2018(4).

109. 王明亮,张海红.浅谈团体心理训练在体育课堂中的运用[J].体育教学,2012,32(5).

110. 高爽.团体辅导在高校思想政治工作中的应用[D].哈尔滨:哈尔滨工程大学,2007.

111. 桑标.父母的毕生发展[J].父母必读,2000(1).

112. 蒿萍,杨蕊竹.大学生初学游泳的恐惧心理与克服方法研究[J].哈尔滨体育学院学报,2018,165(4).

113. 张艳梅.新建本科院校教师职业倦怠及其干预[J].中国教育技术装备,2012(23).

114. 眭荣方.高校教学管理人员职业倦怠的成因及控制策略[J].西北成人教育学院学报,2015(2).

115. 严海鹰.高职院校教师职业倦怠的思考[J].科技风,2012(10).

116.袁华琴,郭鹏飞.护理人员职业倦怠与护理人员工作环境的相关性调查研究[J].中国现代医生,2013,51(7).

117.牛津."职场睡人"自救指南[J].决策,2011(6).

118.刘琦.泥石流灾后中学生PTSD共病重症抑郁症状及与心理弹性的关系

研究[D].兰州:兰州大学,2011.

119.胡俊婷.浅谈爱的艺术[J].文学与艺术,2010(5).

120.霍丹青.中文心理咨询中咨询者言语反应模型的研究[D].上海:华东师范大学,2013.

121.卜长莉.自我实现的人——马斯洛的健康人格模型[J].北华大学学报(社会科学版)2002,3(4).

122.钟志农.心育活动课的"结构化"与"非结构化"[J].中小学心理健康教育,2014(15).

123.全国社会工作者职业水平考试辅导教材编写组.社会工作实务(中级)[M].北京:中国建材工业出版社,2011.

124.乐国安.社会心理学[M].北京:中国人民大学出版社,2017.

125.杨宜音.张曙光.社会心理学(第二版)[M].北京:首都经济贸易大学出版社,2015.

126.姚树桥.心理评估(第3版)[M].北京:人民卫生出版社,2018.

127.贝克.认知疗法:基础与应用(第二版)[M].翟书涛,等译.北京:中国轻工业出版社,2013.

128.黄希庭.心理学导论[M].北京:人民教育出版社,1990.

129.乔·卡巴-金.正念:此刻是一枝花[M].王俊兰,译.北京:机械工业出版社,2015.

130.严虎,陈晋东.绘画分析与心理治疗手册(第3版)[M].长沙:中南大学出版社,2019.

131.赵然.员工帮助计划[M].北京:科学出版社,2015.

132.张日昇.箱庭疗法[M].北京:人民教育出版社,2006.

133.刘伟.团体咨询[M].北京:中国轻工业出版社,2010.

134.许燕.北京大学生价值观研究及教育建议[J].教育研究,1999(5).

135.张进辅.现代青年心理学[M].重庆:重庆出版社,2007.

136.杨宜音.社会心理领域的价值观研究述要[J].中国社会科学,1998(2).

137.金盛华,田丽丽.中学生价值观、自我概念与生活满意度的关系研究[J].

心理发展与教育,2003(2).

138. 阴国恩,戴斌荣,金东贤.天津市大学生价值观类型的调查研究[J].天津师大学报(社会科学版),2000(6).